関西大学東西学術研究所資料集刊 40-1
（文化交渉と言語接触研究・資料叢刊 8）

北京官話全編の研究
付影印・語彙索引

上 巻

内田慶市 編

関西大学出版部

目次

はじめに iii

上巻（第一章〜第五十章） 1

上巻（第五十一章〜第一百章） 179

中巻（第一百一章〜第一百五十章） 371

中巻（第一百五十一章〜第二百章） 559

はじめに

内田 慶市

一・本書の由来――「鱒澤文庫」

二〇一四年の暮れ、元日本大学教授鱒澤彰夫氏の蔵書の大半が関西大学アジア文化研究センター（CSAC）に寄贈されることに決まった。その経緯についてはここでは触れないが、鱒澤氏はこれまで、特に、近代日本における中国語教科書類を中心に蒐集されてきており、その量は恐らく世界最多といっても決して過言ではない。これまでこの分野の研究としては故六角恒廣氏が先ず挙げられ、六角氏の編纂になる『中国語関係書目増補版一八六七―二〇〇〇』（不二出版、二〇〇一）は近代日本の中国語教科書の出版状況を知る上ではバイブル的な地位を占めてきた。しかし、今回の鱒澤氏寄贈本の詳細な整理によりそれは大幅な修正が求められるはずである。また、かつて関西大学東西学術研究所でも関連する教科書類は相当集められており、今回の寄贈書と合わせれば、近代日本における中国語教科書はほぼ網羅されるように思われる。

鱒澤氏は中国語教科書類だけでなく、広く、中国語学、言語学、中国文学、漢文学等々に関する文献も数多く収蔵されており、中にはすでに影印も出版され研究も若干ではあるが見られる『燕京婦語』のような「天下の孤本」と呼ぶべきものも含まれている。現在、鋭意目録を作成中であるが、今回の『北京官話全編』は『燕京婦語』をも遙かに凌ぐ「孤本中の孤本」である。

二・『北京官話全編』について

本書は、初稿本、定稿本、総訳(『北京官話全編総訳』)からなり、それぞれ全七冊、全三七八章からなる。著者は表紙の題字にもあるように深澤暹(のぼる)である。
深澤暹の略歴は以下の通りである。

明治九(一八七六)年四月二十八日　旧肥前藩五島藩士深澤立三(旧名祐人)の次男として東京麻布鳥居坂の旧藩邸内で生まれる。海軍を志し「攻玉社二松学舎」に学ぶも近眼のために志を転じ三橋信方の横浜英語学校に学ぶ。父のすすめで志を支那に馳せ、英語学校卒業(明治二十六＝一八九三年七月)後、当時横浜南京町に隠棲していた田島藏之助に就いて支那語を学ぶ。

次いで清韓語学校が創立されるや之に入って更に支那語を修め、一年で卒業。

明治二十七(一八九四)年五月　外務省留学生試験に合格するも、人員に制限あり、船津辰一郎一名だけが採用。

明治二十九(一八九六)年五月　再受験でようやく採用され、北京留学を命じられる。

明治三十一(一八九八)年十一月　外務書記生に任ぜられ上海総領事館勤務

明治三十二(一八九九)年十二月　杭州在勤

明治三十三(一九〇〇)年六月　再び上海領事館へ(日清通商条約改定の交渉事務)

はじめに

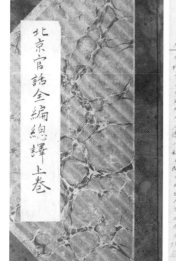

（初稿本）

（日本語総譯）

明治三十七（一九〇四）年二月　　墨西哥公使館在勤

明治三十八（一九〇五）年三月　　桑港領事館に移る

明治四十（一九〇七）年七月　　　漢口在勤するも、高橋総領事と意見を異にし、離任帰朝

明治四十一（一九〇八）年十一月　奉天在勤

大正元（一九一二）年十月　　　　杭州領事事務代理

大正三（一九一四）年六月　　　　杭州領事館副領事（長沙在勤）

大正五（一九一六）年　　　　　　吉林在勤

大正七（一九一八）年二月　牛荘へ、発令四日で汕頭へ

大正八（一九一九）年五月　公使館三等書記官として北京公使館在勤

大正十（一九二一）年六月　再び領事として南京へ

大正十二（一九二三）年一月　吉林領事館へ

大正十四（一九二五）年三月　同総領事に栄転し勇退

昭和三（一九二八）年〜十一（一九三六）年　奉天領事館嘱託（昭和七年十二月から昭和八年一月まで吉田茂大使の満州中国旅行に随行）

昭和十一（一九三六）年十二月　辞して帰京

昭和十九（一九四四）年十月二十二日没

（以上は、『續對支回顧錄』下巻「列傳深澤暹」（一〇五二一〜一〇六一頁、一九四二）および「深澤暹関係文書目録」解題（二〇〇六）による。）

深澤暹の著書には他に『邦譯西廂記』（一九三四年、東京秋豊園）がある。また、上記の『續對支回顧錄』下巻「列傳深澤暹」によれば、『元朝歴史物語』『明朝歴史物語』『清朝歴史物語』等は近く上梓の予定である」とあるが、実際には刊行されなかったようで、その未刊原稿も今回の寄贈書に収められている。それらは、『中国歴代通俗演義』（蘇東藩著、全十一巻、一九一六〜一九二六）の「元史演義」「明史演義」「清史演義」をそれぞれ翻訳したものである。

この『北京官話全編』の言語を見ると、以下のように、いわゆる太田辰夫氏の北京語の文法特点の七つを全てクリアーしており、まさに北京官話の資料として『語言自邇集』に匹敵する極めて価値の高いものを私たちは手にしたことになる。

はじめに

"給"
給你請安。（2）
我給您再倒一碗茶。（3）

"来着"
都上那兒逛来着？（63）
您昨兒竟在家裡、作甚麼来着？（134）

"呢"（沒有 "哩"）
你還提他們世兄呢。（3）
那兒的話呢。（6）

"別"
你可別多心。（6）
你別送。（46）

"很"
他的口音很不好。（4）
價錢很便宜。（5）

"多了"
近來都是比先好多了。（7）
比我這件強多了。（50）

"咱们"
那麼偺們明兒見。（22）

また、関西大学大学院東アジア文化研究科院生の斉燦君の調査によれば（前五十章まで）以下に示したように各章に登場してくる地名、道路名、商店名なども十九世紀末の北京の状況を反映しており、当時の北京の風俗を知る上でも貴重な文献となる。

国家、省份及下属地区	国家	安南国、朝鮮國
	省份	天津、山东、安徽、江西、澳门、上海、广东、陕西、甘肃、浙江
	下级地区	南安府、塘沽、通州、恵州府、平陽府、張家口、金陵、哈蜜、潮州、鎮江、朝陽縣
	北京区划	西城、南城
胡同、路名	胡同	孝顺胡同、煤炸兒胡同、裱褙胡同、十條胡同、炒面胡同、東交民巷、竹竿巷兒、 鎮江胡同、八條胡同
	路名	安定门大街、前門大街、南小街兒
地点	城门、牌楼	東華門、前門、得勝門、齊化門、後門、朝陽門（齊化門）、海岱門 四牌樓、東單牌樓、單牌樓
	寺庙	普济庵儿庙、大覺寺、普濟禪林、隆福寺
	景点综合	二閘、北池子、南海 大柵欄兒、琉璃廠、紫竹林、霞公府 西山、景山、妙峰山、[髟丫]髻山、五臺、朝陽閣
	其他	八里橋、馬家堡、九城
店铺		天義齋、金臺書院、泰華、義成洋貨店、願學堂、北義和

現在、関西大学東西学術研究所言語接触研究班のメンバーを中心に本書の輪読研究会を続けているが、今回、この『北京官話全編』の定稿本を全ページ影印し、全語彙索引と研究会参加メンバーによる研究論文を付け、上中下巻の三巻に分けて出版することとした。本書の刊行がこの分野の多くの研究者に裨益すること大なることを祈念するものである。

二〇一六年十一月十五日

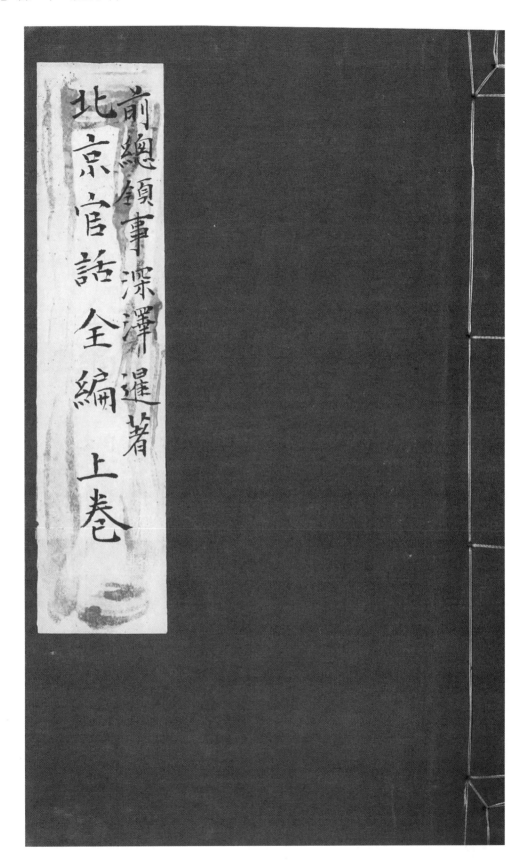

前總領事深澤暹著

北京官話全編 上卷

阿哥。挨打。噯
矮房。埃塵
哀泣
挨一頓

第一章			
妨礙	哀憐	哀告	
哀慘	阿哥	挨打	噯	礙著情面	愛財	愛人如己	愛慕
哀求	挨餓	矮房	腌髒	埃塵	哀泣	挨次

阿哥您是怎麼了,臉上這麼不高興的樣兒不是又挨打了,二噯
沒挨打因為我繞上一個親戚那兒去一進門兒看見他們矮房
矮屋的屋裏很腌髒桌子上的埃塵也不撐他們矮房
着哀泣的樣子我一問繞知道他們家近來日子難過每天吃一
頓挨一頓他們因我這一問就把目下的光景挨次兒的都對我

哀求、挨餓
妨礙
哀慘、哀憐、哀告
礙着情面、啊
愛財、哀憐
挨餓
愛人如己
愛慕

說了、並且還哀求我幫助他點兒錢接續他免得挨餓你想我若是有錢幫他點兒也沒甚麼妨礙無奈我現在也是赤手空拳叫我怎麼幫他要是不幫他看他那麼哀慘的樣兒實在令人哀憐況且他那麼哀告礙着情面也不好駁回所以我臉上帶着不高興的樣兒三啊原来是這麼着我想您既是看見他們那麼可哀憐又和您是親戚您又不是愛財如命的人就是幫他點兒錢於你既有好處於他也省得挨餓日後他對人說起来必說您愛人如己人聽見他的話豈有不佩服愛慕的麼、

啊
請安
喜怒哀樂

第二章

一大哥、您這一向好啊、二好您好啊、三好大哥我前幾天來給您請安、您的管家說您出外去了您是上那兒去了多嗎回來的、四我是上天津去了、昨兒纔回來的前幾天您上天津有甚麼事、六因為天津有我們一個親戚新近他們家辦喜事、所以我去行人情順便又在那兒進了幾天、七您在天津這幾天聽見有甚麼新聞沒有、八倒沒甚麼新聞不過聽了幾回野臺子戲、九他們那兒的戲怎麼樣那兒的戲唱的雖不十分好卻是形容那喜怒哀樂的樣兒也和京戲差不多兒但是戲臺不像京矮臺。挨肩。
挨擠。
安頓。碍我的事
碍你何干。安然
安定。挨打。啊
哀哭。
安靖

裏的、不過是蓆子搭的矮臺戲子在臺上站著、挨肩擦背臺下
看戲的人也都是挨擠著、不是你擠了我就是我碰了他吵吵嚷
嚷總不能安頓還有那鄉下人這個說你碍我的事那個說我在
這兒看戲碍你何干、你要打算安然、就不必來、既是來在這熱鬧
地方兒就不能像在家裏那麼安定、又有小孩子叫人擠的喊叫
哀哭直彷彿挨打似的、你說可笑不可笑、啊、真是可笑您這些
日子在外頭逛得很好、您還不知道京裏這程子甚不安靖、三京
裏有甚麼不安靖、二您聽我告訴您、從上月山東遭水災直隸一
帶的地方兒也都被水淹了、所以各處被災的百姓宛走逃亡叫

哀哉。哀慟

挨門查

安眠。安居樂業

安然

安生

安享太平

苦哀哉哀慟之聲驚天震地,京城裏頭、天天兒有難民投奔了來,因為這個官場中恐怕逃難來的百姓內中或有歹人故此興辦團防每日挨著胡同兒裏的家家兒挨門兒查、如有窩藏賊盜的立刻送到衙門裏重辦鬧的家家兒不得安然,到了夜裏接運不斷的查夜喊號兒的聲音吵的人不得安眠,就是素來安居樂業的人家到此時也是耽驚害怕,您想這可怎麼好,據我想現在京裏來了這些難民況且又是冬天所以鬧的不安生等到了明年春暖花開難民都各自回了家鄉自然就安享太平了、

第三章

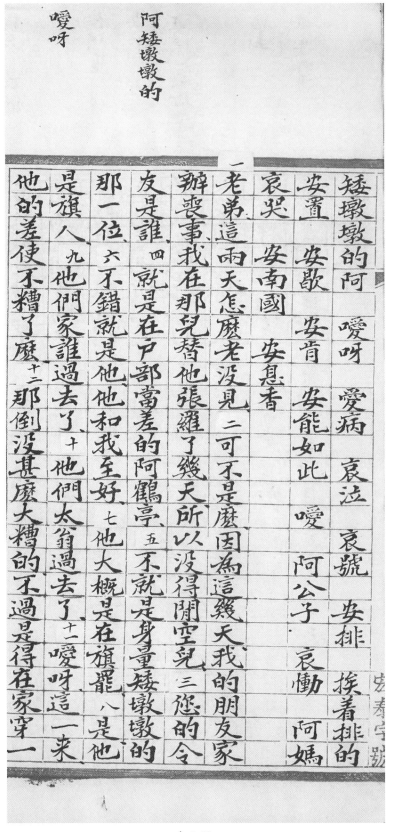

上 1-3b

愛病。哀泣
哀號。挨著排的
安排。
安置，安歇
安肯如此
安能
噯

百天孝滿後再出來當差但是有一層可慮的他的身子本來
軟弱常愛病自他們太翁歸西之後他天天兒哀泣茶飯不進我
們大家百般勸解安慰他還是終日哀號一切的喪宣又都得他
自己安排照料我見他這麼可憐所以總幫他挨著排的料理
安置每到了晚上等他們家人都安歇之後我總回家他說我和
他既是相好安肯袖手旁觀瞧他的哈哈兒笑呢十三這真是您交
友的至誠若是別人安能如此盡心但是我想阿鶴亭你說我不是還
有兩位世兄怎麼不能幫他們令尊照料麼十四噯你還提他
們世兄呢自從阿鶴亭得了戶部的差使錢是有的終日就這麼

阿公子
哀慟
阿媽。哀哭
安南國
安息香

居樓園館講究穿戴打扮的阿公子兒似的不是吃飯就是聽戲比上他阿媽真是天地懸隔如今他們家經了這樣兒的大事他們小哥兒倆還是照舊的嘻天哈地一點兒哀慟也沒有不過是早晚供飯的時候兒隨着他阿媽行禮假作出哀哭的樣子來趕一供完了飯立刻就喜歡早把居喪的心撇在安南國去了提起來真叫人可恨 十五 喲您只顧說話茶也涼了我給您再倒一碗來 十六 不涼不涼可是我覺說人家的事忘了一件事情 十七 甚麼事情 十八 我和您打聽打聽昨兒有人託我買一樣兒東西 十九 要買甚麼東西 廿 他說是安息香可不知道那兒賣 廿一 這個安息香俗名兒

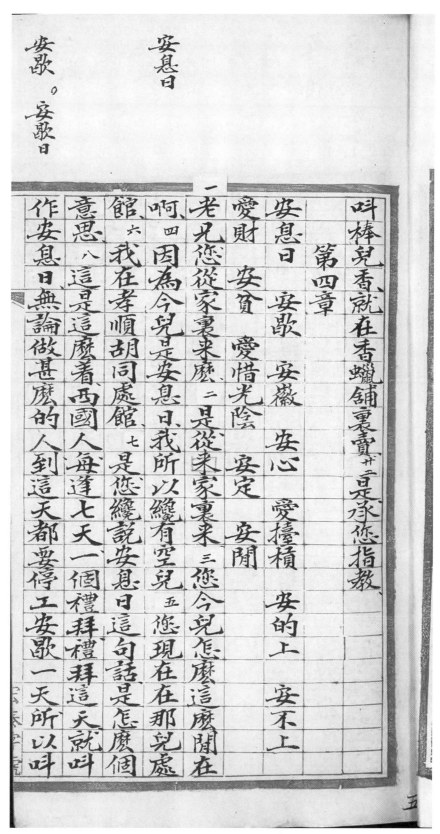

安息日。安歌曰

第四章

叫棒兒香就在香蠟舖裏賣卄一是承你您指教、

安息日 安歌 安徽 安心 愛擡積 安的上 安不上

安歌 安貧 愛惜光陰 安定 安閒

愛財

一老兄您從家裏來麼 二是從來家裏來 三您今兒怎麼這麼閒在

啊、四因為今兒是安息日我所以縊有空兒 五您現在在那兒處

館、六我在孝順胡同處館 七是您縊說安息日這句話是怎麼個

意思 八這是這麼著西國人每逢七天一個禮拜禮拜這天就叫

作安息日無論做甚麼的人到這天都要停工安歌一天所以叫

安徽

安心

安擡槓

安的上。安不上

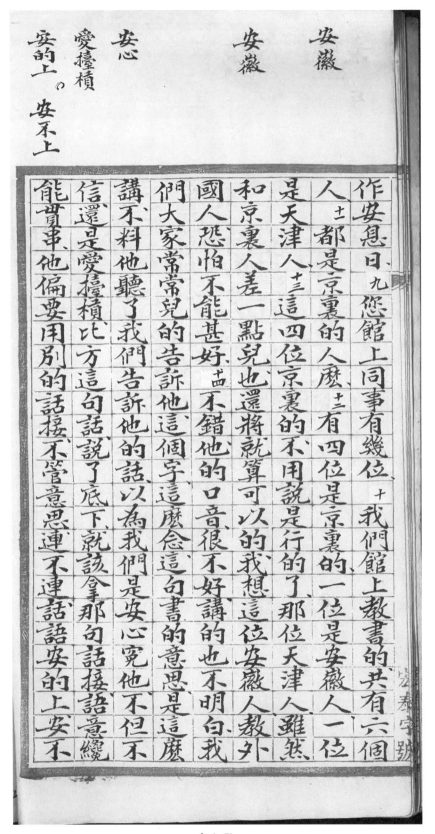

作安息日、九您館上同事有幾位、我們館上教書的共有六個人、十都是京裏的人麼、有四位是京裏的、一位是天津人、十二這四位京裏的不用說是行的了、那位天津人雖然和京裏人差一點兒也還將就算可以的、我想這位安徽人教外國人恐怕不能甚好、十四不錯他的口音很不好講的也不明白我們大家常常兒的告訴他這個字這麽念這句書的意思是這麽講不料他聽了我們告訴他的話以為我們是安心寬他不但不信還是愛擡槓比方這句話說了底下就該拿那句話接語意纔能貫串、他偏要用別的話接不管意思連不連話語安的上安不

愛財。安貧。愛惜光陰

安定

安閒

上、就是這麼生拉硬拽但是他也有好處他雖然是外鄉人心裏很正直也極忠厚不愛財安貧守分並且很愛惜光陰他在那兒住下了館之後晚上還在燈下用功就是這樣兒可佩服住在安定門大街離館很遠這麼說這位老先生累的很了天天兒說沒有安閒的時候兒了十六可不是麼

第五章

鞍	鞍子	鞍前馬後	庵	庵主	庵堂	俺	按理說 按
著	鞍橋子	鞍心子	鞍韂				

老兄您今兒來的這麼早大概從一清早就動了身罷、二沒那麼

鞍
鞍子
鞍前馬後
庵

早我從九下兒鐘、打家裏動的身、三您從九下兒鐘動身、現在纔十一鐘走了一個時辰就到了、×怎麼走的這麼快、四我是騎馬來的、五您騎的還是前年買的那匹馬麼、六不是我新近又買了一匹、七怎麼不騎那匹馬呢、八那匹馬近來很有毛病、不叫儹鞍子好容易儹上鞍子、趕到人剛一上馬他不是躁就是閃再不然、他就兩條腿站起來撲人您是知道的我雖不算是馬賣藥那鞍前馬後的事情也還去得誰知道我前天出城有事剛一上馬他就把我給摔下來了仗着我身子靈便趕緊又騎上走了沒多遠剛走到我們衚衕兒的西邊兒普濟庵兒廟的門口兒又把我摔

庵主　庵堂　俺

下来了這一下子可不輕跌在地下半天起不来幸爾廟裏的庵主在門口兒瞧見我從馬上掉了来好容易把我扶起来走了幾盪這纏好了又承他把我讓在庵堂裏喝了一碗熱茶定了一會兒這纏復舊如初不理會怎麼樣了因此我纏又買了現在騎来的這匹馬 九 這匹馬好不好有甚麼毛病沒有 十 這匹馬倒沒毛病就是毛皮不大好看土快不快土快却極快說起来話兒長前幾天我在街上閑逛瞧見一個怯鄉下老兒拉着這匹馬他嘴裏說有人買馬沒有俺這匹馬快的很哪 我聽見他說的怯話可笑不由的就近前一看見這馬快生的甚在不好看毛又粗顏色兒

俺
按着
俺
按理説
鞍子。鞍橋子
鞍心子。鞍韂

又不好也沒打算買誰知這鄉下人見我看他的馬他趕緊就和
我說你老要買俺這匹馬價錢很便宜俺是因為路過貴處盤費
沒了所以纔要賣這匹馬我就問他要多少錢他說俺這匹馬按
理說不能賤賣無奈現在急用錢沒法子你老給我五兩銀子就
得了我一想無論甚麼至不好的馬五兩銀子總值立刻就按着
他的價兒給了銀子買回来了今兒騎着試一試却是很快但有
一層我這馬鞍子不行了、鞍橋子也壞了、鞍心子也磨了、我今兒
打算求您同我到鞍韂舖叫他給收拾收拾您今兒有工夫兒沒
有[十三]有[十四]那麼喒們這就走罷[十五]是您頭裏請[十六]請請

按　按我想　按本分

第六章

鵪鶉　按　按本分　按我想　按察使　按着　按例　暗地

裏　按部就班

一老弟你今兒來的這麼晚是因甚麼事躭悞住了二是因為我來

的時候兒走到半道兒工碰見一個相好的他約我到東華門瞧

鬭鵪鶉的去了所以纏來遲了實在叫您受等

說這鬭鵪鶉那耍兒大不大四說大就大說小就小按我今兒

的這耍兒可不算大五雖然不大按我想這總不是有出息的

事若是在那按本分過日子人不必說是叫他做這個事就是叫

按察使
按部就班
按着

他瞧一瞧他都不愿意老弟我説這話你可別多心
呢您説的這是好話我怎麼能多心呢 六 那兒的話
告訴你一件事情前些年我們有一個親戚他在江西作按察使
他們令弟在京裏當主事這老弟兄兩個都是按部就班的當差
一點兒曠外的事也不敢作家裏的人也都是按着規矩過日子
這樣兒的人家誰想會敗了現在他們後輩窮的沒飯吃 八 怎麼
這麼大官後輩會窮的這樣 九 若論他這人家兒無論怎麼樣總
該不至於窮到這步天地因為這位按察使跟前一位少爺自幼
兒嬌生慣養趕到大了鬭雞走狗吃喝嫖賭無所不為雖然是這

暗地裏

按倒

案子

麼沒出息好在有他們太翁拘束他不過是暗地裏沒出息並且錢財上不肯由着他的興兒使故此還好就因為他們太翁去以後沒有拘了他就揮霍起來了前年他和人鬥鵪鶉輸了好幾千兩銀子又因為他在賭局上奕錢被叫局的官人把他鎖了去送到衙門去了官就把他按倒治罪並且把他們太翁給他捐的功名也革了所以纏鬧的如今挨凍受餓你想他要不因奕錢如何鬧的出革職的案子來呢十不錯您說的是我從此以後斷不瞧這些奕錢的事情了

第七章

按摩

按摩　平安　按兵　案　案件　案情　案結　暗暗的案

一、大哥您從那兒來、二、我起家裏来老弟你這一向好啊、三、好大哥您的貴恙近来大好了没有、四、近来却是比先好多了、五、現在吃藥没有、六、没吃藥因為有朋友薦了一個大夫他會按摩前兒個把他請来給我把渾身都按摩遍了、所以身上覺着好點兒今兒個渾身也不那麼酸疼了、七、這好極了可是大哥我和您打聽一件事情、八、甚麼事情、九、我聽見説外頭各處賊匪鬧的很利害並且還有失守城池的話您聽見説没有、十、不錯我也聽見説了、十一

平安
按兵
案。案件。案情
案結
暗暗的

這內中的底細您知道不知道，我雖不深知大概也略知道一點兒，果真有失城的事麼也有這股賊本不要緊若能早早兒的剿辦久矣就平安了無奈帶兵的官性情懶惰有探子報賊已經到了他雖聽見這話根兒不是反叛也是良民就因那兒的知縣問案不公雖然遇見重大案件他也是搪塞了事不管案情輕重只是一味的和兩造裏要錢若是不給錢無論你是甚麼冤情他總是不肯訊斷你想案結是斷不能的了因為這個所以逼的百姓反了後來被上司暗暗的訪明白了把這知縣始終一切的

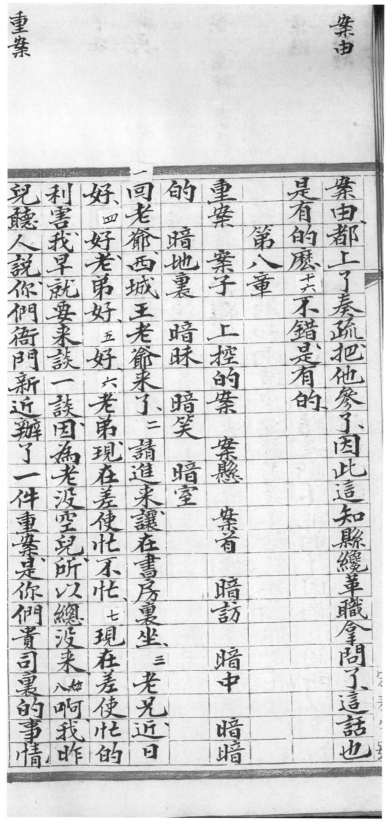

案由、都上了奏疏、把他參了、因此這知縣纔革職拿問了、這話也是有的麼、十六、不錯是有的

第八章

案子　上控的案　案懸　案情　暗訪　暗中　暗暗
重案　案由
的　暗地裏　暗昧　暗笑　暗室

一回老爺西城王老爺來了、二、請進來讓在書房裏坐、三、老兄近日好、四、老弟好、五、好、六、老弟現在差使忙不忙、七、現在差使忙的利害、我早就要來談一談、因為老沒空兒、所以總沒來、如八、啊、我昨兒聽人說你們衙門新近辦了一件重案、是你們貴司裏的事情

案首

案懸

上控的案

案子

麼、不錯是我們司裏的事情十、是一件甚麼案子、十一這是一件上控的案、十二是那一省的、十三是江西南安府的、十四因為事情上控十五是因為爭奪地畝兩造各供一詞案懸多日總沒斷結所以原告急了纏上告的、十六現在這案辦結了麼、十七是都辦清楚了、十八老弟我新近聽見說你們令郎入泮了、十九是託您福僥倖進學了、二十老弟大喜了、廿一同喜同喜、廿二高列第幾名、廿三府考取的是第二、趕到院考因為學臺看他的文章明順歲數兒又小就把他中了個案首、廿四這實在是老弟教訓有方令郎少年英發將來前程遠大真是不可限量的了、廿五承老兄的過獎實在慚愧的很、廿六老

暗訪。暗中
暗暗的
暗地裏。暗昧
暗笑
暗室

弟太謙了、還有一件事請問老弟、聽說這一回童試鬧了甚麼亂子了麼、芜是因為有一個外省的人冒大興籍來考童他本人又是派人明察暗訪過了幾天這訪事的暗中把這事都訪賣在手筆有限就找了個鎗手替他進場後來中了被人告發學台就暗暗的稟明了學台所以纔鬧出亂子來了、芜據我想這個鎗手和那個本考家都是太胆子大他們也不想這是甚麼事情、居然敢在暗地裏作這暗昧犯法的事情就是中了也不體面若是有人知道他這秀才是人替考的豈不怕人暗笑麼並且古人說的好暗室虧心神目如電既是暗室的事默默中還有神察呢況在這大廷廣眾之地替人下場豈有人不知道的呢ᵂ⁹老兄說的不錯這些人真是糊塗極了ᵂ¹⁰老弟請唱茶罷恐怕涼了就不好了ᵂ¹¹我也不唱了要告假了ᵂ¹²忙甚麼再談一會兒罷ᵂ¹³是改日再來請安ᵂ¹⁴那麼我也不強留了改日我過去道喜ᵂ¹⁵不敢當留步留步ᵂ¹⁶請了請了、

第九章

| 語練 | 昂昂氣像 | 骯髒 | 岸 | 熬煎 | 熬出來 | 熬不過 | 熬 |
| 湯 | 熬夜 | | | | | | |

一大哥、我今兒來託您一件事情、二甚麼事情、三是因為我有一個

諳練

昂昂氣像

骯髒

岸

朋友人很實誠、辦事也極諳練、他原先在外頭作幕後來因東家卸任、於是他也就回來了、近來這幾年總沒得長遠事情、昨兒他來託我給他謀館、我認的人又不多、所以我今兒來託您如有相當的事求您分神給推薦推薦、[四]您這位令友怎麼稱呼、[五]他姓李號叫蓮舫、[六]啊原來是他、我從先卻也認得他這個人昂昂氣像有三十來歲、平常衣履一切不大講究、常時穿着很骯髒的衣裳、就出來了、是這個人不是、[七]是他、您怎麼認得他、[八]說起來話兒長、那一年我上天津在通商口岸辦理洋務、這位李蓮舫在津海關上幇朋友、所以彼此認識、後來相交甚密、自我回京以後彼

熬出来

熬煎

熬不過

熬湯，熬夜。

此音信不通沒想到他現在竟會沒事、真叫人心裏不平、
是知道他又和他至好、這就更好了、他現在的景況萬分艱苦、您既
一個館第的事情沒有、終日熬煎今年春天的時候他因為終日賦
兒進錢的事情沒有、終日熬煎今年春天的時候他因為終日賦
閒抑鬱出一場大病來我既與他相好見他這樣的貧病交集碍
難袖手旁觀所以就在他家住了些日子照應照應他據大夫說
他那病太重恐怕熬不過五月節去我聽這話心裏更急了他家
裏又沒甚麼人一切煎藥熬湯都是我的事到了晚上又得熬夜
好容易上天可憐保佑他的病好了我這纔放了心了現在沒別

熬臘八粥
熬夜。熬粥

第十章

熬臘八粥　熬粥　熬夜　熬出來　現熬　熬爛了　熬得了
粥昂貴　沒熬廠　遨遊　鰲頭

一、您好阿二、好你好三、好四、你從那兒來五、我是打前門回來順便到您這兒六、作甚麼這麼早上前門七、我本沒甚麼要緊的事因為今兒不是臘月初八麼年年兒我們家熬臘八粥所以打昨兒上就熬夜八、這熬粥何必熬夜呢九、是因為這臘八粥初八日清

熬出来
现熬
熬烂了
熬得了粥
昂贵。没熬
厂

早用他供佛所以必得夜裏熬出来繞趕的上早起供十這粥
早早兒的起来熬不行麼、若是熬的粥少早起還趕的上
若是熬的多就必得打半夜熬起那各樣兒米都熬爛了不差
甚麼也就天亮了我今兒是等熬得了粥上了供把上供賸下的
粥嘗了兩碗暉那天太早所以就出前門繞了個灣兒順便我您
来談談土老弟你真高興的很土大哥您今年没熬臘八粥麼
我因為今年各樣兒米都是昂貴的了不得所以没熬茁不錯今
年糧米實在是貴聽説今年夏天漕糧来的也不多城裏頭的倉
廠大半都是空的去可不是麼你今兒有事没有十岑我没甚麼事

遨遊

鰲頭

打算待會兒要出得勝門逛逛〔六〕老弟你真是愛各處遨遊實在
高雅的很〔元〕甚麼高雅呀不過是整天家閒着沒事在家裏悶
得慌的〔卅〕你既是閒着悶得慌據我想與其天天兒這麽閒逛莫
若用功將來好中舉中進士獨占鰲頭光宗耀祖顯親揚名豈
不比這麽遊手好閒強麽〔卄〕您說得是我從今實在得收收心用
功了〔卅〕你真若是要用功那就好極了〔卅〕大哥我也不坐着了一
半天再來請教〔卄〕再坐一坐兒罷〔卅〕不坐着了改日再見改日再
見

傲慢。傲虐。傲性
慎悔

第十一章

傲慢、傲虐、傲性、慎悔、扎撐不住　扎撐

老弟在家裏麼、二誰呀請屋裏坐、三老弟你好啊、四好大哥您這一向好啊、五我今兒來和你商量一件善事料估你也必願意作、六甚麼善事您請說一說、七因為我有一個至好的朋友他為人很忠厚老實他原先也是官家子弟家裏頗頗的豐富雖然是有錢一點兒驕傲的氣象沒有就是見了窮人也是謙恭和氣不敢傲慢待下人也絕不傲虐他若是見誰有傲性子的脾氣必要百般勸戒總要把這人勸的慎悔改過他心裏纔樂你想這樣的

扎挣不住

好人偏不得好報、自從他們尊大人去世他運氣很不好、連年禍患、又被人訛詐了一回、涉了一年多的訟事、耗費了好些銀錢、近年來家裏連經了七八件紅白事、就把他拉臞下了、前兩天我街上遇見他、窮困的所不像樣兒了、這樣兒冷天他還沒穿上棉襖呢、又聽他說他現在還病著呢、看那樣兒是所扎挣不佳、我和他相好一場、實在看他這光景、心裏過不去、想要幫他幾兩銀子無奈我今年事情也是不好、昨兒給他湊了三兩銀子的當又在別處浮借了三兩銀子、打算今兒給他送了去、但是這五兩銀子到他手裏恐怕也不夠幹甚麼、除置買棉衣裳和鞋襪子所餘也不

扎掙

過一兩八錢的了、今年諸物都是貴的剩這點銀子他還是過不去我想求你看我的面上多少不拘幫助他也是好事老弟你想可以不可以、⟨八⟩大哥您這是那兒的話呢您的知己就是我的好友這樣好人不救那還是人嗎我雖然窮還可以勉強扎掙今兒天晚了恐怕趕辦不及明兒一清早我就湊辦去辦了來赶緊給您送去就是了、⟨九⟩那麼就求老弟分心罷我也不說甚麼了、⟨十⟩那麼明兒見罷⟨十一⟩明兒見

第十二章

| 澳門 | 奧妙 | 扎鍼 | 扎一扎 | 扎掙不住 | 扎花 | 扎幾針 |

澳門
奧妙
扎鍼

挖抄手　渣滓

一 老兄您上那兒去 二 我上四牌樓去置辦點兒行李 三 怎麼您又要出外麼 四 可不是麼我要上澳門 五 您上澳門有甚麼公幹 六 唉因為我這兩年事情不大順城裏頭簡直的混不了現在是上澳門就外國館 七 這外國館的事情好罷 八 還算可以的 九 我聽說處外國館另有奧妙的法子 十 也沒甚麼不過是不像中國館的規矩 十一 您打算幾兒起身 十二 還沒定呢老弟你今兒這麼忙是上那兒去 十三 我是因為我們內人由昨兒晚上不大舒服怕是有點兒瘟氣所以要到九條胡同請一位會扎鍼的大夫給他扎

扎一扎
扎撑不住。扎花
挖抄手
扎幾鋮

一扎、這可了不得現在病的利害麼，病的很利害今兒早起所扎撑不住昨個白天還照舊的做活高高興興我的扎花兒呢就從吃晚飯後肚子疼的要命直折騰了一夜您瞧我的運氣有多麼壞可巧這兩天又沒錢乾挖抄着兩隻手沒法子老弟你別着急我想弟婦夫人的病不過是時症来的雖暴大概今兒扎幾鋮就好了、你如果現在沒錢用我這兒有用不着的幾兩銀子你先拿了用去若是不夠明兒後半天我再給你送幾兩銀子、大哥您這真是救我的命了、但是現在您起身在通用錢的地方兒多如今句給我這好此銀子您自己毅用麼、這你倒不必多

渣滓

煤炸

心、就是不給你這點兒銀子我也是不彀用好在我還得幾天繃
起身呢臨期再打算倒也不難却是有一層得囑咐你如若給弟
婦煎藥千萬細心吃的時候必須把藥渣滓澄淨了是承您囑
咐我必在心、那麼偺們也別久談了你快請大夫去罷那麼
我就告假了、請了請了、

第十三章

煤炸　煤糕　二閘　閘板　閘口　閘官　劉文　扎猛子

扎抄

王卅二　唭老爺叫我作甚麼三你趕緊到煤炸兒胡同李老爺那

煤糕

二閒

兒請他今兒响午來就提我有要緊的事情和他商量你這就快去罷，正是回老爺李老爺來了，請在書房裏坐，大哥您好啊，好老弟這一向好，好，來，喳，倒茶就手兒把點心拿來還有今兒早起作的煤糕也拿幾塊來，是，老弟嚐一嚐，這是我們新來的廚子做的老弟嚐嚐，點兒點心，這是我們新來的廚子做的老弟嚐嚐，老弟說那兒的話呢，是我一來大哥就賜喫的倒叫我心裏不安的很，是因為偺們許久沒見想要大哥您今兒叫我來有甚麼事情，談一談可巧今兒早起我一起來看見天氣很好故此約老弟來打算上二閒逛一逛不知道老弟願意去不願意去，好極了我

閘板
閘口
閘板。閘官
劄文
扎猛子

這幾天頗悶的很正想會同一二知己的朋友出去散一散那麼偺們吃完了點心坐一坐兒也就可以走了、是可是我聽見說二閘那兒因為今年大水閘板都壞了有這麼件事沒有、不錯有這麼件事我前兩天同朋友逛過一回在閘口那兒瞧了會子見那閘板折了好些處聽見說管閘的閘官前兩天已經奉了上憲的劄文叫他趕緊設法修補大概也就在這幾天要動工了、啊散自您知道的這麼詳細可是您在閘口看見甚麼熱鬧兒沒有、甚倒沒甚麼熱鬧兒不過有七八個小孩子在那兒浮水有打閘口上跳下水去的有在水裏扎猛子的有摸錢的、啊這

挖抄。扎下

二闸

照讀格。顧讀乎
防備也

倒有趣但是那水裏怎麼會有錢呢，其實是這麼着比方我們要看
他摸錢可以隨便拿幾個大錢往水裏一扔那些小孩子們看見
我們扔錢就站在閘口上把兩隻手一挖抄往下一跳赶緊就扎
下一個猛子去不大會兒的工夫他們就把錢都摸着了赶他們
上來那錢誰摸着的就是誰的了，其實我也聽見人這麼說過但是
我每逢逛二閘的時候總是同着人臨時大家只顧上茶館兒
涓茶聽曲兒想不起看這個玩藝兒來今兒偺們到那兒倒要看
一看，其實好好天不早了偺們這就走罷別僅自說話照顧晚了
是是您頭裡請見，請請。

眨巴眼
乍寒乍冷

第十四章

眨巴眼　乍寒乍冷　炸了　乍經　炸破　拃　榻板　差一
點兒　乍到　鍘草　鍘掉

一 大哥您吃了飯沒有、二 喫了你喫了沒有、三 我也喫了、四 現在有甚麼時候兒、我的鐘表都站住了、五 現在六鐘多了、六 唉這天可真短的利害、七 據我看此那幾天長多了、那幾天從早起到晚上不過一眨巴眼兒的工夫就黑了甚麼事都作不了、這幾天我這有點兒工夫了、但是時令不正人都不大舒服、八 可不是麼這幾天也覺着不舒坦身上總是乍寒乍冷的今兒晌午上了一盪

炸了

乍經。炸破

拃
榵板

差一點兒。乍到

街買了點東西趕到回來就覺着不爽快、您上街買甚麼東西
因為昨兒晚上點燈的時候兒我那個底下人他不小心把燈
筒子弄炸了、所以我今兒赶緊到洋貨店裏買了一個來、他怎
麼會把燈筒子弄炸了、他點燈的時候兒把燈貓兒弄大了那
玻璃筒子是涼的乍一經火烤所以就炸破了、要是炸的地方兒
小還可以將就着使這個筒子炸了有一拃長的一道裂口子斷
不能使了實在粗心的利害、這個事您倒不必怪他他們這些
人都是這麼着、前兒晚上我們那個底下人上窗户上的楄板差
一點兒把玻璃碰破了他要是新來乍到的也還可恕他如今在

鍘草。鍘棹

我家好幾年了、到了這兒幹事老是不留神您說可很不可很真是你說的不錯這個事不過是傷損物件還有那幹事粗莽傷了人的更是可惡我們糊術兒的口兒外頭有一個草料舖上月他們夥計鍘草因為不小心會把楂草的手指頭給鍘掉了你說奇不奇這真是奇事像這樣兒的人後來一定沒人用他畫可不是麼、真哎喲了不得了、天不早了、我也該走了、真忙甚麼再坐一會子罷、不坐着了改日再談罷、那麼我也不强留了沒事的時候兒不妨常來談談、是改日見、請了請不別送、請請。

乍富

第十五章

乍富 詐稱 訛詐 差得遠 詐次 栅欄 乍會 詐偽 差錯

一 老兄我跟您打聽一件事情 二 甚麼事 三 我新近聽說令親錢樹堂捐了同知了是真的麼 四 不錯是真的 五 他放着買賣不正經作又想捐官真是胡鬧六這個人也真可笑的很這兩年來他開的那個小布鋪賺了幾個錢他就不知道怎麼着纔好了於是買房子置衣裳胡穿混戴究竟是小人乍富把那倆錢兒花淨了就得了他這捐官也有個緣故因為春天他交了幾個外省來的新

詐稱。訛詐

差得遠

詐次。栅欄

乍會

朋友他心裏這麼想要告訴人他做買賣憑不起於是就詐稱是候補同知後來有人要訛詐他的錢說他假冒職官要告他他害了怕了所以就七摒八湊的捎了這個同知據我想他那家當兒比那有錢的差得遠了並且還有可笑的每逢聽戲或是在飯館子吃飯人家稍有一點兒不周到他就挑眼鬧脾氣十回聚會有九回詐次有一天我同他在大栅欄兒戲館子裏聽戲因為看坐兒的說了一句錯話他打人一個嘴巴好容易我纔把他勸住了乍啊敢自令親是這麼個人哪我和他乍會面的時候他那一番周旋却賣在叫人過的去八你令兒和我打聽他是有甚麼

詐偽

差錯

事情麼、也沒有別的、不過他前兩天到我家裡託我在吏部給他辦理補缺的事情、我也是聽他說話彷彿是雲山霧罩、以為詐偽、所以我來和您打聽、打聽今兒聽您所說的話、他這人也不過是好說大話有點兒脾氣、還不失為好人、他心裏却還不壞、他如今既是託你給他辦理補缺的事、也不至有甚麼差錯、你就可以給他辦罷、是我今兒後半天就到吏部大約三兩天就有回信、我現在也不坐著了、改日再見、你既要走我也不留你了、請請、請了、請了、別送、別送、

第十六章

扎破
扎傷

扎破	扎傷	茶
壺	茶壺嘴	茶葉
茶水	茶杯	茶館
	茶托	茶盅
		茶碗
		茶盤兒 沏茶
		茶船 扠着腰
		茶几兒 茶

一老弟你那手是怎麼了、二是因為我前兩天出城逛青兒去了、瞧見村莊兒上杏花兒開得好看、我就伸手去摘沒想到被樹枝子扎破了、現在還疼呢、三這不碍的、我家裏有七釐散、給你送點兒來敷上就止疼了、四好極了、但不知這藥都治甚麼、五這藥不是單治這扎傷凡一切跌打損傷都治、六既是都治甚麼、求老賜一點兒預備防荒兒行好也是好事、七可以可以、八大

茶、茶葉
茶館
茶碗
沏茶
扠着腰
茶壺。茶壺嘴。

哥您請唱茶、這茶葉是新近一個朋友打安徽帶來送我的您嚐嚐、要是可以我回來給您送幾罐子去、不錯味道很好比俗們這京裏頭的多我有一天在前門外頭茶館兒裏唱茶自己打家裏帶了點兒好茶葉、可惜他那兒的茶碗很粗那個蓋碗兒也很不好那個跑堂兒的很大的習氣要叫他沏茶總得先把蓋碗兒給他打開他纔管沏不然他就扠着腰在旁邊兒站着不理你趕到沏上我一喝那水不開可惜了兒我那好茶葉、這還是大茶館兒呢您還沒見那小茶館兒極粗的茶碗很骯髒一個粗茶壺茶壺嘴兒都破了、一桌子的水也不擦真是不好土不錯我也

茶杯
茶托
茶盅、茶盤兒
茶船、茶几兒
茶水

去過、據我看、偺們京裏沒有好茶館兒、您先我上上海的時候兒那兒的茶館兒總算好呢、茶杯是細磁的、一個蓋碗兒也是極細蓋碗兒底下還有茶托兒、以外還有水烟袋、一切都是很講究不過、就是價錢大一點兒、據我說要論唱茶還是在家裏舒服第一水是開的、茶葉是隨自己的便、要唱甚麼茶、就買甚麼茶葉至於一切的茶壺茶盅蓋碗兒茶盤兒茶船兒、以及茶几兒杌子椅子都可以隨着自己的意思辦、若是在外頭作客、茶水一切更是不便了、吉哎喲、你我只顧說說話、不知不覺的天黑了、偺們明兒見罷、吉怎麼您不坐着了、不坐着了、回頭我趕緊打發人給你

倒茶。茶瓶

送七釐散来十六是叫您費心回頭尊管送藥来的時候兒就手兒叫他把茶葉給您帶回去去好極了我就此謝謝明兒見十八請了
請了、

第十七章

倒茶	茶瓶	插關	
問	察找	察出	插著
来	察一察	察到	插嘴
来倒茶二喒老爺要甚麼茶三你把裏頭屋裡櫃子裏擱的茶瓶拿出来就把那裏頭的茶葉抓點兒沏上給我倒一碗来四是五	察看 察院 察知	插舌 插話 察訪 察	查 查不出

插關、插着

插嘴、插舌

插話

察訪、察問

嘿你過来、(六)回来要是沈老爺来了、你趕緊就讓進来、(八)是

九還有一句話我要囑咐你我今兒早起起来瞧見街門的門插

關兒也沒插着倘或有歹人推開門進来豈不躭悮大事今兒晚

上關街門的時候兒務必要小心再要如此我可不答應(十)是底

下要留神了(十一)還有一件事你近来每逢我和別人說話你老愛

插嘴插舌這是甚麼道理底下我再和別人說話不准你插話(十二)

是底下不敢了(十三)去罷(十四)回老爺沈老爺来了讓在書房裏坐着

了、去我這就出去(十五)(十六)大哥您昨兒回来不早了罷走也不算晚我

昨兒託老弟察訪的事情察問明白了沒有走有點兒端倪了我

察找。察出

察到。察看

察院。察知。查

查不出来

察一察

第十八章

今儿到了部裏見了王先生託他給察於是他打架子上把文卷搬下来察找了半天總也沒察出来後来又從別的房裏抱了好些文卷来挨排兒都察到了兒察看不出据他說此事還是得託人到察院衙門裏去察纔能察知底理深情若只在部裏查恐怕是斷查不出来的那麼就求老弟費心託人到察院衙門去察一察看是如何那麼我就告辭了這件事您交給我罷大約三兩天必有回信勞老弟的駕罷該當的您別送偺們三兩見二三兩天見

詑異　差不多　太差遠了

詑異	鎈		
差不多	我鎈兒	查字	螞蚱
太差遠了	碗鎈兒		
	破鎈兒		搽粉
	斜鎈兒		岔了氣了
	想着鎈		岔路

兒

一老兄您好啊、二好你好三好老兄這一向老沒見您竟作甚麼来

着、四我因為這些日子不大高興所以老沒出去、五您有甚麼事

不高興、六說起来真是叫人詑異我家不是有幾項地嗎每年應

收租銀三百兩誰料莊頭不安好心年年兒的租子總没有交足

了過但毎年雖然交不足可也差不多兒至少總交到二百五十

兩到了今年可就太差遠了、纔交了一百兩銀子、我問他為甚麼

螞蚱

搽粉

交這麼點兒他告訴我說七月裏鬧螞蚱把莊稼都吃淨了所以租子都收不進來我說鬧螞蚱是秋天春天年成很好今年至少也得交一半斷不能交一百銀子就算了事了他聽我這話知道我不受賺趕緊說到了年底必設法湊點兒來你想這個莊頭可氣不可氣真是可氣您這地不是在齊化門外頭八里橋麼不錯是在那兒您的莊頭不是姓李麼十是姓李土我前幾天還打他們村莊兒上過正趕上他們那兒唱野台子戲瞧見這李莊頭帶着幾個鄉下的大姑娘小媳婦都是濃妝艷抹搽粉抹胭脂的站在台根兒底下看戲我想今年要是不收成他們那村莊

岔了氣了

岔路

我鹺兒

鹺

查字。碗鹺兒

破鹺兒，斜鹺兒

兒上如何能唱戲可見那東西是撒謊安心賴您的租子了我在
那兒聽了一會兒無奈人太多擁擠不動把我也給擠岔了氣了
於是我就從岔路走了趕到了齊化門進了城天已經黑上來了
上啊敢情你知道他呀且看他年底下要是不給我多湊點租子
我是一定不答應他若是不我鹺兒把他送下來他以後必不正
經交租子了可是老兄您纔說我鹺兒這個鹺字兒是怎麼寫
査這個字不常見是缶字傍這邊加一査字就是俗說的碗鹺兒
破鹺兒的鹺字還有一句俗語黃瓜醃葱斜鹺兒也是這個字
領教領教老兄您今兒有事沒事我今兒却沒事您今兒既

想着齣兒

没事、回頭偺們哥兒俩到前門聽戲去、省得您在家裏想着齣兒生氣、好好我也想要散散、那麼我先上街買點兒東西就來、您就在家裏稍等一等兒、我在家裏老等、十萬請你快點兒來、廿是我就來悮不了回頭見、廿是回頭見、

第十九章

齋堂　齋飯　吃齋　齋僧道　素齋　摘菓子　杈枝子　樹
杈子　摘下　齋戒

老兄久違了、您近来諸事好啊、二好、三偺們有两個多月没見了、四可不是麼老弟一向可好實在想念得很、五我来過幾次您的

齋堂
齋飯
吃齋

管家說您出外去了、六我却沒上遠處去、就逛了一趟西山在大覺寺住了一個多月前兒縂回來的、七啊您是高樂去了實在有趣、聽說大覺寺那個廟很大那廟裏還有齋堂和尚也極多、凡有雲遊的僧人都可以住在他那廟裏一切齋飯廟裏全管是真的麽、八不錯是真的但是得受過戒的隨身帶着衣鉢戒牒縂可以住在那廟裏隨着衆僧在齋堂吃齋無論住多少日子廟裏都供應若是沒有衣鉢戒牒的僧人可不行、九是我今兒聽您這麽說纔明白了還有一層他那廟裏怎麽能有這麽許多的錢養活這些外来的遊僧呢十說起来話長了大凡這樣兒的廟叫作長處齋僧道。僧。

素齋

所有附近的山地大半都是廟中的產業一年所進頗可以供廟裏度用並且既是大廟施主必多就是那眾施主一年施在廟裏的錢米已經不少了、再遇見那好行善好齋僧道的濶施主他一年捨在廟裏的就沒了數兒了、所以這大廟也不過拿着人家的錢養活那些僧人罷了、俗語說的好、和尚吃十方就是這個理、那麼這大覺寺也是極有錢罷、土、是極有錢就以我而論在那廟裏住了這麼多日子早晚兩頓飯都是和尚給預備雖然沒有葷菜然而所預備的素齋以及饅頭點心也很可吃、据您這麼說、在那兒住着好極了、卻不錯、極好、這那山上不悶得慌嗎、其有

摘菓子
扠枝子。樹杈子
摘下
齋戒

甚麼悶得慌的天天兒吃完了早飯、走到山坡兒上閒逛我在那兒正是菓子李兒有時候兒站在山上瞧那些小孩子們摘菓子、有在樹底下撿的有搜著樹的杈枝子的有騎著樹杈子上摘下菓子來就吃的真是有趣兒走多嘴您再去的時候兒我也跟您逛一逛可以不可以呢、怎麽不可以呢、等我要去的時候兒我也預先給你信俗們倆一同去好不好、先好極了就這麼罷我也不坐著了、廿九忙甚麼的吃了飯再走、廿我今兒是因為有人約我吃飯聽戲不能久坐了改日再見罷、廿今兒是齋戒怕沒有戲罷、廿怎麼今兒是齋戒嗎、卅今兒齋戒明兒忌辰大概這兩天都沒戲

摘帽子

雖然是這麼說我也得去別叫我那朋友在那兒儍等著，要是不錯那麼我也不敢強留了，咱們改日見您要再進大覺寺的時候兒，千萬給我個信兒請放心我要去必約老弟您別送了，留步罷，請了請了

摘帽子 第二十章

摘帽子 摘了 摘了去　側稜 側臥 倒歪躺著 側耳而聽

一、您吃了飯了沒有，二、吃了，你吃了，三、我也吃過飯了，四、哟你怎麼這麼早就摘帽子也不怕冷，五、我是頭火大您的臉怎麼了，六、我

摘牙。摘了去

側稜

側臥

側歪躺着

是因為牙疼了一夜所以帶累的臉腫了現在牙活動了好幾個有一個要掉就連着一點兒吃東西很碍事稍微碰着他就疼的要命七據我想不如我一個會摘牙的把他摘了去省得碍事八我也想要這麼辦你照我這個牙活動的都出了槽兒鬧的別的牙也都側稜着嚼東西很費事疼的夜裏在炕上躺不住困極了、就是側臥着打盹兒這不是活受罪嗎九您捱了幾個牙了、十我就是去年纔掉了一個牙這個牙掉的時候也是受了好些日子罪纔整整兒一個月沒正經睡覺到了夜裏總是側歪躺着好容易盼得他掉了、這纔舒服了土您不用着急我認得一個牙醫等

側耳而聽

一兩天我同您到他那兒叫他給您把這個牙摘了去就好了，哎哟您瞧儕們這兒說話您的這好極了，那我真感激不盡了，個書僮兒站在窗戶外頭側耳而聽彷彿是聽入了神兒了，我瞧瞧可不是麼順兒你放着事不做在那兒聽甚麼哪，我聽這位老爺講究摘牙所以就聽住了，你聽這個幹甚麼，我是因為我父親常鬧牙疼所以要聽明白了把這個法子告訴他叫他治一治也省得常受罪，大你倒是個孝子這却不要緊等我去摘牙的時候兒叫他跟了我去就得了，那敢自好了你別僅在那兒站着了快把茶壺裏換點兒茶葉我們還等着

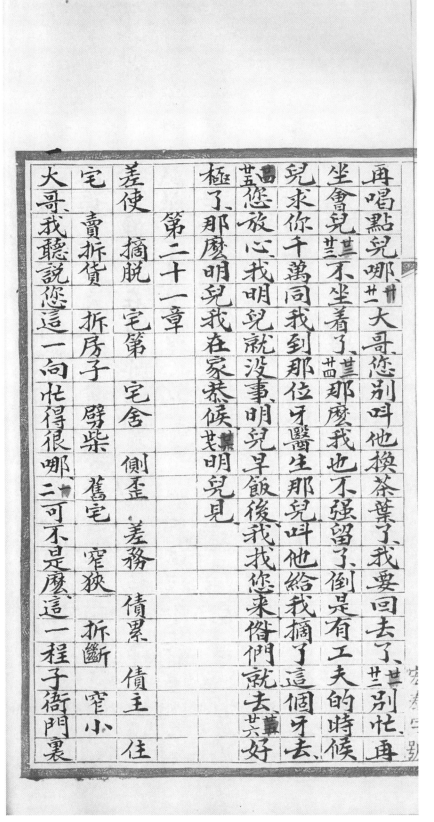

再唱點兒哪、大哥您別叫他換茶葉了、我要回去了、別忙、再坐會兒、不坐着了、那麼我也不強留了、倒是有工夫的時候兒求你千萬同我到那位牙醫生那兒叫他給我摘了這個牙去、您放心我明兒就沒事明兒早飯後我找您來偺們就去極了那麼明兒我在家恭候明兒見

第二十一章

摘脫	宅第	側歪	差務
差使	宅舍	舊宅	債累 債主 住
宅	拆房子	劈柴	窄狹
賣折貨			拆斷 窄小

大哥、我聽説您這一向忙得很哪、可不是麼這一程子衙門裏

差使
摘脱
宅第
宅舍側歪
差務。債累
債主

差使多的利害又因為我過幾天要搬家現在得張羅收拾新房子所以一點兒閒工夫也摘脱不出來、三您為甚麼忽然要更移、據我看您現在住的宅第很好局勢也很壯觀何必又想挪動、四老弟你只知其一不知其二若論我身下住的房子固然算是極體面了、無論是甚麼樣兒的好宅房也不能再比他局勢大的了、但是那房子太老了、所有的宅舍都側歪了、要是不修理斷不能住、要是修理就得兩三千銀子我近年的光景又不如從先了今年衙門裏又沒派甚麼好差務每月的開銷入不敷出以致債累紛纏孛爾各債主不肯十分催迫那兒還有閒錢收拾房子呢既

住宅

賣折貨

拆房子

劈柴

不修理怎麼能再往下住所以纔想挪移可巧我們舍親因急用錢要把住宅賣了響應燃眉之急於是我們兩下一商量他把這房子讓給我由我們敝友作頂房價四千兩但是我手下沒錢可怎麼樣呢所以又把我身下的房子託人我了個大木厰子來叫他瞧了商量妥了賣折貨說定了價銀一萬三千兩除買房子四千兩下剩九千兩很可敷衍現在經全付齊了就等我搬家他就打發人來拆房子所以我這些日子忙得很要打算消停總得過了搬家您這新房在甚麼地方兒就在西城劈柴胡同那房子好不好八房子却極好一切門窗戶壁以及裝修倒還齊整

舊宅
窄狹
拆斷

大門口兒也很威嚴、頗可以住、不過是比舊宅小點兒、房屋院落也比陳房子窄狹、我打算搬過去之後、再擺束隔壁兒的那一所兒小房買過來、把院牆拆斷通過去、就寬綽許多、那麼窄小了、我給您道喜去、十不敢當不敢當
九 那麼您打算多喒更移、十還沒定規日子呢、士等您更移過去、

第二十二章

差遣	差委	差使	當差	柴炭	釵環	差務	拆改	拆
洗釵裙								

一 我今兒個到您這兒來、有一件事情相求、不知道可以不可以、二

差遣

差委

你有甚麼事情只管說我是能者必當盡力三別的事也不敢奉懇現在是因為舍弟蒙山東巡撫奏調前兒個已經奉旨著發往山東交山東巡撫差遣委用大約一個月內就得起身但是舍弟因近日家道貧寒一切行裝均無所措雖然是馳驛前往然而衣履鋪蓋以及路上零用也須自備官不能給他昨兒到我家裏給求我替他張羅三二百銀子所以我來求您如果有地方兒給借這一項銀子他就可以起身了等他到了山東奉了差委必趕緊奉還斷不敢躭延您想怎麼樣這事倒還容易辦我今兒晚上就我們親戚去和他商量商量大概有八九分可成但是令弟

上 1-32b

差使

當差。柴炭

釵環

差務

這幾年的差使當得很熱鬧怎麼會窮到這步田地，咳，他那差使近來是有名無實他們工部向來不過靠著水利這幾年間水利來的過少趕到分到他名下每年也不過四五百金如何發當差的他又因現在諸物昂貴一切煤米柴炭無一不長價錢所以鬧的他典賣一空連婦女的釵環首飾都當到了，現在是度日維艱如何能湊的出出外盤費來呢，六這麼看起來令弟現在的景況斷乎難往下處了，幸爾有這個山東的差務慢慢的還有個轉機，七誰說不是這麼著呢這就等聽您的佳音、如果有一點兒端倪他就有活路兒了、八老弟你不要著急我必盡力給他辦妥了、但

折改。折洗
釵裙

是有一節、須要囑咐令弟行李一切不要太多、一則置辦的時候兒省錢二則也省脚價輕車減從最好、九您說的是他現在打算帶一個底下人至於衣履一切全不用現置不過把當着的贖出来不合式的把他一折改骯髒的折洗就得了、又不攜眷所有婦女用的釵裙簪環首飾等物都不用贖現在要借着三二百銀子就足以敷用了十這麼着很好你告訴令弟就說我今兒晚上必給他借去、千萬別叫他着急士是那麼勞您的駕罷我也不坐着了、土你不坐着了、我今兒晚上去借妥了、明兒早起給你送信去、夫不用又勞動您了、明兒還是我来罷吉那麼偺們明兒見

黏帽

黏襪子。黏子

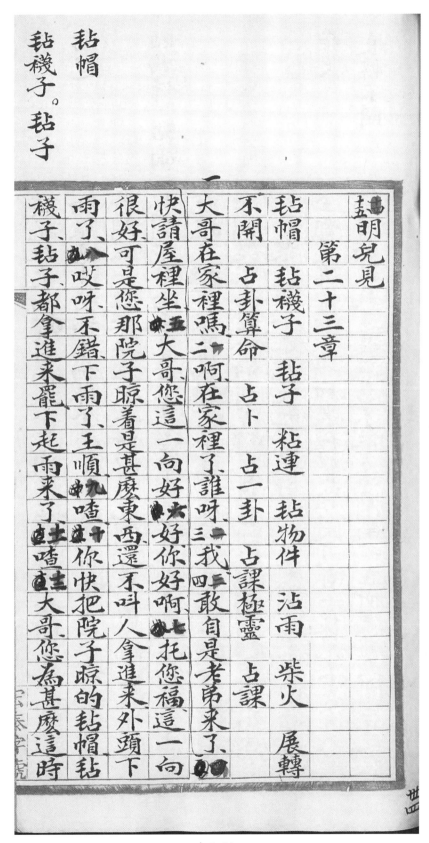

話明兒見

第二十三章

黏帽　黏襪子　粘連　黏物件　沾雨　柴火

黏子　占卜　占一卦　占課極靈　占課　展轉

不開　占卦算命

大哥在家裡嗎二啊在家裡了誰呀、我三散自是老弟來了、

不開占卦算命占一卦占課極靈

快請屋裡坐五大哥您瞭著是甚麼東西還不叫人拿進來外頭下

很好可是您那院子裡大哥您晾著是甚麼東西還不叫人拿進來外頭下

雨了、哎呀不錯下雨了、王順九喳十你快把院子瞭的黏帽黏

襪子、黏子、都拿進來罷下起雨來了七喳土喳大哥您為甚麼這時

粘連
黏物件。沾雨
柴火
展轉不開

候兒晾東西、因為我今兒個早起進堆東西的屋裏我點兒東西瞧見這些黏子物件全受了潮濕了、都粘連在一塊兒要是不打開晾一晾必要生虫子、所以叫他們擱在太陽地裏曬一曬沒想到下起雨來了若不是老弟看見告訴我這些黏物件一沾雨就壞了、可不是嗎、老弟這一項公事忙不忙、忙、倒是家務掣肘的利害、家務有甚麼難辦的、是因為舍下人口衆進項小本就是勉強敷衍度日沒想到近來日用的東西全都是異常的貴一切米糧煤炭柴火沒有一樣兒不長價兒的每月的進欵還是照舊不能多添鬧的現在所展轉不開若是沒

占卦算命

占卜

占一卦。占課極靈

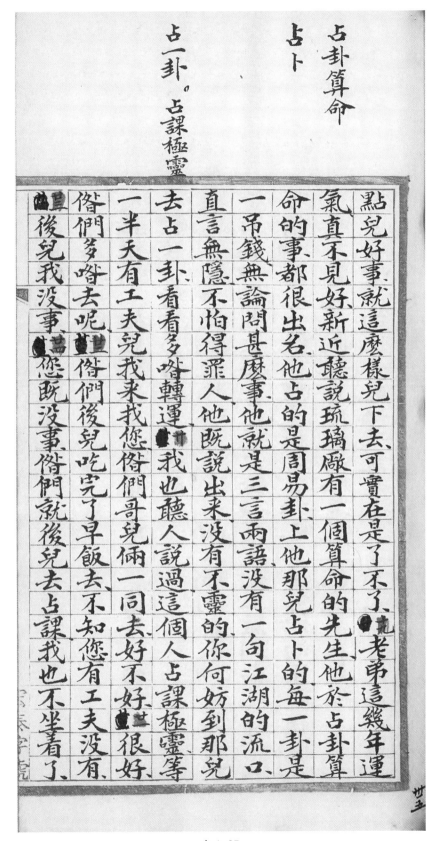

點兒好事、就這麼樣兒下去、可實在是了不了、老弟這幾年運氣真不見好、新近聽說琉璃廠有一個算命的先生、他於占卦算命的事都很出名、他占的是周易卦、上他那兒占卜的每一卦是一吊錢、無論問甚麼事他就是三言兩語、沒有一句江湖的流口、直言無隱、不怕得罪人、他既說出來沒有不靈的、你何妨到那兒去占一卦看看多嗎轉運、我也聽人說過這個人占課極靈等一半天有工夫兒我來、我您偺們哥兒倆一同去好不好、很好偺們後兒吃完了早飯去、不知您有工夫沒有、偺們岔嗒去呢、偺們後兒我沒事、您既沒事偺們就後兒去占課我也不坐着了

第二十四章

火輪車站　站在我跟前　豺狼　車站　佔了　氈包　折散

棧房　暫住　沾溼了　粘貼

後兒見、〔禮〕就是就是後兒見

一 久違久違　二 彼此彼此　三 老兄這一向上那兒去了、四 我上了一盪上海　五 您到上海有甚麼公幹　六 我是到上海辦點兒洋務的事情、七 您這一盪事體還得意罷　八 也算是可以的不過在道兒上受了點兒罪也沒甚麼別的　九 道兒上受了甚麼罪的地方兒　十 咳說起來真是了不得自從馬家堡火

火輪車站

站在我跟前

豺狼

輪車站就受罪起一直到紫竹林這二百多里賣在叫人可怕、火輪車上有甚麼可怕的、我打一到馬家堡就寫車票車票寫得了、趕緊把行李搬在車上、剛要安置過來一個人站在我跟前兒問我說你這一隻衣箱打了票沒有我就說我這箱子裏裝的是衣裳並不是貨物所以沒打票他說我也不管你這裏頭是衣兒既有箱子就得打票要是不打票不准拿上來你快兒的給我搬下去、再要是躭延一會兒我就要往外扔了說着說着他就伸手要拉箱子我看他那樣兒橫蠻狀無異豺狼也不敢和他爭論這麼着就對他你別着急我是初次坐火車不知

車站

佔了
氈包。拆散

道車站的規矩、既是應該打票、我這就打票去、行不行、他說、既要打票、就快去、可不能儘自等著你、於是我趕緊又下了火輪車、到了買票的地方兒瞧見、買票的人擁擠不動、我沒法子、使著勁擠上去、好容易花了好些錢、纔把箱票打了、這纔回到車上、給那個人看了、他見有了箱票、纔沒話了、誰知道我去了這半天的工夫兒、好坐位都被人佔了去了、沒法子、我就在僅後頭一個地方兒坐下、細一查點、行李丟了一個氈包鋪蓋捲兒、也給拆散了、我趕緊就問那個人、我的氈包那兒去了、他說你自己不小心、我們車上不管、我真氣急了、立刻要下車、票官無奈、車已經開了、我只好

栈房、暂住
沾湿了。粘贴

忽了、赶到了紫竹林、催人把行李都搬在栈房里这续放心在栈房暂住了两天到第三天又上火车坐到塘沽、我本打算当天儿就上船、因为没妥当的轮船开行、所以又下了栈房住了一天第二天景星轮船开行、我就搭了这个船在海面走了四天还算好、这四天风平浪静安安稳稳的到了上海、我心里这续一块石头放下去、赶到下船的时候儿、正赶上下大雨、所有行李铺盖都沾湿了、箱子上粘贴的记号儿也都被雨湮掉了、就算是到了栈房、续略微的消停了、您所办的洋务倒好啊、洋务却倒顺手、赶倒事办完了、就搭船回来了。

展開　佔人便宜

第二十五章

展開　佔人便宜　暫且

那兒　站起来　展翅

　　　占卦相面　佔染　佔光　展布　站在

我現在要上廣東今兒特来辭行 您上廣東有甚麼事情 是

因為上月接着通州的我們舍親一封信我展開一看内中是說

他現在得了廣東惠州府知府約我同去帮帮他 令親原先榮

任在那一省 他前幾年夜的是山西平陽府剛到任十幾天就

丁憂了於是交卻回通州本籍守制論他的為人極是忠厚凡事

總願吃虧從来不佔人便宜家道甚是寒難既因丁憂在家所以

曹且。沾執

沾染

沾光

展布

站在那兒。站起來

就在通州城裏教館曹且將就度日不過性情稍沾執此二個雖然身入仕途卻一點兒不沾染官場的習氣而且濟困扶危從前他家有錢的時候遇見親友有貧苦的總要設法幫助所以沾光的不少現在服滿又放了惠州府真是好人得好報如今既是約我同他去礙難推卻只好跟他去六那麼您定規了幾時起身呢七初八起身八這好極了也不周您用了半世的苦功從此裏贊令親展布經綸也可以藉申報効您還記得前年偺們在前門大街在一個相面的攤兒上那個相面的他瞧見您站在那兒看他趕緊站起來對您說我看尊相後來必主富貴目下雖

展翅

占卦相面。占算

佔着

占的不靈

然艱難過四十歲以後必遇機緣不過現在困苦暫時稍微忍耐
着點兒就得了、您今年不是四十一歲嗎、恰巧就遇見今親約您
出外、這相面的就算相的不錯從此否極泰來展翅高飛雲程萬
里可喜可賀、九老弟台你怎麽也信起這些話来了、據我想他們
這些占卦相面的何曽真能占算也不過伏着江湖流口八面風
的話他都佔着即使偶然說對了、也是矇着兒十您這話說的也
似太過以占算作生意的固然是不可信我想前年給您相面的
却是有點兒真本事就以您現在而論運氣比先前强多了這就
不算占的不靈、十您說也是我現在還要多走幾家兒要告辭了

您再多談一會兒罷,天不早了,不坐着了,就那麼您那一天有工夫兒我還要請您在前門外頭飯館子談一談,老弟不必費心了,您我千萬別推辭,我因為不知道多咱咱們總能見面所以要盤桓一天您就定日子罷,既是老弟一定要賞臉我就不套虛了,咱們定規初四罷,六好極了,初四我到府上我去就是就是初四我在家恭候

第二十六章

| 斬決 | 斬罪 | 佔了 | 戰陣 | 戰兢兢的 | 戰場 | 戰敗 | 戰事 |
| 戰勝 | 佔上風 | 出戰 | 戰抖抖的 | 戰必勝 | 百戰百勝 | | |

斬決、斬罪
佔了

佔人妻女　暫時斬頭

我昨兒聽見說又派兵了、大概是外頭有亂的地方兒、不錯是因為陝西甘肅一帶回匪鬧的利害、去年不是派兵去了嗎、去年派兵去勦辦、因為賊眾兵單、打了一個大敗仗、失了幾處城池、後來有御史奏事、把帶兵的官弁都參了、奉旨把帶兵的官定了個斬決的罪、其餘的也有斬罪、也有絞罪、發遣的革職的降調的、現在回匪鬧的更利害了、佔了好幾處州縣、所以又派兵、據我想那回匪不過是些烏合之眾、沒甚麼難勦辦的、但是這些武官素來既是不操練兵丁、臨陣如何能勝、尋常在營中就知道吃

戰陣。戰兢兢的
戰場。戰敗
戰事
戰勝
佔上風
出戰。戰抖的

唱玩兒笑樂趆扣兵餉侵吞肥己，怎麼舒服怎麼辦不懂得甚麼叫戰陣，一旦聽見賊來了，嚇的一個個戰兢兢的魂飛魄散總然是勉強到了戰場沒有一個不被賊戰敗了的，俛您說的真是不錯平常不操演起到臨敵這纔現演習戰事雖有這麼項人等常胆子也不過給敵人預備想要戰勝是斷乎不能並且還有這麼三句不投機就想打架佔上風自己以為英雄無比於是就投効軍營打算立功誰想一到軍營見了大敵喜日胆子也沒了雖然勉強出戰那戰抖的害怕的樣兒叫人實在可笑可氣那兒能像古人運籌帷幄之中決勝

戰必勝。百戰百勝

佔人妻女。暫時

斬頭

千里之外、戰必勝攻必克知己知彼百戰百勝呢七這不過是素
來不懂得武事胆小無能聽說營伍中還有這麼宗人實在可恨
遇見打村莊兒上經過搶奪銀錢佔人妻女無法無天兇橫萬狀
只圖暫時的快樂不顧斬頭的罪這樣兒的人雖把他碎屍萬段
也不足以盡其罪八這個樣兒的雖有也不多聽見說現在所派
的官兵却是極好很有紀律不像這個料西路那些回匪也沒甚
麼大能為這枝兵一出去必能擊散九但願如是纔好若要不早
勦滅這股回匪恐怕養癰成患那可就難辦了十說得是呢

第二十七章

戰表。戰書

下戰書

戰表	戰書	下戰書	戰鼓	戰船	水戰	陸戰	戰鬥

戰策　下寨

昨兒個講究出兵打仗的事情很有趣兒、我還和您打聽一件事情。二甚麼事情。三我常看見演義小說兒上說甚麼戰表咧、戰書咧、這些事情如今也有嗎。四這也不過是小說兒上有這麼說的、那戰表如今却少戰書倒有、比方兩國定日子打仗的況且如一封戰書然而也不能一定也有兩下裏碰見就打仗的、今多是因土匪捻匪回匪擾亂所以派兵、不過是遇見就打仗呢、五是匪黨聚散無定出沒不常那兒還能下戰書定日子打仗呢

戰鼓。戰船水戰。陸戰
戰鬥
戰策
下寨

是我明白了、那麼那些戰鼓咧戰船咧現在有沒有
有的那是為催兵助陣用的至於戰船水戰必得用要是陸戰怎
麼能用呢這麼說起來您於這戰鬥的事情必當高明的很罷這
談何容易我也不過是道聽塗說懂得甚麼呢真要是論戰陣的
事也很難呢甚麼六韜三畧兵書戰策都得洞悉胸中然後學習又
怎麼安營怎麼下寨怎麼布陣怎麼埋伏隨機應變紀律嚴明
得明白天文地理算法以及製造槍礮器械等事這些個都明白
以後再多加歷練然後纔算是知兵若不這麼着如何敢論戰事
呢

第二十八章

債累紛纏　產業諂媚　大有長進　湛新綻了靴底　奸懶
饞滑饞懶饞嘴　簽湛新饞的了不得　饞虫　債負纏
身賬　王兒掌櫃的　又饞又懶　遺留的產業　仗着有錢
　張羅　張着嘴　帳房舖　寫賬　仰仗着
一天哥我昨兒聽見說您高陞了今兒特来道喜二不敢當老駕的
很二您這一次一塊兒下来的有幾位四四個人五都是誰六一
個是戶部的兩個工部的這一個就是我七戶部這個姓甚麽八
你怎麽不知道麽這個就是王子久九啊原来是他呀這好極了、

債累紛纏
產業
諂媚
大有長進
湛新。縱了靴底
奸懶饞滑

真是老天不負苦心人説起來叫人佩服當初他家很窮債累紛纏甚至吃不上穿不上家裏又没有產業雖然是這個樣兒的苦况他却是守分安命斷不肯存一點兒諂媚人的心到了兒是耐心用功後来大有長進趕到中舉以後也没有驕傲的習氣仍是儒生本色這幾年在户部當差進項雖大他總是破袍破褂絕没有湛新的衣裳當差穿的是縱了靴底兒的靴子人家雖然笑話他他也不管如今苦盡甜来真是可喜之至十是這麽着大凡為人總以安分守己為上現在雖然困苦後来終有發達的時候兒再能勤儉持家自然老天加厚若是胡作非為奸懶饞滑將来必

饞懶

饞嘴

簇湛新

饞的了不得

饞虫

債負纏身

賬主兒

不能發跡我說的這話你想對不對您說的是人總是要勤凡饞懶的人斷斷是沒飯吃我有一個朋友人很聰明無論是甚麼事一學就會但是有一件不好處過於是饞嘴不吃不好的鞋天家肥酒大肉的吃而且還要穿好的擺虛架子一出門就是簇湛新的衣裳裏頭有一點兒綻線的地方兒他就不要了還有一件更可笑的瞧見人家吃一樣兒新鮮東西他就饞的了不得着方法兒買了來打打饞虫若是遇見手底下沒錢雖是當賣或是和人借也得吃到嘴裏所以鬧得債負纏身賬主兒很多你們這位令友作甚麼生理他自幼兒原是作買賣因為他們

掌櫃的，又饞又懶
遺留的產業
仗着有錢。張羅
張羅張羅
帳房舖，寫賬

舖子的掌櫃的見他又饞又懶不要他了還算好他們家裏原有
祖上遺留的產業仗着有錢所以還不至於凍餓這幾年竟閒着
有出的沒入的簡直的過不下去了他新近還託我替他張羅一
件事情您想現在甚麽事都不容易我叫我怎麽給他張羅呢
你們這位令友字上怎麽樣他却是能寫會算您要是能給他
物色一個事求您看我的面上也替他張羅張羅免得他張着嘴
挨餓他既是寫算都能那就巧極了我們這衙衙口兒上有一
個帳房舖新近寫賬的先生敬了他們掌櫃的再再的託我給他
找一個寫賬的我正為難沒地方兒找去如今既是令友要找事

仰仗着

我就把他薦了去豈不兩全其美、真很好很好那麼就求您分心
罷、如果事體有成那就感情不盡了、你這是那兒的話呢、既
是你的至交就是我的好友不必客套、您既這麼說我也不敢
說套言了、這件事就仰仗着您了、我也不坐着了、
兒罷忙甚麼了、天還早呢、不早了、我要告假了、那麼今兒又
勞動你到這兒我實在於心不安的很、一半天我造府謝步、
敢當您請回罷別送、請了請了、

第二十九章

| 暫且 | 賬目 | 攪扶 | 纏頭 | 纏繞 | 纏上 | 放閣王賬 | 還賬 |

暫且
賬目
攪扶。纏頭。纏繞

重利債	難纏	張口	仗勢	卑屈諂媚	站住了	姓張

的張掌櫃的仗着本事仗着運氣節賬
老弟我方纔到你這兒你們管家說你上街去了、就回来呢沒想
暫且也到街上茶館兒裏唱了會子茶我還怕你回不来呢沒想
到你倒先回来了、這麼早上那兒去了、咳、說起来真是沒有的
事情三甚麼事情四是我們相好的因為賬目和人打架来着他
被人打了我聽見人告訴我所以我今兒早起一起来就上他那
兒去了、五你瞧見令友被打的重不重、六打的很利害、他見我去
瞧他、他赶緊叫人攪扶着出来我見他用綢子纏頭、纏繞的很緊

纏上
放閻王賬
還賬
重利債

我問他他說是腦袋上打破了因為怕受風所以纏用綢子纏上
我又問他為賬目此不至於就打架打到這步田地他說這個打
他的是個放閻王賬的因為去年借了他十兩銀子按月加一行
息使了一年多沒差過利錢昨兒這個十五是送利錢的日子我
這個相好的因為利錢太重可就於十一日在別處借了十兩銀
子把他這賬還了誰想他還要利錢我們相好的可就說利錢是
十五的日子現在不到十五我還賬按理是不能給利錢他不答
應要定了彼此越說越上氣於是就打起來了如今叫他打得這
個樣兒這還有說理的空兒麼七真是可恨大凡這宗放重利債

難纏、仗勢
張口
卑屈諂媚
站住了
姓張的

的人都是不講理一味的刁惡難纏、動不動兒就仗勢欺人舉手
就打張口就罵他這是遇見老實的了若是遇見利害的他那一
卑屈諂媚的樣子也實在叫人可笑總而言之這些小人見利
忘義是斷斷惹不得的八是現在我這個朋友打算要告狀被我
再三勸止總勸住了可是大哥您今兒我大概有甚麼事情罷
九我因為有一件事情奉託十甚麼事請說一說十是因為我家
裏那架鐘站住了叫了個鐘表匠來給收拾誰知道他越收
拾越壞先前還是偶然不走自他給收拾以後倒永遠不動了我
想給你修理鐘表的那個姓張的他修理得很好要託你告訴他

張掌櫃的有工夫兒到我家可以不可以，您說的是天義齋的張掌櫃的嗎，這不錯是他，他的手藝果然是好，他舖子的生意近來也頗興旺，一則他仗著本事，二則仗著運氣，他常上我這兒來，我和他交節賬，您要是願意叫他給修理鐘表倒容易，回來我就到他舖子裏叫他趕緊到您那兒就是了，那麼就勞你的駕罷，這算甚麼，我回頭就去，我也不坐著了，偺們一半天見，一半天見。

第三十章

產生	胎前產後	胎產金丹	長得好看	長房	掌上明珠

張掌櫃的仗著本事，仗著運氣，節賬

產生
胎前產後
胎產金丹

長大了　產婦　暫且　暫等　薰點兒水　攪了　攪合
攪雜、攪假

請問您現在有好婦科的大夫沒有、二婦科的大夫、雖然是有但是出名的很少、現在就是太醫院的院判還可以的、您打聽這個作甚麼三是因為我們舍親他們的兒婦產生小孩兒、名醫並且滿月、忽然病的利害、昨兒來託我、給他們請一個婦科、還和我尋幾丸子胎前產後的藥、我家裏各樣兒蠟皮丸藥、都叫人尋淨了、就剩了幾丸子胎產金丹、昨兒個都給他了、就是這個大夫沒地方兒請去、所以來和您打聽四令親新生的小孩

長得好看

長房

掌上明珠

長大了

產婦

暫且

兒是姑娘是阿哥、五是個小子這個孩子長得好看、他們一家子都愛惜的了不得、本來也是他們家人丁自來就不旺、我們舍親是次房長房久已就沒人了、他們次房中不過有幾個姑娘如今得了這麼一個小子真是掌上明珠將來長大了接續香烟豈不是一件大樂的事偏巧產婦又病了、倘若有個好歹兒可怎麼了、您纔說這位太醫院的院判既是名醫自然他必能治好但是不知道他在那兒住、他在東單牌樓裱楷胡同住、這好極了、我暫且告假先到我們舍親那兒告訴他大夫的佳處好叫他早些兒請去、待一會兒我就回來、那麼閣下就先請回頭千萬回來偕

暫等

濺點兒水

攪了

們今兒作一日之談、九是您暫等一等兒我告訴他就回來十那
麼回頭見、廿誰叫門哪十士啊十啊回來
了、吉您請這邊坐、十吉是請坐請坐十五哟、您這麼快就回来了、
是甚麼大十三是濺的泥十克怎麼您會濺了一臉的呢十是我剛纔走
到一個胡同口兒上打胡同兒裏来了一輛車走的很快我没躲
及所以濺了一臉廿您瞧那兒有臉盆您快拿手巾蘸點兒水
擦一擦罷要不然另弄點兒熱水来索性搓點兒胰子洗一洗
廿那更好了、哟、您這胰子擦了甚麼了、這麼香得好聞廿我是因
為這夏天的時候、人未免的有汗氣所以買了點兒香豆麵兒和

攪合
攪雜
攪雜

香肥皂、把這兩樣兒攪合着搥在胰子一塊兒、為的是洗臉去汗氣苴啊、怎麼您這個比我家裏的強、我向來也是這麼弄賣在沒這麼好味兒苴、那是那胰子的緣故、不然就是香肥皂裏頭有攪雜、您是那兒買的、其我是在大街上攤子上買的、其怪不得不好呢、凡這些東西攤兒上賣的都攪假總是買舖子的好、世我可知道了、底下我一定到舖子裏買去苴、可是您將纔把那大夫的話告訴明白令親了嗎、喳、都告訴明白了、他們說回來就請去叫您掛心世、那就好極了、

第三十一章

張家口

張羅着作

張家口	張羅着作	張口結舌	站起来	顫
管賬的	張三李四	攪在裏頭		店裏掌櫃的
禪堂	禪房	蟬聲	纏綿	張牙舞爪	幾站	禪林

大哥您好啊、二承問承問老弟好、三好、四老弟是幾兒回来的、五
我前兒繞回来的、六路上倒還平安哪、七托福托福一路都很平
順、就是到了張家口的時候兒在店裏鬧了點兒口舌八鬧了點
兒甚麼口舌、九是因為我吃完了晚飯叫店家打洗臉水那店
橫極了告訴我没工夫兒叫我等一等兒我可就有氣了說你這
人怎麼這麼横你既是開店、容叫你作甚麼你就得張羅着作去、

張口結舌

站起來。張手

顫

店裏掌櫃的

管賬的

怎麼說沒工夫、要是怕累就該把你們這店關閉了回你的家豈不比在這兒舒服嗎我明兒要走的時候兒我也告訴你沒工夫兒給店飯錢你答應嗎他聽我這話張口結舌的還不出一句話來等了半天他繞和我說您這話要是打算在我們店裏住就別挑眼要是這麼找我尋我們您就請在別的店裏住去我聽他說出這樣兒無理的話來立刻站起來張手給了他一個大嘴巴他剛要還手、被我把他拉躺下拿馬鞭子一路好抽他這繞害怕的渾身亂顫跪在地下只是磕頭嘴裏說老爺饒了小的罷小的錯了我到了不答應送定了他、後來店裏掌櫃的管賬的還有店裏

張三李四
攪在裏頭
張牙舞爪
幾站

夥計們以及住店的客甚麼張三李四的都来了、站了一屋子有
勸的有替店家賠不是的又有一個本地好管閒事的人從店門
口兒過聽見裏頭吵嚷也赶緊的跑進来攪在裏頭張牙舞爪
又是說又是勸吵嚷了個熱鬧我見大家這麼好意来送他
家来賠不是俗語兒說的殺人不過頭點地我也就答應不送他
了、然後他們大家散了我這纏歌着您說可笑不可笑、這可真
是想不起来的您在張家口住了幾天離京還有幾站、我在那
兒住了兩天第三天就起了身了、您在外頭聽見甚麼新聞沒
有、新聞倒没有就是逛了些處名山大剎看了些個古蹟兒並

禅林

禅堂、禅房

蝉声。缠绵。

您看了些甚麼古蹟兒請說一說。去那麼多了一時說不完等後來慢慢的再說。那麼您逛的名勝地方兒可以講給我聽聽去有一天我路過一座大廟廟門上懸着一個匾上頭的字是普濟禪林於是我就進去看一看那廟裏大殿配殿都很寬大壯麗況且禪堂了禪房了都有院子還有許多的古槐高柳頗是清雅全沒又是夏天樹上的蟬聲纏綿不斷實在好聽真叫人把俗念細細子此外還過了些高山峻嶺說不盡的景緻等過一兩天我細細兒說給您聽。太那敢自好十九我現在還得到別處改日再見廿忙甚麼呢改日我還到府上拜訪哪廿不敢當您請回去罷廿請請

偺們一半天見

第三十二章

張老夫子	常有	長進	長燈
塲差	長輩	章程	掌院學士	常去張羅	掌印	常常兒的
文母娘	漲價	常人
					樺經	丈人

張老夫子

常有

久違久違、彼此彼此、我今兒來一則因多日不見來談一談
二則有一件要緊的事情求您叫閣下有甚麼事只管告訴我
必當効勞五別的事也不敢相求是因為小兒的老師張老夫子
常有病痛所以他於上月把館辭了、小兒現在閒了一個月没念

長進
長燈
長功夫
掌印
常常兒的

書要是就這麼耽悞着恐怕他把念過的書都忘了,我想託您替我請一位老夫子,但是有一節很難,小兒從去年開筆作詩文頗有長進,因為那位張老夫子教法很好,而且功夫極勤,每日從一清早上學除了吃飯一直念到長燈,今年春天已經全篇了,所以必須請一位有學問的先生纔行,還得有長工夫,您若知道有好先生,求您給引薦一位,這件事情您可別忙,現在要教書的雖多,但是有學問的很少,只好慢慢兒的物色,您令親李老先生,現在有館沒有,我們舍親先在西城處館,因為選了兵部王事,差使很多,所以早就把館辭了,如今又是選司掌印常常兒的進

場差

長輩

章程
掌院學士

常去張羅

裏頭今年武會試又派場差、一天到晚總没閒工夫兒他如何能
教書呢、九那麼就求您慢慢的物色就是了、九我必在心上您今
兒晌午有事没事、十今兒晌午得上我們本家那兒去十貴本家
那兒有事情麼、卄一是我們本家一位長輩過去了、昨兒晚上落的
他們家雖然有錢、但是都没經過甚麼如今冒然出了這樣大事
是一點兒章程没有、去您這貴本家在那兒住、卄一在十條胡同支
啊、我知道了、過去的這位大概是作過掌院學士罷、卄一不錯就是
這位卄一這位是您的令伯、卄一是令叔、卄一那麼您也得
常去張羅張羅繞是禮卄一可不是麼、卄一攔多少日子、卄二攔三十五

禅経

丈母娘

丈人

漲價

天芸念幾棚經芸念三棚禅經三棚番經一棚道經芸這麼看起來這件事情大概得幾千銀罷芸幾千銀恐怕不彀昨兒晚上事情剛一出來聽說他們把這件事通身打算大概來了萬今説是得一萬多兩銀子據他説起我們本家的事情打算起我們小兒的丈母娘去世的時候兒那件事辦的不算十分好還用了八千多兩銀子如今我們本家這件事比那件事大多了而且現在諸所漲價兒至少也得萬餘金芸聽您這麼説起來也實在可怕若是小家主兒還敢辦事嗎覺這又是一説了大凡這些冠婚喪祭的事情不能一倒而

常人

論總要隨時隨勢似乎我這本家現在正當賣貴所以一切的排場兒不能仿照常人未免得多用錢至於小人家兒諸事既不必十分講究自然用的錢可以從省、𠮟您說的是哎喲偺們只顧講論人家的事鬧的天這早晚兒了、我說走了、𠮟您忙甚麼再談一會兒罷、𠮟我還有約會兒哪不坐着了可是我繞託您的事您千萬在心、𠮟是是我必盡心的您回去了改日見𠮟是改日見

第三十三章

長燈以後	脹飽
上長長	常犯
章句	常常兒
脹的荒	場中
脹滿	長工夫
章法	長見識
脹肚	大丈夫

長燈以後
上長長
章句
脹的荒
脹滿

長處　常見　長短　常來常往　暢快　長了　長進

您昨兒上那兒去了、二我昨兒上金臺書院作課去了、三回來有甚麼時候兒叫到了家長燈以後了、五甚麼題目、六文題是上老老而民興孝上長長而民興弟上恤孤而民不悖您作的得意鄙章句得書字七文題還不十分難詩題却不容易罷八這個文題詩題我倒還可以勉強作的了、但是因為昨兒的點兒不舒服也沒作好我從昨兒個早起一起來就覺肚子脹的荒起到了書院好一點兒這麼着我就作文章誰知剛作完了起講兒這肚子又覺脹滿的利害一天也沒得舒服所以就草草了

章法
脹肚
常時。脹飽
常犯
常常兒

事一切布局立意是一點兒章法沒有還有甚麼得意呢也您這
脹肚從先有這個病根兒沒有也有這個根兒是怎麼得的不
是因為我常時愛喝水水一喝多了、肚子裏就覺著脹飽的了
得或是生點兒氣也是脹肚吐大夫看過沒有吐也叫人看過
都說這是因氣上得的所以我每一犯這個病趕緊先把藥吃了然
順氣的藥就好了昨兒晚上我臨睡覺的時候兒先把藥吃了
後纔睡的吐今兒個您覺怎麼樣吐今兒好了我這病常犯不要
緊了吐據我的愚見您總是常常兒服一點兒藥把這病根兒去
了纔好雖然這病不要緊究屬於身體不相宜況且您明年會試

場中

長工夫
長見識
大丈夫
常見
長處
長短

要是在場中犯了這個病豈不悞事、您說的是我後來一定想法子把這病治好了免得受累但是我這病還倒容易治只怕我這學問一點兒沒有却是可慮的既沒有長工夫用功又沒多看過長見識的書如何是好大丈夫生於天地之間若是沒有一點兒經濟學問真是可羞可愧九您說的未免太過了、似乎您這麼多才多藝博古通今的賣在讀書的裏頭不能常見您這麼自謙像我連字也不算認得了、甘也倒不然您有您的長處、您的詩文論罷就比我強十倍別人作文章都有一日之長短並且還得題目合式纔能得手您就不是這麼着無論那一時也無論

常来常往

暢快

長了、長進

甚麼題提筆就作、而且作的極快、我與您常来常往這些年、所有
您作的文章、沒有沒有看過的、都是命意高超、措詞暢快、實在叫
我甘拜下風、至於您的詩才、更是絕頂的了、據我說您和我都
不必這麽謙虚套語、從此咱們奮勉用功、見書院就考、逢課就作、
日子長了、沒有不長進的、那一天您再上書院、請您給我個信、我
也去考一考、豈好極了、我如果考書院的時候兒、必來約您同去、
我不坐着了、該走了、豈您這時候兒還上那兒去、豈我也到我們
舍親那兒三兩天見罷、豈是三兩天見、

第三十四章

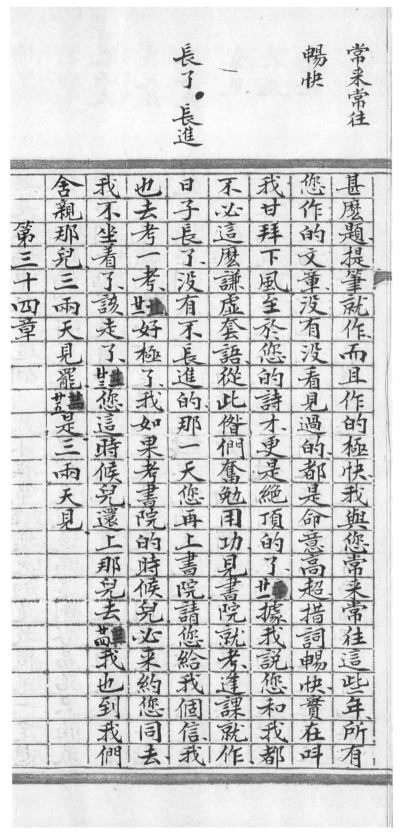

厂敞地方
厂敞亮
唱曲。唱戯

厂敞地方　厂敞亮　唱曲　唱戯　長繩子　朝天
嚐一點兒　長生不老　長命百歲　障眼法兒　丈量　嚐掌
卽丈地　長安街
您今兒有事沒有、我今兒沒事、三您今兒既沒事、偺們哥兒倆
可以到飯館子吃飯去、吃完了飯偺們上泰華看雜耍兒去、四
要兒有甚麼大看頭兒、我想莫若出城在那厂敞地方兒、厂敞亮
五您說的也好、但是這雜耍兒也不可不看、六甚麼緣故呢、七是
因為新近打外省來了個變戲法兒的、他的玩藝兒極好、並且唱
曲兒唱戯全會、若論他的戲法兒、更是沒對兒、我有一個朋友、他

長繩子朝天償命

看見過他說這變戲法兒的手裏拿着一條很粗的長繩子頭兒上有個鐵鈎兒他把繩子朝天上一扔扔的極高那鈎兒就在半懸空挂住了他回頭又叫一個十一二歲的孩子過來就告訴他說你順着這繩子上天上到王母娘娘那兒桃樹上偷一個桃趕緊下來那孩子聽這話就說我不上去要是上到半懸空裏繩子一斷我就摔死了誰給償命那變戲法兒的說那繩子結實不能斷你只管上去不碍的那孩子聽了這話就過來用兩手把繩子把住了順着繩子就往上爬越上越小一轉眼就不見了待一會兒打天上掉下一個大桃來那變戲法兒的拿起

嘡嘡
嘡一點兒
長生不老
長命百歲

障眼法兒

來用刀切開分給大家嘡嘡每人都嘡一點兒卻是真桃那變戲法兒的又說這是仙桃你們眾位有造化吃了這桃長生不老是給小孩兒吃了更是長命百歲他說完了待一會兒見那個上去的孩子打繩子僅上頭一點兒一點兒的就下來了隨後把繩子使動一揪那繩子也掉來了您說怪不怪此外還有好些樣兒新奇的所以我一定要約您看去八這都是障眼法兒那兒有真的然而聽您這麼說起來卻也有趣兒偺們今兒就看看去但是還有點兒事情得辦完了您還有甚麼事這麼忙著去辦
因為舍親買了點兒地敢是我給管的閒事前兩天訂的是明兒
十九

丈量。掌印

丈地 長安街

個我同他們丈量去昨兒晚上接着我們衙門掌印的一個字兒說有公事叫我明兒上衙門所以我今兒趕緊得去告訴舍親他們商量改個日子丈地下令親在那兒住計不遠兒就在長安街上那麽您趕緊就去辦完了您就快回來我這兒等着您這就是我去了您這兒稍候我就來

第三十五章

長吁短嘆	常	杖八十	娼優隸卒	
長髮賊	長槍	常說	長毛兒	娼妓
長久	長見識	常規	勸	招災惹禍	長短
	招軍買馬		猖狂	長遠	杖責	嚐着

長吁短嘆

常

杖八十

娼優隸卒

娼妓。場面

長短

老兄您這兩天有甚麼難過的事情這麼長吁短嘆的二是因為我有一個至相好的常恒齋他因為畧誤打官司現在案已經定了擬了他一個杖八十的罪因為甚麼事叫說起來也怨他自己不謹慎就因他素來好交朋友不擇是人就交並且沒事就出城所有南城外頭的娼妓他都認得擺架子講場面所以鬧得聲名很不好上月南城下賤人他全不擇是人就交並且沒事就出城所有南城外頭打群架打死了倆人這案到了刑部那些打架的人在堂上供說這事都是常恒齋出的主意刑部就把他傳了去一問他在堂上話語回答的不好那問官就照賣回堂堂官不問長短把他

杖責
長髮賊。長槍
常說。長毛兒
常規勸
招災惹禍

奈了、奉旨革職、按律懲辦、現在案已定了、除革職外、還有杖責的
罪名、可惜他從前出過兵、在南邊打長髮賊長槍大戰汗馬功勞
掙了這個功名、如今為畢誤把功名丟了、還有餘罪你說可惜不
可惜我既和他至好怎麼能不替他憂煩五長髮賊是那一股賊
六就是偺們常說的長毛兒七啊、就是長毛兒咳那可真是利害
賣在難為他們跟着打平了這樣兒的功勞、掙的功名因為畢誤
鬧丟了、可也賣在不值但是現在事已至此也沒法子您竟替他
愁會子、也無濟於事我想莫若等他事情完了之後您常規勸
勸他叫他以後少和那些匪人在一塊兒免得招災惹禍如今他

嚐著
長久
長見識
招軍買馬
猖狂
長遠

既嚐著這個罷了，自然他必痛改前非，慢慢兒偺們再給他想法子弄個差使，後來還可以起的來，不至於長久這麼下去，您也不必煩了，八是老弟說的是，這也只好慢慢兒的替他打算，九可是您說長毛兒我歲數兒小，沒趕上您說給我聽聽，可偺當初也不過您繞說長毛兒我歲數兒小，沒趕上您說給我聽聽，可偺當初也不過十分猖狂，你既不甚知道，後來我告訴你，那賊頭子叫洪秀全，當初也不過是些烏合之眾，後來聚的人多了，招軍買馬，佔踞州縣十分猖狂，後來把金陵也被他佔了去，於是他就妄起國號，對了些個偽官，他也開科取士，鬧的所不像了，他也不想想立意叛逆，如何能成事，如何能長遠，雖說是整整兒的鬧了十年到了兒，被曾文正公

琉璃廠

第三十六章

琉璃廠 我的 長王顧 賬帖子 賬目 照顧 炒
面胡同 唱二簧 唱旦的 朝夕 招搖撞騙 常行禮兒 找
常隨 倚官仗勢 找尋 倡率 吵嚷 招出 找一找 我
找去 找甚麼
回老爺 琉璃廠書鋪送書來了、二、你把他讓在書房裏等等兒、我
這就出去、三、喳、四、趙掌櫃的來了、好啊、五、好老爺這一向好、六、好

給打滅了、我們這個至好的常恒齋他就是那一回出兵
挣的功名、上啊、原來是這麼着、我從此以後可知道這件事了

我的
我着
長主顧
賬帖子
賬目
照顧

你送甚麼書來了、七就是您上回叫我們找的各樣兒閒書現在都找着送來了、這兒有個單子您看八好好兒把這些書都留下罷等我慢慢兒看一看如有短篇數兒我可打發人給你們送回去你們給添上九您請放心罷因為您是長主顧我們不敢含糊這些書我們舖子裏都細查過了、都不短如有短了的您只管給我們送回去、我們必趕緊給您換十那好極了、現在舖子裏忙的利害這們也該送賬帖子了、可不是嗎這些日子舖子裏忙的利害這節外頭的賬目有一萬多吊錢昨兒就送賬帖子了、十我的賬有多少怎麼還不送帖子來十您這節照顧的不多有限的賬連上

炒面胡同

唱二簧

唱旦　朝夕

今兒送來的書都算上也不過百十吊錢、你回去的時候兒叫你們夥計趕緊把帖子給送來我好算計算計去您這點兒賬忙甚麼了、雖然賬少、這是到節下的規矩、去那麼明兒叫夥計給您送帖子來、再坐一坐兒我和你打聽一件事情、您納太你回去了、嘿嘿趙掌櫃甚麼事您納、的你回來、再坐一坐兒我和你打聽一件事情、您納我請問你那炒面胡同住的王大爺這些日子上你們舖子去沒有、廿前兒個去來着也沒坐住您打聽他是有甚麼事情嗎、對倒沒甚麼要緊的事情我聽人說他會唱二簧新近又有一個二簧票裏唱旦的和他交往倆人朝夕在一塊兒有人說他們倆在南

招搖撞騙
常行禮兒
常隨
倚官仗勢
找尋。倡率
吵嚷
招出

城外頭吃喝嫖賭招搖撞騙無所不為是有這個事嗎因那倒沒有不過是王大爺這個人脾氣很不好打抱不平兒愛管閒事是常行禮兒您所聽見的話也不為無因前兩三個月的時候兒有一個當常隨的在堂名兒裏訛詐想錢他又跟著現任巡城御史所以就狐假虎威倚官仗勢的找尋堂名兒的人如何敢惹他呢於是就託出王大爺來給出氣王大爺就和倡率著幾個土包把那個當常隨的給打了後來有人出來給說和也就完了所以鬧的外頭都吵嚷王大爺招搖撞騙其實是王大爺多事總招出這個名兒來甚你這一說我可明白了俗語說的眼見是實

耳聽是虛、我幾乎錯怪了王大爺還有一件事我託你給找一找、
芸您找甚麽其我要買一部好紙板的綱鑑、如果有了、你給我送
來、恐那容易我給您找去您没甚麽別的事我要失陪了、廿九怎麽
你回去了、失送失送、失陪了您納别送别送

第三十七章

唱本兒 名見 敬開 敬開門 潮氣 潮濕 潮味兒 倡
亂 照著 朝廷 超陞 菖蒲 照常 照舊 找堂倌 找
了半天 朝房 招呼您
来二喳三你把書房的門給敬開、叫是您叫敬開門作甚麽五叩

敬開、敬開門
我甚麽
我找去
我一找

潮氣

潮濕。潮味兒

唱本兒

名見

倡亂

因為前兩天那書房裏潮氣過大敞開門叫他透透風免得書潮濕壞了，並且回來還有一件事那書架子上也不知是誰弄些叫人在那屋裏坐著還有客來呢要不叫他出出潮味兒怎麼個唱本兒擱在上頭你把他都找出來拿開那不是擱唱本兒的地方兒六是七回老爺楊老爺來了，八快請到書房裏坐九老兒久違久違您這程子好啊十托福托福您好十一好聽說您前兒個名見十二不錯前兒召見十三召見下來還倒平安呀上頭問甚麼來著沒有醬不過問了些個回匪倡亂的話和時務的事情我倒還勉強奏對上來了，玉寶在佩服得很這麼看起來不日您就可以

昭著。朝廷

超陞

菖蒲

照常

照舊

放了、去那兒有那個造化呢、其那您是太謙了、要是運氣好、幾天
兒就可以放況且您素稱幹員聲名昭著、朝廷現在正當用人之
際、您召見的時候兒又奏對稱旨必定不次超陞、承您過獎但
願如此、那就實在好極了、可是您近來的差使聽說是很忙、可
不是麽自上月起天天兒得上衙門忙的連日子都不知道了、要
不是昨兒瞧見門口兒賣菖蒲艾子的還不知道到了五月節呢
廿大概過了節兒差使就消停點兒了罷、廿過了節兒差使就可
照常不至於這麽忙了、廿令弟的差使近來當的必得意罷、他
的差使倒還照舊、前兒我在裏頭瞧見他拿着好些公事走的

找堂官。招呼
找了半天
朝房
招呼您

很快、那光景彷彿是找堂官似的我本要招呼他又怕一說話躭
悞他的官事所以沒敢招呼蓝不錯他前兒進裏頭有回堂的事
情我他們堂官我了半天沒找着他又在他們衙門的朝房等
了會子也沒等着所以忙忙的打裏頭出來赶緊坐車到他們堂
官宅裏這繞見着把官事回了他前兒回家也說在裏頭看見您
了因為忙着找他們堂官所以沒得招呼您今兒要是沒事偺
們可以出城聽戲去 廿六不行我今兒還得上衙門並且我這就得
走要是打算聽戲我後兒有工夫偺們後兒見罷芏那麼您既是
今兒得上衙門我也不敢强留了偺們後兒見芏是後兒見

找了後半天
我到了
我徧了

第三十八章

我了後半天 我到了 我徧了 招帖兒 我回來 招弟兒

招來 我不回來 照應 貽彭 招認 招承 不招 我

補 我錢 我票子

您好啊二好您這一向好三托您福也好四您這麼早就出來了

有甚麼事嗎五可不是嗎因為我們舍親他跟前的小女孩兒昨

兒後半天兒忽然丟了我幫他們我了後半天兒各處都我

到了也沒有所以今兒五更天就起來了到了舍親那兒打聽打

聽他們說昨兒直我了半夜親友家都我徧了全都沒有今兒又

招帖兒
我回來
招弟兒
招來
我不回來
照應

打發人去九城貼招帖兒如果是有人給我回來謝銀二百兩您說這可怎麼好六怎麼現在又鬧丟小孩兒了嗎七噯現在鬧的很利害八你們令親這個小姑娘兒幾歲了九七歲了、十叫甚麼名兒取的是由這個孩子可以再招來一個小子的意思如今要土叫招弟兒因為舍親沒有兒子只有這個女孩兒所以起這個是這孩子我不回來恐怕我們舍親一家子都要急死我今兒到您這兒倒是特意告訴您這個事情您家的小孩兒們千萬別叫他一個人兒上門口兒倘或一個照應不到有個舛錯那時候兒豈不活兒急死、您說的是我從今兒以後必要格外小心不

昭彰

招認。招承。

不招

叫他們上門口兒就是了、但是可恨偷人小孩兒的這些人、把人家好好兒的孩子偷了去、不管人家大人死活、他也不想天理昭彰這樣兒的狠毒那兒有報應的理呢、終久是一定犯事兒的到犯了事到了衙門那時後悔也晚了、無論你怎麼樣兒的兇橫怎麼樣兒的很毒一受官刑、沒有不招的就是當時不肯招承過個三五堂也沒有不招的、您說的對不對、我說我還出城有點事哪、甚麼事兒忙甚麼吃了早飯再走、我在城外頭買了點兒東西錢繫的事、這麼忙甚是因為前幾天不敷了、那舖子人說您只管把東西拿了去、等您再出城的時候

找補上

找錢

兒順便帶了來、給我找補上就得了、哎您和那鋪子熟嗎、熟不熟也是、頭一回在他那兒買東西、他初次交易買賣他就這麼放心、錢不殼就肯叫您拿了東西走、真是瞧的起您、哎我也是這麼想、哪所以短他這個錢倒是早早兒給他送了去、纔好、哎您短他多兒錢、哎短他七吊多錢、我今兒給他拿十吊票子叫他把短的錢收下、下剩的叫他找錢、您想好不好、哎很好、您今兒既是出城、我託您順便給帶點兒東西、可以不可以、哎怎麼不可以呢、您要買甚麼、告訴我就得了、哎是給您這十兩銀子、求您到義成洋貨店給買一個雙怡嗙的八件兒表、這個表他那兒賣八兩五錢銀子、下餘

找票子

的叫他給按市價我票子回來就得了、勞您駕罷芯墓可以可以、但是有一層我今兒可怕不能給您送来了、甚麼緣故呢是因為今兒從城外頭回来還得到我們那兒打聽打聽他們丟孩子的事情所以怕晚了、就不能来了、芯不忙不忙明兒後兒送來都可以那麼就明兒給您送来罷冊是明兒見

第三十九章

小照 照相 照的 招牌 照相片兒 照一張 照多大的

小照 照相 朝珠 朝帽 照去 朝服 朝衣 朝冠 朝

賀照例 照鏡子 照樣兒作

小照
照相
照的

請問您一件事情、阿、甚麼事、您請說、三我打算找畫師畫一個
小照兒不知道城裏頭有好丹青沒有、可是有、就是價兒太
大而且不能十分像我想不如照相好、五我本要照相來着因為
現在照相館太多了、並且照的都那麼糢糊的所以要畫一個、
這不要緊您是不知道現在照相館有極好的、七您說的準是
琉璃廠的照相館罷、八琉璃廠照的固然是好、四牌樓隆福寺廟
裏廟外好幾家照相館都不錯、再不然東交民巷和霞公府都有
東洋人開的照相館照的極好、比琉璃強多了、並且價值不大九
交民巷的照相館我知道那霞公府的在那兒我怎麼沒瞧見十

招牌

照相片兒

照一張

照多大的

朝珠。朝帽

照去

朝服

您是沒留神就在霞公府中間兒路南的大門裏頭那門口兒掛着招牌還掛着幾張照相片兒極容易我您要是愿意照點去那個東洋人和我相好我若是同您去大概比別人還便宜點兒土照一張是多兒錢土那不能一定有大有小看您是照多大的了土我打算照六寸的土那容易辦咱們到那兒和他商量去土您今兒有工夫沒有土我今兒是和我們親戚上前門給他看一盤朝珠還要到帽舖做一頂朝帽所以今兒不能奉陪明兒同您照去可以不可以土可以的您令親是甚麼差使他是太廟的差使一有差使就得穿朝服所以朝衣朝冠預先都得預

朝賀

照例

照鏡子

照樣兒作

備下了、那麼大年初一朝賀、他們有差使没有、坑那倒没他們的差使、他們的差使是孟春孟夏孟秋孟冬四季照例的差使芸是可是您纔説的霞公府這箇照相館您這兒有他照的相没有若是有您給我看一看、芸有他給我照的很好別人看見都説與我的面貌絲毫不差這麼着我自己照鏡子一看真是一點兒也不錯好極了、芸我這兒等着芸您看一看就信我説的不錯了、芸是我這兒等着芸您看看怎麼樣、芸真好、比别處照的強多了不但照的好而且裱的和成做的玻璃架子也很好看、我趕明兒照得了、也把他裱好了、照樣兒作一個玻璃架子芸那

極容易、那麼我明兒您來咱們去一趟喪可以覓我也不坐着了、明兒見罷覓是明兒見

第四十章

招租　照料　着了點兒涼　招風　招兵買馬　唱本兒　超挙　招架

着急　照妖鏡　抄本兒　我給我錢　抄寫　抄

的　抄着近兒走

回老爺余老爺給您道喜来了、二請進来三請四大哥您大喜四

同喜同喜六您更移過来好啊七託您福八您這房子是典的是

買的九典的十多少銀子典的十五百銀子典的十二您那陳房子

招租

照料

着了點兒涼

招風

怎麼樣呢、䛀我那陳房子、現在還閒著哪、打算招租、䛀打算租多少銀子、䛀我那房子是三十五間、打算租十兩銀子、䛀這價兒可真不大容易租出去、䛀您要是有合式的主兒、求您租出去、䛀容易大哥您從搬過來、總沒出去罷、可不是嗎、總沒出去、連衙門都沒去、一則剛搬過來、得照料著底下人歸著東西、二則前兩天著了點兒涼、得避避風、廿不錯、現在時令不好、忽冷忽熱、可暖著一點兒千萬別招風、若是稍微的受一點兒風、就不舒服、世您這一向、作甚麼消遣哪、我沒事就在家裏看書、看甚麼書哪、看水滸、這個書有趣兒、都是些打仗的事情、瞧這個書

招兵買馬
超羣
招架
着急
照妖鏡

頗可解悶兒甚雖然可以解悶兒究竟也沒甚麼大趣兒我嫌他說的那些話很俗不是積草屯糧就是招兵買馬一說這個人有能耐就是武藝超羣萬夫不當之勇一說這個人要敗了就是有招架之功並無還刀之力實在討厭的很其這還好呢您看那封神演義上的話還更可笑呢說的話都是雲山霧罩不是鬥法就是鬥寶若是到了鬥不過人着急的時候兒不是借火遁跑了就是借水遁走了並且那些寶物的名色更是新奇甚麼照妖鏡咧混元金斗咧金蛟剪咧還有許多的我都記不清楚了總而言之不過是些個憑空捏造那兒有這個事呢就說的是呢這些書

抄本

我給我錢

唱本兒

抄的

抄寫

真是無味您還不知道呢還有賣的一宗抄本兒的書尤其討
厭話語粗俗不堪不用說叫我花錢賃就是我給我錢叫我看正經
都不看況為甚麼這書必得是抄本兒的呢這原不算是正經
書不過唱本兒一類的所以沒有印板的這些書都是他們書舖
抄的嗎不是這都是那些沒甚麼正事的人又會寫幾個字所
以抄寫這個書既可以解悶兒又弄倆錢兒稍微有點兒事的人
誰也不作這個事呢啊是了今兒講究起書來了我還要和您借
一部書看勸您借甚麼書罷把您的聊齋誌異借給我看看罷可
以我這就給您拏去罷不必這麼忙我今兒還要上後門去呢一

上 1-68a

抄着近兒走

半天再来拿龍、我這就要走了、您您上後門打那麼走卅九打了四牌
樓一直往北、再往西、就到了後門了、您那麼走繞了遠兒、莫
若進東華門走北池子、再一溜歪斜的抄着近兒走繞到景山後
頭那一直的就是後門豈不比您那麼走近嗎里承您指教我要
告假了、罒怎麼您不坐着了今兒勞您駕又累您来道喜改日到
府工謝步、罒不敢當不敢當您別送罒是我就到門口兒絶不遠
送罒請了罒請了、一半天見、罒一半天見、

第四十一章

超等　吵鬧　招惹　着急　暢快　照亮兒　抄謄　抄錄成

超等
吵鬧。招惹
著急
暢快

文抄襲	抄起來	抄家	朝考	朝陽門
朝斗	朝山拜頂	朝南海	朝五臺	朝斯夕斯　朝鮮國　照應

請問您我昨兒聽見說您考願學堂來著●二●不錯我考過幾回三●您都是取超等罷●四●取過三次超等一次特等還有一回沒取上●五●您怎麽會沒取上呢●六●是因為我上願學堂的前兩天給人管了點兒閒事和人吵鬧了一回招惹的人也惱了我心裏很難受又著急所以不舒服了兩天趕到考願學堂這一天雖然是好了到了點兒心裏不大暢快又加上題目很難到三下兒多鐘我纔胡亂作得了、正要上卷子天忽然陰的漆黑屋裏所照不見字又沒

照亮兒　抄謄

抄錄成文

抄襲

抄起来

抄家

帶燈我點着一根火紙照亮兒因此抄謄的很不好錯落很多文章既壞寫的又不干淨怎麼能取的上、聽說您令親也没取上、八可不是麼、他是為抄錄成文所以没取、九我想令親的手筆很好何至於抄襲人的文章呢十這也有個緣故因為那天他鬧肚子自題目一下来的時候兒直到四下兒多鐘他上了二十多盪茅厠後来天也晚了、又陰的甚麼都瞧不見所以他没作就把他念過的文章抄起来了十這就是了、令親現在有甚麼差使、土他現在没差使土他們太爺從先榮任那衙門盡從先是户部郎中、後来被議抄家官也丟了家也敗了所以現在他們家道很難吉

朝考
朝陽門
朝鮮國
照應

令親既沒差使、現在指着甚麼過日子呢。六他現在不過是教館糊口、好在有一層他去年選拔的時候兒、朝考一等、將來總不至於落後、若他如今在那兒設帳、他在朝陽門裏頭南小街兒竹竿巷兒處館。六朝陽門是甚麼門、就是齊化門、竹竿巷兒誰家、古他如今東家稱呼德現在是禮部尚書、呵、不是派過朝鮮國封王的那位嗎、古不錯是他、既是在他家處館、令親將來要是有點兒差使、必有照應、若要是這個館能彀長了、自然是有照應、但是我們親戚的工夫不長、怕是這個館就不能長久了、六令親既沒差使、又沒甚麼事、工夫怎麼會不長呢、六咳、說起來也真是

朝斗
朝山拜頂
朝南海
朝五臺
朝斯夕斯

可笑他這個歲數兒不好、別的專好拜佛念經、奉真朝斗、每逢四月上妙峰山、秋季上髻髻山、一年之中竟這個朝山拜頂的事情、就忙個不了、他說過他現在是沒錢、要是有盤費或是朝南海或是朝五臺、他不拘那兒他總要出去一盪、並且無論甚麼要緊的事、為這燒香他都肯擱下、您想他這不是自誤嗎、茲您說的是這燒香念佛的事固然是行善但則不是我們念書的人所講的事若是朝斯夕斯的竟在這個上用功夫、豈不耽悞正事呢、況且聖人說過敬鬼神而遠之、難道令親連這句書都不知道嗎、我想您可以勸勸他、我也想要勸他等後兒我上願學堂作課必見的着

他回来的時候兒我們倆一路走着就可以細細兒的把這理告訴他我想他是個聰明人大概不至於勸不過来

第四十二章

這麼着劉文照會這不過這一個摺子這件事

詔旨摺奏照例這一向照看車輛着急車行

這個車寫妥了

我今兒特意来辦行二老弟要出外嗎是上那兒去三上哈蜜去

回上哈蜜甚麼差使五我是奉了哈蜜辦事大臣的咨調到那兒

辦文案六這好極了老弟於這些文件的事情都熟悉嗎七不熟

這麼着
劄文
照會
這不過
這些個
摺子
這件事

悉今兒正要請教您求您指教豈敢豈敢我也不能十分懂得
不過大概知道一點兒九一就請說一說十一是這麼着文件的事情
也不能一樣比方大官吩咐小官甚麼事情用劄文小官給大官這
是用詳文呈文也有用稟帖的平行官用移文咨文也可以用照會
不過詳文呈文咨呈這些個一時也說不盡閣下到那兒閱歷久了經的一多自然就都知道了土領教領
教還有一件寫摺子是怎麼個欵式土這件事倒不容易怎麼說
呢這個於本官大有關係摺子作的若是不好或是寫的欵式不
對那都可以摘官的紗帽要緊的是出語要簡當旣不可粗俗又

詔旨

摺奏

照例

這一向

不可太文寫的時候兒尤須謹慎遇見甚麼詔旨上諭聖鑒聖訓訓示以及各樣頌聖的字樣當抬頭的千萬不可大意稍不小心便是大不敬所以外省督撫大吏以及將軍都統和各辦事大臣都有專辦摺奏的人閣下一到那兒的時候兒也不能就辦這摺奏的事也不過辦些個尋常照例的文件所為的是習練趕到習練久了慢慢的也就會了總而言之無論大小事件都要小心謹慎稍有疑惑立刻請教嘴要勤千萬不可自恃是承您指教吉老弟定規幾兒起身打算初八起身那麼這幾天也得歸着行李了可不是我這一向忙的利害天天兒連一點兒歇

照看。落臘讀作
車輛。着急
這麼着
車行
這個
車寫妥了

着的工夫兒都没有、又要出來辭行又得張羅行李一切、那一樣
兒照看不到那一樣兒就落下、這到幾時了、車輛還没寫呢、要像
這麼樣兒的累真要把我給累壞了、老弟不要着急、這麼着罷
寫車的事情交給我替您辦罷、我明兒到前門外頭有事順便到
車行裏給你寫了就得了、可是你得幾輛兒我得三輛車廿要單
套兒要二套廿都要二套的、既是您可以替辦就求您代勞罷
這個容易交給我罷你就不必管了、那麼就勞您駕罷茜是了
我明兒要是車寫妥了、明兒晚工、就給你送信去、廿是我聽您信
我也不坐着了、趁工夫還得到幾家兒、你不坐着了、那麼明兒

潮腦

潮氣

第四十三章

晚上見

潮腦　潮氣　潮乾兒　炒肉　炒的這怎麼炒糊了

潮腦　炒杓　炒壞了　遮掩　遮蓋　炒菜　這麼樣兒　潮煙　炒

鍋朝西　炒花生　笊籬　這把笊籬　這錢　這就

來二三冊你回來上街頭你買了潮腦去四是您買潮腦作甚麼五冊

我要把他下在衣箱裏、買了潮腦回來、把衣箱打開、把那衣

裳都過一過風、搭在院子的繩子上晾一晾、等他潮氣出淨了、再

照舊疊好了、擱在箱子裏下上潮腦省得生虫兒、還有那一件夏

潮乾兒

炒肉、炒的
這怎麽
炒鍋、炒杓
遮掩

布衫兒昨兒洗了、纔晾到潮乾兒、因為天黑了、就拿到屋裏来了、你回来就手兒也把他搭在院子裏晾晾、等到大乾了、再拿進来、是那麽我就先買潮腦去罷、七潮腦買来了、您瞧一瞧、六這潮腦不錯、那麽我這就晾衣裳去了、呦天有十下兒快鐘了、你先給我打發飯罷、等我吃完了飯、你再晾衣裳去、著點兒、這飯來了、今兒這個炒肉炒的不好、你拿了去叫厨子瞧一瞧、這怎麽吃、問他為甚麽把肉給炒糊了、去厨子瞧了、他說是炒鍋漏了、炒杓也不好使了、所以纔把肉炒壞了、我胡說他這全是遮掩的話、那鍋纔拾掇了幾天兒怎麽又壞了、我纔瞧那鍋

遮蓋。炒菜
這麼樣兒
潮煙
炒花生
笊籬

真是漏了九你不用替他遮蓋你去告訴他底下要是炒菜再這麼樣兒不留心我絕不答應世是還有一句話你回來把衣裳晾上之後再到街上給買一包潮煙您要買那兒的呢就買北義和的嗎北義和都不知道就在單牌樓北邊兒坐東朝西的那個煙兒舖是知道了嗎還有一兒你就手兒給帶半斤鹽炒花生采芜潮煙花生都買了来了芜我瞧瞧不錯這潮烟是那兒的你拿了攔在那邊兒桌子上去卅是世你手裏拿着甚麼我瞧瞧世我纏在街上碰見一個賣鉄絲兒笊籬的我瞧他編的很細故此買了一把您瞧瞧世不錯很好是

這把笊籬
這錢
這就

你買了、留着各各兒使的還是給我買的
以纔買的其實也用不着您要是喜歡您就留下
留下你回來就把這把笊籬交給厨子去
竟三百六十錢買的竟是了、我你這就晾去罷
沒別的事我晾衣裳去了
第四十四章
朝陽閣　朝東　朝南　抄紙　抄近兒　照舊　折回　鈔票
這麼着　潮州　摺差　這塊兒　真是　這麼件事　車馬
這纔　浙江　這個當兒　我到黑

朝陽閣

朝東

朝南。抄紙

抄近兒

照舊

我和您打聽一件事、二冊甚麼事、三朝陽閣在甚麼地方兒、四在前門東門洞兒外頭您打聽這個作甚麼、五我常聽見人說有這麼一個名兒今兒忽然想起來了、所以打聽其實也沒甚麼事、這朝陽閣是路那麼的、六那前門的東甕洞兒不是朝東的麼、一出甕洞兒那坐北朝南的廟就是朝陽閣、七聽說那溜兒有抄紙的作房八沒有倒有樣畫兒的、九是了、我於這些地方兒去、不知道那心有時候兒出城有事或者是上一個甚麼地方兒、實在是不留道兒怎麼抄近兒怎麼繞遠兒即或有人告訴我怎麼走趕到走的時候兒還是不知道抄近兒走照舊的繞遠兒、有一天我出

折回

鈔票

落讀作臘

這麼着

城我人我就信着步兒走去越走越找不着趕我和那溜兒舖子一打聽誰知道已經走過去了沒法子還得趕回來走這麼一來就多走了四五里您說可笑不可笑十這還算好呢偺們倒是北京城裏頭的人即或走錯了漫漫兒的總可以找的着要是外省的人到了北京那纔是難呢、您說的是我也聽見我們先祖說過一件事可笑極了也是怎麼件可笑的事、您說說我們先祖說咸豐年間那時候兒還正有鈔票哪、我們先祖在前門綢緞店裏買綢緞用的是鈔票趕到買完了就進了城了、誰知道把裝鈔票的靴掖兒落在綢緞店了、到了家纔知道了這麼着趕緊的又

潮州。摺差這塊兒

出城到了綢緞店、把靴拔兒我着了、於是漫漫兒的往回來走、走到珠寶市兒瞧見一圈子人在那兒站着彷彿是瞧甚麼熱鬧兒似的、我們先祖就上跟前兒去一瞧、原來是一個走迷了路的人、在那兒打聽道兒、我們先祖就問他、你是那兒的人、似甚麼地方兒、這個人滔滔不斷的說了半天我們先祖連一句也不懂、還是旁邊兒有個懂得南邊話、就說他說他是廣東潮州人、因為跟着將軍衙門的摺差進京住在店裏出來買東西走到這塊兒不認得道了、問他在那個店裏住着了、他也說不上來、您說這比您可笑不可笑、這真是可笑、我也遇

這麼件事
車馬
這繞
浙江
這個當兒
我到黑

見過這麼件事、那一年正是鄉試的時候兒、街上的車馬很多、我在單牌樓買東西、碰見一個南邊人、問道兒、他說的話、也是一句不懂、我在一個舖子裏借了管筆、叫他寫出來、這繞知道他是浙江人、進京來鄉試的、曉鴉住在舉場因為出海岱門買東西回來、進了城、我不着曉鴉了、我正要指給他道兒、這個當兒恰巧有我一個相好的從南來、他就在舉場東門兒住於、是乎我這那個舉子跟着我們相好的一同走了、您想要不是遇見我這個相好的、我就告訴他道兒、他我到黑也我不着、也不錯、

第四十五章

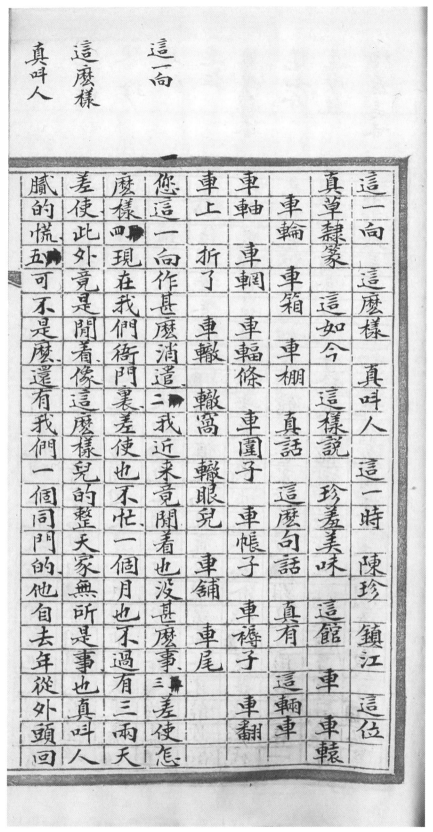

這一時
陳珍
鎮江
這位
真草隷篆
這如今
這麼說
珍羞美味

来也是終日賦閒毫無所事、他現在託我給一個館地兒得閒着
着急但是這舘事也不是這一時容易謀的、六賣同門怎麼稱呼、
他姓陳號叫子珍、他從外頭回來是上甚麼地方去来着、九
他上鎮江来着去年回来的、他上鎮江有甚麼公幹、上游幕、
這位手筆怎麼樣、寫作俱佳而且真草隷篆無一不能您的
親友裏頭若是有要請老夫子的求您一為介紹、兩是我必代
為物色但是這如今的舘也甚不容易我雖是這麼說好在一
樣兒好辦這位陳子珍是有舘就可以就無論束脩多寡飲饌也
不必珍羞美味一切全能將就目下只求不閒着就得了、其要是

這館
車、車轅、
車輪、車箱、
車棚、真話、
這麼句話、
這輛車、真有

這麼說這館倒不難我等一兩天我到我們親戚那兒問一問他
們家有好幾個學生原請著一位老夫子聽說不大行但是脩脯
不大豐貴同門既是不拘束俺我倒可以給謀一謀■好極了那
麼就此奉懇■您放心我必盡心尢可是還有一件小事託您物
色■甚麼小事■是因為我現在差使很忙天天得上衙門我
的車所破爛的坐不得了、車轅子是傷的車輪子也壞了、車箱兒
車棚兒沒有一處不壞現在是竟催車坐聽說您今親的那一輛
車要賣不知是真話是假話■真有這麼句話■既是真有這個
話託您和令親說說求他把這輛車讓給我該當多少銀子聽您

車軸
車輞。車輻條
車圍子。車帳子
車褥子
車翻。車上
折了。車轍
轍窩。轍眼兒
車鋪

吩咐一句話、我必如數奉上、茲這倒容易、但是我想、您那個車打了不過纔四五年、怎麽居然就壞的坐不得了呢、我記得那個車軸還是極好、響的很脆、茲這有個緣故、當初一打的時候兒就是車軸好、別的全不行、一切甚麽車輞子咯、車輻條咯、都不過那麽件事情、所仗着的是車圍子、車帳子、車褥子、這些個架弄的好看、其實不是結實東西、然而還可以將就着坐、沒想到上月走到燈市口兒、把車翻在甬路底下了、就全給摔壞了、把車上的東西、折了一車轍、轍窩兒又很深、把扇子也掉在轍眼兒裏去了、好在我雖打車上摔下來、幸爾沒摔着、後來叫了車鋪的人來瞧、他說是

上 1-78b

車尾

得大拾撥要四十兩銀子我一想這麼一輛破車花這些銀子拾撥實在不值、莫若再多添幾兩銀子另買一輛、倒還上算所以現在要買車、是了、既是您一定得買我可以和舍親商量商量他那個車是前年打的一切都很講究他又不常坐現在還都是新的不過就是後車尾兒上稍微磨了指頭肚兒大的一點兒也瞧不出來也不碍事我回頭就到我們親戚那兒叫他打發人把車送来您看一看如果合式您就留下芫好極了、至於價銀一節我聽一句話芫那好說我這就去偺們回頭見芫勞動您卅好說好

這早晚
鎮江胡同
這兒
車輛

第四十六章

這早晚	騰這宗	老弟、你這早晚兒從那兒來、我今兒是到鎮江胡同行了一遭	人情這繞回來順便到您這兒談一談、	家行人情、叫是我們親戚家娶兒婦、	今兒是好日子、娶的聘的、接連不斷、今兒街上來往的車輛多的	狠、你這回來還有事沒事、八沒事了、九既沒事、我求你一件事	您有甚麼事情、只管告訴我、十也不是別的事、是我昨兒替人
鎮江胡同	車不好催	好極了、你今兒是上誰	那麼今兒是好日子麼六				
這兒	車口兒上						
車輛	這些						
	斟酌						
	折算						
	折扣						
	折						

斟酌

折算

這些

折扣

折騰

打了一個信底兒我自己看着不大妥當求你給斟酌斟酌」那
容易您給我看看十三你瞧這幾句很不妥十四不很好
我要大胆替您稍改幾個字就得了十五很好
好十六好還有一筆賬是我們衙門裏的報銷不知他們書辦是怎
麼折算的我總算不清楚也求你給算算十六您拿來我瞧瞧克給
你瞧這是怎麼件事廿這是這麼着他們辦這些物料工價用出
去的銀子有市平有京平現在都按庫平折算所以繞折扣成這
個數目呢你這麼一說我明白了可笑我昨兒夜裏躺在炕
上翻来覆去所睡不着竟算這筆賬了直折騰了一夜一直的到

北京官話全編の研究　上卷

這宗
車不好催
車口兒上

邊	車轍窩兒		見廿九老弟實在不坐著了、那麼我就不強留了、卅您別送、請請	到車口兒上給你催去、芸不用了、我自己走著催罷、偺們一半天	著了怕是太晚了、車不好催了、那麼你稍坐一坐兒等我叫人	罷、芸不喝了、天不早了、該回去了、芸忙甚麼再坐一會兒、芸不坐	賬要是算法不精斷不能算、這是不錯的、老弟請唱碗茶歇歇兒	大天亮也沒算清楚、這宗賬很不難算、最難的是他們糧行的
這個話	攪起來	第四十七章						
這個人	這麼							
遮攔	這種							
這麼一來	真正							
遮擋	這樣							
這一翻	這個							
	這							

折磨　車夫　趕車　這個麼　這等　這兩樣　這便是找
事
我昨兒後半天兒在街上瞧了一個熱鬧兒① 您瞧了一個甚麼
熱鬧兒② 瞧見一個醉鬼一溜歪斜的走走不遠兒就撲倒了躺
在車轍窩兒裏起不來有過路兒的人趕緊把他這攪起來了他不
但不給人道謝反倒罵人家又有一個人看他這麼不說理過來
就說你這種人真正可惡人饒把你攪起來你倒罵人想必你是
不願意起來既是這樣這個很容易你過這邊兒我告訴你一
句話那醉漢聽他這個話趕緊就往這麼走這個人等他走近了

車轍窩兒
攪起來
這麼、這種
這樣、這個
真正
這邊、這個話

這個人
遮攔。這麼一來
遮擋
這一翻。折磨
車夫。赶車

伸手就是一個嘴巴、把醉漢打倒了、隨手就左右開弓的一頓亂打那醉鬼用手遮攔、把手也給打了、沒想到這麼一來那醉鬼的酒也醒了、也不敢罵了、就剩了央告了、那個人也不聽、還是不住的打、幸爾旁邊兒站着一位老者赶緊上前遮攔就勸說您也不必打他了、他受這一翻折磨也知道自己錯了、那個打人的就說我就不信他不怕了、他再倚仗着醉罵人我斷不饒他、那醉鬼聽了、也沒敢言語、站起來就跑了、旁邊兒有一個認得他的人說、這個醉鬼當初是個車夫、在一個宅門子裏赶車就因為常唱醉了罵人、把事情散了、今兒不用說又是手底下有幾個大錢所以又醉了、別的看熱鬧兒的人也都說那個醉鬼真該打、今兒他吃了這個虧真叫人痛快、於是大家都散了我也走了您說我看的這個熱鬧兒可笑不可笑、可笑是可笑、然而這等人又可恨又可憐可恨的是沒酒量兒的、偏倚酒撒瘋的、唱了酒無法無天沒事我事打街罵個可憐的是沒酒量兒的喝了卷可憐的是沒酒量兒的人本來人很老實不敢招災惹禍就因為喝多了未免有失言的地方兒、他心裏是醉的發糊塗說了忘畧無主見坐不住站不穩東倒西歪及至惹出事來他自己並不明白由着人家打罵也不能還手、像這兩樣兒人都不足取最好的是喝了酒和沒渴一樣能喝多少就喝多少斷不唱醉了、

這個虧
這等事我
這兩樣

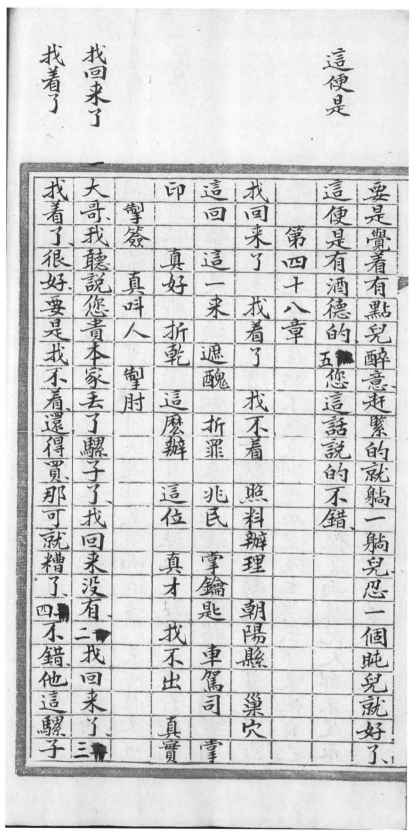

要是覺着有點兒醉意趕緊的就躺一躺兒眈一個眈兒就好了、
這便是有酒德的、您這話說的不錯

第四十八章

我回來了 我着不

這回這一來遮醜 照料辦理 朝陽縣

印掣簽 真好 折乾 這麼辦 折罪 兆民掌鑰匙 車駕司掌

真叫人掣肘 這位 真才 找不出 真實 巢穴

大哥我聽說您貴本家去了騾子了我回來沒有二我回來了三

找着了、很好、要是我不着還得買那可就糟了、四不錯他這騾子

找回來了

找着了、

找不着

照料辦理

朝陽縣

巢穴

這回這一來

遮醜。折罪

一找回來省了許多銀錢又省好多的事五貴本家的差使現在此罷六今他的差使此他的利害尤其今年他們衙門得辦差所以一切他都得照料辦七因為甚麼呢八今年武鄉試他們衙門得辦差所以一切他都得照料辦理並且近年來四外不安靖常有派兵的事情九可是現在聽說外頭打勝仗了是甚麼地方兒十就是打朝陽縣的那股子賊回敗聽說把賊的巢穴都破了土可不是原先本是打了好幾回敗仗朝廷震怒把帶兵的官弁革的革降的降所以這些武官害了怕了纔有這回勝仗這一來很好既可以遮醜又可以將功折罪而且這股子賊既滅了也免得兆民塗炭圭貴本家得過一等沒

兆民
掌鑰匙。
車駕司。掌印
真好
折乾
這麼辦
這位

有、啊、他已經兩次一等了、記過名沒有、他是那司掌鑰匙、他是車駕司掌印兼選司庫司、那麼他也快散了、嚇、那是看他的運氣、貴本家跟前有幾位世兄、就是一個孩子、現在多大了、十五歲了、開筆沒有、前年開的筆、請的是那位老夫子、是山東的、他是庚午舉人、手筆真好、脯必豐罷、冊可以的、八金兩饌、每飯有酒、但是這位老夫子不唱酒我們本家想他既不唱酒、就把酒給折乾了、每月多增二兩銀子、頓飯就不預備酒了、這麼辦、卻是彼此得賣、那麼貴本家、若是現在放下來還是請這位老夫子出去嗎、那是自然的、賓東既水乳師弟又相得、斷不肯另請先生的並且這位山東老夫子、不但是有真才實學品行更是端方就是一百個先生裏頭也我不出這樣真賣的來世上是的可是您掣簽的事情有信沒有現在還沒有信哪說起來真叫人心裏煩的慌家事很掣肘功名我不知道哪多早晚兒繞能轉運呢又遲滯不相自然有李極泰來的時候但您如此您倒不必在意吉人天們改日再談罷忙甚麼呢我還有事哪那麼我也不留了里別送別送里請了請了

第四十九章

扯着
這也是
徹夜

夜裏寫有兩三天通宵徹夜的沒睡覺昨兒晚上乏透了、腦袋一	也是巧、因為前兩天有點兒寫辦的事情白日沒工夫兒所以	了、所以風進來正吹我脖頸子五、您怎麼沒蓋被嗎、六蓋着哪、這	有透風的地方兒怎麼會招風呢、四因為昨兒晚上忘了關後門	風扯着脖頸子怪疼的、所以帶着沒精神的樣兒三您這屋裏沒	您今兒是怎麼了、臉上這麼沒精神、二我是夜裏脖子招了點兒	的沉重	照一照　斟酌　真各的　扎針　針法　針灸　疹疾　扎針	扯着　這也是　徹夜　枕頭　診脈　診治　真切　箴言

枕頭
診脈
診治
真切。箴言
照一照斟酌
真各的

沾枕頭就着了、所以把後門也忘了關了、被也沒顧得蓋嚴了、怎麼會不招風、七我想您可以找個大夫叫他給您診診脈、吃兩劑藥就好了、八我這不過是招點兒風沒甚麼病、不用診治、待一兩天就好了、九您千萬不要大意、現在時令很不正、倘或鬧大了、就不容易治了、您如果肯治、可以到八條胡同叫陳大夫給看一看、他看的很真切、您想怎麼樣、十您的箴言實在是為顧我、我明兒早起就去找他看看、有得真鬧病了、十一您這話說對了、您不信您拿鏡子把臉上照一照、就知道了、要不叫大夫斟酌斟酌那還了得、十二是真各的、我和您打聽一個人、十三您打聽誰、十四聽說有一個

扎針。針法

針灸

痧疹。扎針的

沉重

會扎針的他的針法很好、有人說他就在您那胡同兒裏住、您知道他姓甚麼、不知道、去不錯、我們胡同裏西邊兒新搬來一家兒、聽說他會針灸、可不知道好不好、也不知道他姓甚麼、您打聽他幹甚麼、其是因為我們舍親他昨兒晚上忽然肚子疼的很、疑惑是痧疹、打算請個扎針的、給扎一扎、他們底下人就提道您那胡同兒有個扎針的、他們今兒早起到我家來託我和您打聽打聽、所以我繞問您、芝這容易、我這就回家叫他起緊到令親的府上怎麼姓甚麼、就手兒就請這個扎針的叫他起緊到令親的府上怎麼說呢、因為這麼着、要是痧疹、就延不得、稍微遲一點兒病一沉重就費手了、好極了、就此求您罷、還有一層叫尊管給打聽馬錢是多少、好叫舍親預備下、九是是偺們別談了、我趕緊去罷回頭晚了請不著那就耽悮事了、回頭見廿您去呀廿別送還來呢卅那麼我就遵命不送了、

第五十章

針線			
針線	針脚稀	針鼻兒	針觜
			針頭線腦
			針尖
			粗針麻
線			
含磣	磣的慌	珍寶	扯碎
			折福
			折壽
			長壽
您好啊、二好、您好、三好、四您從府上來嗎、五是打家裏來六這兩
天暖和得很皮衣裳穿不住了、七可不是麼、我打前兩天就換了

針線
針脚稀
針鼻兒
針諧

棉襖了、您打多咱換的、八、我今兒纔換的、論說早就該換因為昨兒纔做得所以今兒纔換、九、您這件棉襖針線很好比我這件强多了、我這個做的針脚稀和有一件可笑剛一打裁縫舖拿來的時候兒那領條兒上還挂着個折針鼻兒要是不留神一穿必扎脖子這個裁縫實在荒唐極了叫我好和他鬧您是那個裁縫舖做的十、我這件是我們二小女做的土啊、令千金做這麼好針諧實在叫人敬重不用說細活必也是極好的了、土、好是不能很好賣也都做得工來但是他雖然是個小孩子有一件却很像大人十二、甚麼事像大人、説也來很可笑他這麼點兒孩子重最能愛惜

針頭線腦

針尖

粗針麻線
含磣
磣的慌。珍寶

扯碎

折福

東西無論是零材料兒不肯扔就是一點兒針頭線腦兒他也必要收起來想叫他扔一個折針尖兒都捨不得而這個脾氣是最好的況且姑娘們最要緊的就是儉省他既能這麼愛惜物件、將來必有厚福、承您誇獎十六這話不是誇獎實在是真話像我們親戚家有個姑娘就和令嬡差不多、做的活粗針麻線含磣極了、姑娘本事雖是這麼樣兒他的父母還是愛如珍寶這個看著叫人磣的慌雖兒自己做壞了活不怨自己倒說東西材料兒不好當時把那活計扯碎了、據我想這個姑娘這麼毀壞東西實在折福、您說的是還有一層無論是把東西

折壽

長壽

毀壞了、不可以、就是穿衣吃飯這兩樣兒、人一生也有一定的、撙節之則長、消耗之則短、若是從小兒就任意亨用、恐怕將來不是折福、就是折壽、所以養活小孩兒、不可由着他的性兒作父母的總得時常教道他、儉約免得後來受苦、大貴在是的、我今兒聽您這話足見令媛自小兒常受教訓、所以纔知道愛惜物件、他的行徑不定大有造化克、您這是太獎譽了、論我這個小女、看他的行徑不過是沒甚麼大錯就是了、至於大好處、他如何有呢、若論壽數看他那貌相大概總還可以長壽、這您還不喜歡嗎、按我說您賣在是省心了、廿省心却是省心、不但孩子們連我家裏的事情、也

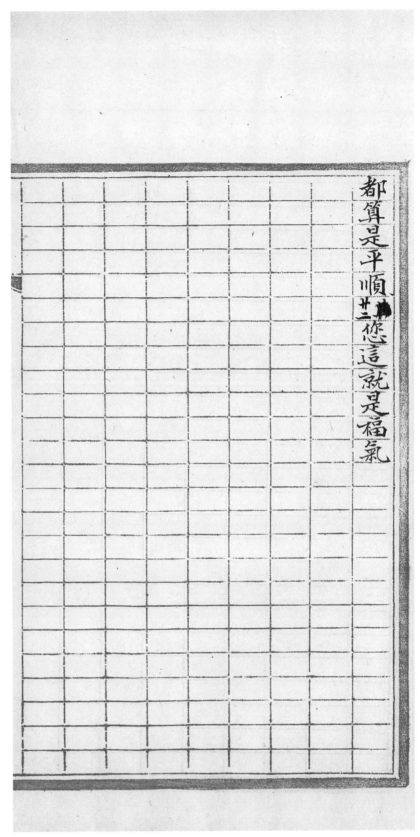

上 1-88a

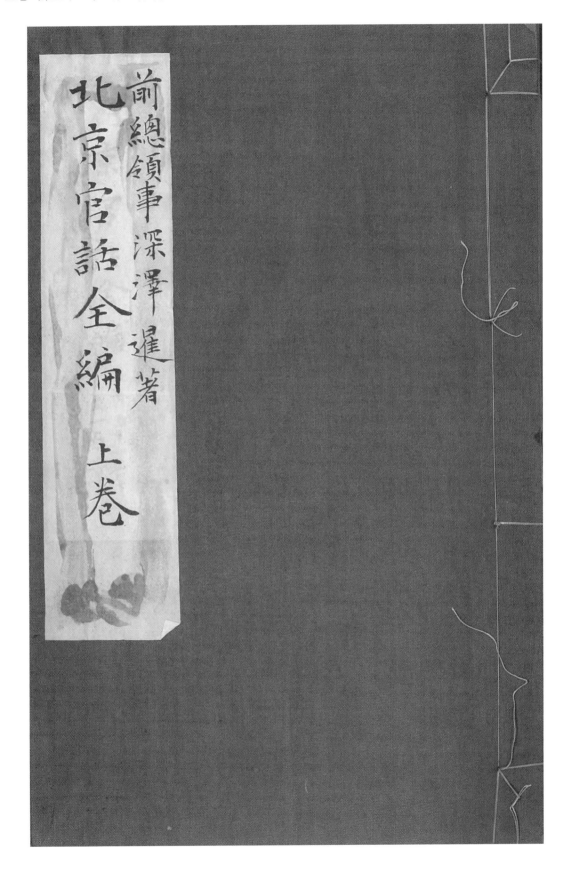

第五十一章

趁着好天 撤開 斟酒 斟 榛子 榛瓤 榛仁 珍珠

趁着好天 撤開 斟了去 趁早兒

榛子醬 真是

您今兒晌午有事沒有二我今兒晌午沒事您有甚麼事叫我辦

告訴我就是了三事倒沒事不過是因為這兩天竟下雨好容易

今兒天晴了打算約您上二閒逛逛趁着好天散散悶兒您想好

不好、回很好既是這麼着您大概沒吃飯哪五莫若您在我這兒

飯省得您又回家吃飯來回費事耽悞工夫六使得就是七隨着

吃罷六來七喳八擺這些點心和茶甚麼的都撤開九

斟酒
榛子
斟
榛瓢
榛仁

就擺飯罷、土是土斟酒、上喈、西老弟我這可是家常飯没甚麽可吃的您依點兒賣罷去這菜就很好我一定要吃飽了、共老弟喝這盅酒我可不會讓去您千萬別周旋讓我自己斟罷、共来把那榛子拿来兒是榛子拿来了、給您覔不是這個這個怎麽吃、我要的是昨兒晚上買的榛瓢兒共是您覔不是這包不是這個就這麽擱在桌子上罷不用碟子承了、我們就著包兒裏拿著吃的是榛子好不好、共這榛仁兒真不小、您是那兒買得了、共五前門外頭買的、共咮、您覔這榛子的、共咮我倒不是為買榛子上前門是因為上珠寶市兒順便到了苦、

珍珠

榛子醬

真是

大棚欄兒買的、只您上珠寶市兒有甚麼事情、芜是給家母買一顆帽子上用的珍珠、是買妥了沒有、買妥了、多少銀子、三十兩銀子、喲您只顧說話也不唱酒也不吃菜、我唱著了、您別張羅、您嘗點兒這榛子醬、是我自取罷、您怎麼所不唱、我的酒殼了、您叫他們給拿飯來罷、您唱的太少、再唱就醉了、那麼你們拿飯來罷、喳、飯來了、您上兩碗來罷、是、您里那裡、可隨便就菜我就不佈了、里您別佈、里你承上兩碗完飯之後多歌歌兒再走天早着了、來、喳、喳、喳、承飯罷、平我得了、您別叫他們承了、至怎麼您吃那麼點兒、至我真是飽了、您慢慢吃

撒了去

趁早兒

着	扯手	闌空請請	足了您還唱不唱卒我也不唱了空那麼偺們走罷空您頭裏請	逛逛您還唱一碗偺們就走罷要是怎麼您不唱了嗎我的茶	趁早兒走着罷要不忙您只管唱碗茶歇一歇兒現在天長悞不了	倒茶來罷依我說偺們到二闡再唱茶罷天已經十二鐘了莫若	罷我也得了、來你們把傢伙撤了去罷、就手兒倒漱口水罷、是罷
沉睡	真算是	第五十二章					
沉醉	陣陣的						
這個當兒上	振刷精神						
震地	塵土						
震醒	沉顛顛的						
震驚	趁						
正在							

扯手

震動　震死　一陣正西正是真樂足了照樣兒辦

我昨兒瞧見您騎着馬還同着一位也騎着馬一塊兒出海岱門順着城根兒往東去是上那兒逛去二我昨兒是同着我們親戚上二閘賣在是失照您既看見我怎麼不叫我一聲兒三我因為您同着人若一招呼恐怕驚動得都得下馬我心裏倒不安了、所以沒敢招呼您並且瞧那位在馬上僅勁的扯着扯手彷彿是怕馬跑似的四那是因為那個馬有毛病愛驚所以他使勁拉着扯手不敢放鬆五是了您後來遇雨了罷回來管保也不早了六可不是麼說起來昨兒賣在是受累了七據我想騎馬出城正是

真算是
陣陣的
振刷精神
塵土
沉顚顚的

取樂有甚麼累受呢八您聽我告訴您真算是所樂不抵所苦昨
兒我早飯吃的很早吃完了飯覺着一陣陣的熟得難受正在無
聊無賴的時候兒可巧我們親戚騎着馬來了他約我同他逛二
閘我聽他約我出去就樂極了於是乎振刷精神重新洗臉換衣
裏預備下果子酒甚麼的分着裝在倆春箕兒裏頭又叫人把家
裏的馬備上這麼着我們倆二人提留一個春箕兒騎上馬一同
就出了城了先前是在城根兒走着塵土太大所睜不開眼天氣
又熱手裏拿着沉顚顚的春箕兒這罪就受的不小好容易盼的
出了便門兒把馬寄放在茶館兒門口兒託茶館兒人給照應着

趁着沉睡。沉醉這個當兒上震地。震醒震驚。正在一陣震動。震死一陣

我們這纜到了船上把果子酒都拿出來我們倆都把大衣裳脫了、一邊唱着酒一邊兒說着話兒趁着一路的河風又涼快、又舒服、真是塵思煩慮一概都沒了、於是乎我們就放量大唱他唱的醉了、就在船上躺下沉睡我也是沉醉如泥誰想到這個當兒上雨來了、霹靂閃電那個雷聲驚天震地、把我們倆也給震醒了、我們親戚又素性怕雷聽見這樣兒一疊連聲的大雷他就震驚的了不得正在彼此相顧之間忽然一個大白閃跟着就是一個大霹雷、天地震動把岸上走着的一個拉縴的驢也給震死了、那風雨是一陣比一陣大好容易盼到雨過天晴那時候兒也就不早

正西

正是
真樂足了

照樣兒辦

了、看了看太陽已經在正西了、趕緊叫船家往回來撥、趕到下船上岸、就差不多兒太陽落了、我們倆趕緊到茶館兒、給了喂馬的錢、也沒歇著、立刻提留著春箕兒騎上馬、忙忙的進了城、趕到了家、正是掌燈的時候了、您說這累受的還小麼、據我想雖然累受點兒累到了兒、是在船上也舒服極了、也真樂足了、我聽著很羨慕、這一兩天我還想要同您一塊逛去、可以不可以、是要逛我明兒就有工夫兒、偺們還是逛二閒一切都照樣兒辦、您想好不好、土很好、土那麼、偺們明兒晌午見、土是、明兒晌午見、

第五十三章

正當年。陳鎮台。陣七
正道

正當年	陳鎮台	陣七	正道
潔	正經	正人	正路	扯蓬拉縴	正顏厲色	不真
直	不守官箴	撒去	痛改前轍	蠻	改邪歸正	貞烈
					正派	貞節
					正過來	貞
					正	

一 正午趁機會
大哥我和您打聽一個人您認得不認得
二 你打聽誰
三 我昨兒在西城行人情有同席吃飯的一個人帶着五品頂翎看他的歲數兒正當年彼此談起話來他說他姓陳他們老人家從先在外頭作過鎮台因為出兵陣亡所以有個世襲雲騎尉他現在就由這世職在營當差他說他認得您我看他那人很不正道疑惑

不真

貞烈、貞節

貞潔

正經

他的話不真您果真認得他麽、四這個人我認得他們太翁和我們先嚴是換帖莫逆却實在是勳舊之家並且他們府上自前輩以至現在的後輩婦女們都是貞烈的了不得累世的貞節牌坊有十幾座就以他們太翁陣亡的那年而論賊進了衙門把他們女眷全都擄了去了、後来聽說這些堂客是寗死不辱全都殉難了、只有他們令堂帶着他躲在民家沒被擄去、說起来沒有一個不是貞潔的、你說可敬不可敬、五他們家既是這麼有德怎麼這個人他臉上帶着不正經的樣子呢六這有緣故自從他六歲失怙他就跟着他母親他又是一個兒沒有弟兄未免他們令堂多

正人
正路
扯篷拉縴
正顏厲色
正派。正直
不守官箴
撤去
痛改前轍
螫

疼他些，所以就驕縱的壞了，趕到大了，永不和正人在一塊兒所相交的不過是些個不走正路的小人，後來更可笑了，常和那些扯篷拉縴的交往，越學越下流，所以他臉上一點兒正顏厲色的樣兒沒有，還有一層這個人不但外貌不正派，心地也不正直，前幾年他在營裏當差，上憲派過好幾次優差，都因為他那麼件事，把差使撤去，如今雖然還是在營中當差，也不過就是您說的是他情，他若是肯從此痛改前轍，後來還可以有起色，七您說的是他現在和您還常來往嗎？我們雖是過來往，他却不常來，還是今年夏天的時候兒，他因為他的小孩兒被蠍子螫了，到我這兒尊

改邪歸正
正過來
趁機會
正午

塵	整一天		坐着了、	出城哪俗們改日再談罷土	定趁機會說說他土那好極了喲不早了、天已經正午了、我還要	我也常想要勸他等他再來的時候兒要談起當差使的話來	勸他叫他改邪歸正萬一能把他正過來豈不是一件好事、十	藥來了一盪除此之外總沒來、九據我想您既和他是世交不妨
塵埃	正當	第五十四章	一半天見面、	你再坐一會兒罷何必這麼忙、主不				
潮濕	趁正整兒的		一定要走那麼俗們一半天見					
潮長	正月							
潮退	鎮市							
扯起來	頊怒							
趁風	鎮店							
撒水拿魚	灰							

整一天

正當。正月

整整正兒的

砧趄心 正午兩刻

一 老弟久違、你這幾年可好啊、二 託大哥福、三 昨兒我是到我們親戚家有點兒事情、在那兒忙了整一天趕到回家聽說老弟到我那兒、實在是失迎、故此今兒特來望看你、是幾兒回來的、四 大前兒回來的、五 一路到還平安、六 路上到很平安、七 這盪外出的得意罷、八 也還算好、九 你這回是竟在哪兒去了呢、十 我這幾年却是竟在廣東就由去年冬天又到廣西那時候兒正當新年、過了年又在那兒整整兒的住了一個正月今年二月初間纔起身回廣東二月底到省三月由廣東起身走

上2-7a

鎮市　　瞋怒　　鎮店　　灰塵

了兩個多月大前兒纔到家、怎麼會走這麼些日子呢、我沒
坐火輪船、是由內地回來的、那就是了、外頭的風土人情、以及
城鄉鎮市比京裡如何、這是大不相同、就以廣東省而論城裏
頭的街道是極其狹窄、兩旁的舖戶全都擠在一塊兒來往的人
又多、混擠亂撞碰了人他也不管你要問他他反頭怒毫不說理
一味的蠻橫並且彼此話語不通不知道他嘴裏說些甚麼、實在
氣死人、要是到舖子買東西、他是混要價兒值一兩的他敢要一
百兩、也是橫的、異乎尋常至於各鎮店鄉村更比省城差多了、就
是有一樣兒似乎比京裡強一點兒街上沒有那麼些灰塵就是

塵埃。潮濕。

潮長。

潮退。潮水

扯起来。趁風

砧

撒水拿魚

住的屋子裏也沒有塵埃然而又有一樣兒不好處潮濕太利害像那珠江一帶江邊兒上的住戶以及鋪面都是樓房底下的台堦兒好些層雖然是這麼着赶到潮長的時候兒把台堦兒沒半節止得潮退纔能露出來常常兒還有潮水漫過屋門檻兒的時候呢坐在候兒呢然而走道路的時候兒也有有趣兒的地方水路呢船上看着水手們把篷扯起来趁風這麼一駛船實在暢快旱路呢遇見甚麼城郭村莊兒以及山林古廟雅趣之至又有垂釣的打柴的耕地的牧羊牧牛的還有在池塘裏撒水拿魚的雖見這此個真如同畫兒似的再要是深秋之際各村莊兒裡砧聲不斷

趂心

又另有一番凄涼景象總而言之外邊的光景遇見樂的時候兒真是趂心如意苦的時節是艱險備嘗走這麼看起來你是都閱歷過了也不敢說有閱歷不過是稍知外頭一點兒趣味就是了現在已經正午兩刻了我該走了十六許久不見何妨再多談一會兒我還有約會兒呢如果要多談我明兒再來好不好廿就是那麼我就不留了廿明兒見廿是明兒見

第五十五章

鎮物	正對	鎮壓	鎮	鎮守	陣式	陣圖	征戰	陣上

朕知　振作　臣僚　臣職　禎祥　忠臣　臣工　稱職

鎮
鎮壓
鎮物，正對

沈思　陳粮　賑饑　振救　正事　沈香　賑濟	

我和您打聽一件東西，二您打聽甚麼　三我常瞧見人家兒的房上攔着一個小碑兒似的東西上頭寫着一善兩個字也有要吉星高照的這是作甚麼用的，四這是個鎮物因為正對着他的房子那個地方兒或有房脊或是廟宇或是塔他惡怕敵不住故此做這麼一個鎮物也正對那件東西鎮壓他　五這個事果真有應驗嗎　六這却未必也不過去疑兒罷了、七這就是了，我還有一件事和您打聽聽說您令親新近放了寧夏鎮了，這話確不確　八不錯是真的　九他原先在甚麼地方兒榮任　十他先本是廣西副將

鎮守
陣式
征戰。陣圖
陣上。朕知
振作
臣僚
臣職。禎祥
忠臣。臣工
稱職

因為狐匪作亂陝西一帶沒有好將官所以把他調去鎮守後來有人保舉他說他於武備的事情熟習的很凡一切陣式均能照陣圖排演並且久歷戎行慣習征戰曾在陣上生擒賊首所以纔放下這個缺來了放這個缺的時候兒聽說上諭中有朕知爾素其忠心必能振作之諭聖眷之隆一至於此真是令人佩服土是的論令親本是文武全才自然該邀聖眷看起來現在內外臣僚都算是克盡臣職中庸上說的國家將興必有禎祥甚麼是禎祥國有忠臣就是禎祥現在內外大小臣工既都稱職天下豈有不太平的呢土是極是極還有一層我們舍親他雖是武官然而他稱職

沈思　賑濟。陳糧　賑饑　振救　正事　沈香

遇有大事頗能沈思遠慮一點兒沒有武官的暴躁習氣實在是
難得的很他在廣西的候兒有一年旱潦不收民間乏食他和同
城的知府商辦賑濟兩個人和衷共濟把倉裏的陳糧全都放完
了還不足他們又各人捐廉派人往別的省分買米運來賑饑振
救活的民人不下五六萬所以上天叫他獲此好報。您這話賑
在是至理可是我們相好的他現在景況艱難又因為家裡人口多
事您請說去我們只顧打聽人家的事把正事倒忘了。甚麼正
日子所不能過他有一付沈香十八子兒要賣昨兒託我找主兒
我想您認識的人多如果有人要買求您給張羅張羅。這容易

沉吟不語
嗔怪。嗔嫌

我給他物色物色買主就是了，走那麼就託您了，十是了三五天

聽我的信罷，就是勞您駕罷

第五十六章

沉吟不語　嗔怪　嗔嫌　沉着臉　趁愿　整天家　爭氣　沉迷不

返　趁空兒　痛改前轍

正在　陳根兒　爭口氣　正大光明　陳說

老弟，你是和誰慪氣來着，二沒惹氣，三我不信若沒惹氣為甚麼

坐在那兒這麼沉吟不語的，莫非是嗔怪我沒和你說話兒惱了

我了，四這更是沒有的事了，無論是怎麼我如何能嗔嫌您呢，五

沉着臉
趁願
整天家
沉迷不返
趁空兒

既不是嗔嫌我到了兒為甚麼這麼沉着臉必有個緣故六嚜不必說了，總是我們家運不好所以纔叫人趁願，七有甚麼叫人趁願的，八是這麼件事情我們有個本家是我的族弟，他自小時候兒就不愛念書我們家叔雖然給他請了一位老師，他是永遠不止學整天家胡行亂跑，到後來越大越沒出息索性吃喝嫖賭，無所不為終日的花天酒地沉迷不返我們家叔氣極了就把他關在書房裏叫他念書誰想他更有主意等我們家叔一上衙門的日子他趁空兒還是出去胡鬧這麼着我們家就不要他了，把他逐出去，不許進門兒是我瞧他可憐怕他在外頭飄流壞了所以

痛改前轍

嗔着

沈下去

正道走

爭氣

去年把他攏到我家打算着賣的訓誡訓誡他他若是痛改前轍慢慢的我再給他弄個功名道路豈不是好彼時我們別的本家都嗔着我管他勸我不必多管閒事我就說他旣是偺們一本九族們都應該照管他你們饒不管他瞧見我管他你們還說這樣兒話未免的不對他們說他要是個好的我們還要勸您照顧他呢無奈看他那光景是立意打算沉下去萬也提拔不起來的了您若是不信我們話將來他再不從正道走那時候兒您是勞而無功必受他的害我就說我就是受害也不與你們相干誰想我這個族弟不給我爭氣去年乍來的時候兒還好後來漸漸兒

正在

陳根兒

的故態復萌起到今年正月他把舊日的毛病又都添全了新近更生出新奇的事來了我們那個本家前幾天買了一個表昨兒拿來叫我瞧因為天晚了我留他吃飯他多唱了一點兒所以臨走的時候兒怕在道兒上把表丟了於是就把表攔在我這兒了不料我這個不長進的兄弟今兒早起把表偷出去給當了我正在盤問他可巧我那個本家來取表他聽見我這個兄弟把他的表當了他雖然不敢不答應我那意思彷彿是很埋怨我又說您陳根兒就不該收留他這個還不要緊最可惡的是神色之間還帶着趁愿的樣子您說可氣不可氣九老弟據我想你也不必動

氣雖然他這麼着究屬是同族弟兄、可怨則怨就完了、是您說的不錯以後他就是再這麼樣我絕不和他計較了、但是我那個不長進的兄弟、不知他將來還能給我爭口氣不能了、這個你倒不要着急只要你把正大光明的道理慢慢兒的對他陳說終久總有明白悔改的日子、是是

第五十七章

早晨	陳設	塵灰	陳列	長時
眼	襯衣	正在這兒	塵沙	睜不開眼	陳醋	整理
鬪	征討	征兵	爭競	爭訟	爭鬧起來	爭論	整理	征戰	爭奪	整套	睜	爭

爭口氣
正大光明
陳說

早晨。陳設
塵灰
陳列
辰時
陳醋
整理
整套
睜眼

王順、二喳、三你明兒早晨一起來把書房拾掇拾掇，把那些陳設先拿到這裡來，等着把塵灰都撣淨了，然後再拿過去，還照舊的都陳列好了，我本打算等掃房的時候兒再拾掇，因為明兒有人來恐怕叫人瞧着不好看，所以必得拾掇，千萬至晚到辰時總得拾掇得了，繞好，還有案上擱着的那天對藥用剩下的陳醋你也把他拿了去，不要了，再把正當中的書案上頭的書也把他整理齊了，就把整套的擺在那兒，那散碎不成套的都拿到裡頭正房裏去，四是明兒天亮，一睜眼就起來，拾掇您想好不好，五很好，六老爺您瞧拾掇的乾淨不乾淨，七行了，回來要是有人來你可快

襯衣

正在這兒

塵沙

着點兒來告訴我、八是這位客大概得甚麽時候兒來、得晌午歪罷、還有一件事差一點兒忘了、你回來把昨兒估衣舖送來的那件襯衣兒趕緊的給他送回去、十是老爺就是這個事沒有別的事了嗎、土沒別的了、你聽外頭那兒嚷回事哪、你快瞧瞧去、土回老爺周老爺來了、土請在書房裡坐罷、齿老爺久違了、一向可好啊、圡托大哥福、一向倒好我昨兒聽說您從外頭回來了、我算計着這一兩天必要來剛繞正在這兒議論您可巧就來了、您這幾年倒好啊、圥好、圥您是幾兒到的京、圥我是大前兒個到的、圥一道兒上還倒平安哪、圤一路都很平安、就是風土太大颳的塵沙

睜不開眼

征戰

爭奪

爭鬥。

爭競。爭訟

征兵，征討

爭鬧起來

爭論。整理

利害極了，叫人所睜不開眼，是聽說外頭不大安靖，您榮任的地方兒怎麼樣，從我所管的地方兒往西一帶都不安靖常有征戰的事情，因為那些地方兒大半與苗人搭界這苗人是不通王化常常有爭奪的事或是因為不要緊的一點兒事就彼此爭鬥所以時常得派兵去征討還算好，征兵一到立刻就安靖了，至於我所管的地方，却沒有這個禍患不過是民情強悍競視爭訟為故常，每見有為一半句話立刻就爭鬧起來那強悍爭論不休連年涉訟雖屢經前任各官設法整理到了兒這就算好風俗改不了，若講到兵變不安靖的事情倒還沒有，這就算好天不早了、我還要到幾家兒呢、卅六多年不見再談一會兒忙甚麼呢、卅七不坐着了、改日見罷、卅八那麼我一半天到府上給您請安去、卅九不敢當請回罷、卌該當的、請請

第五十八章

正經事	蒸饅頭	蒸肉	蒸籠
當不當正不正	整齊	正當中	正房
正堂	公正		
	爭買爭賣	承審官	正宗 正理
	爭論錢財	趁着今兒	正面 整的破的 整頓 正是

一大哥在家嗎、二在家那一位、三我、四哎呀、老弟來了、請屋裡坐、五快到年下了、您竟在家裡、做甚麼消遣哪、六我也沒做甚麼正

正經事
蒸饅頭，蒸肉
燕籠，正房
正面
整的破的
當不當正不正
整齊
正當中
正宗
正理。正是

經事也不過因為離年下剩了不幾天了、我從昨兒瞧著他們蒸
饅頭咧蒸肉咧不料該蒸的沒蒸完、把個蒸籠給弄壞了、後來又
看著他們把正房都掃了、把正面兒挂著的對子換了一副新的、
今兒早起又叫他們把院子堆的那些桌椅儻俱無論整的破的
一概都攔在空屋子裏免得當不當正不正的堆在院子裡碍事
整整兒的忙了一天半、繞畧微的整齊一點兒明兒還打算把院
子裏正當中擺著的那個魚缸再換一個大的、就好看了、究屬這
也不是甚麼正宗要緊的事、據我想閒著也是白閒著莫若把
這些零碎的事、張羅張羅倒是正理、我也正是這麼想呢所以

整頓、正堂

公正

承審官

爭買爭賣

爭論錢財

竟在家裡沒出去、老弟、你這程子差使忙不忙、九我近來差使忙的利害、自從七月裡換了副堂添了許多的差使、他却是立意整頓、現在雖正堂都比先前認真了、前兩天我們衙門辦了一案、辦的很公正、就是這位新換的副堂的主意、十甚麼案子、是一件爭買爭賣的案子、問過多少堂、兩造各執一詞鬧的承審官無法的很公正、就是這位新換的副堂的主意、審斷、於是就把這案回堂了、請示辦法這位副堂就說這個案子沒甚麼難處兩造各有不是若由着他們狡展就終無結案之日了、並且不過是爭論錢財的細故又不是甚麼關係重大之案簡直的把兩造各治以應得之罪、就結了、後來承審官就遵堂諭辦趁着今兒了，果真兩造都心服口服，完了案了，這辦的不錯，那麼現在你的差使所沒閒空兒了罷，主可不是嗎，現在我就得走趁着今兒不上衙門，要出城買點兒東西，怎麼你不坐着了，三兩天見，那麼我也不敢留了，改日有工夫兒不妨來多談一會兒，是

第五十九章

正副	徵收稅課
正大 正印官	徵收洋稅
正途 不稱 正雜	徵收賦稅
正己	掙錢
	掙來 爭名奪利
	徵驗 正額
	正邪

正副。徵收稅課
徵收洋稅
徵收賦稅
爭名奪利

我昨兒聽見說你們令親放下粵海關監督來了、是真的嗎、二、不錯、是真的、三、這個差比崇文門怎麼樣、四、這是大不相同、崇文門正副監督不過徵收稅課、粵海關是專管洋稅、大略相同、至於甚麼淮關監督咧、殺虎口咧、張家口咧、言雖然、也都是收稅、却又比閩粤兩關、天地懸隔了、五、那麼那些各府州縣地方也有有稅局釐卡的、一定比這些稅關、又差多了罷、六、那是自然的、雖說都是徵收賦稅、然而這不過是委員的差使、或是地方官兼管、那兒能比監督呢、七、據我想人多是糊塗爭名奪利謀幹潤差也不

正額

正大

正印官

不稱。正雜

過是多賺國家幾個錢眼前快樂賣事求是的有幾個就以這些稅關而論能殼把稅課正額交足了就算是清官那不交足了正額的極多他也不想國家派你這個差爾俸爾祿原因為怕有私弊所以纔特派你來監督你反倒不能涓滴歸公只管侵吞肥己將來事情不發便罷事情一發身敗名喪那時後悔也就進了、豈不是糊塗嗎、您說的是不必說稅關得存正大的心不可營私、就是作一個州縣也必須清廉自守、因為州縣雖然官小究竟是地方上的正印官、要是稍存私心、就不稱為民父母之任了、至於地丁錢糧以及經手稅課更須正雜無訛、纔可以對的住國

挣錢

挣来。

徵驗。正邪

正途。正己

家況且作官爲的是致君澤民不可以學那商賈買賣就知貪利
挣錢只圖肥己我常見那些貪官只顧貪財不管百姓死活及至
卸事回家遇見不肖的兒孫胡嫖混賭把他一生挣来的銀錢不
幾年就揮霍的罄盡鬧的饑寒交迫無以謀生這都是不作好官
的徵驗好在我們親戚素来於義利二字却是有操守於正邪
也還辨得清雖非正途出身頗能正己率人或不至流於貪鄙
這就是極難得的了、可不是嗎

第六十章

| 晨昏 | 風箏 | 睁眼 | 正要 | 正色 | 塵凡 | 正門 | 扎挣 | 症 |

晨昏

風箏

睜眼

候撐壞了　正說　成羣搭夥　成羣結黨　娠　含磣　正

打算　正是時候　正中下懷

大哥您過了年兒好啊。二好、老弟好。三好、您這幾天差使忙不忙、

四我們衙門向來在封印期內沒甚麼事情這就等開印之後可

就要忙了、那時候兒恐怕晨昏無間一點兒閒工夫也沒了、五您

這幾天沒事逛來着沒有六前兒個同着舍親聽了一天戲昨兒

帶着小兒逛了一趟琉璃廠、七買了甚麼沒有、八就給小兒買了

一個風箏沒買別的老弟從過年之後也逛了幾趟沒有、九我從

初一那天早起一睜眼瞧見天氣很好打算聽戲去、趕到吃完早

正要

正色

塵凡

正門

成群搭夥

扎挣。症候

飯換上衣裳正要走可巧有拜年的来了、隨後就接連不斷的應酬拜年的、所以沒得出去後来連日拜年也沒得逛好容易過了初六繞有工夫初八同我們舍弟上了一趟白雲觀熱鬧極了、老道很多、處處都有那打坐的、正色垂眉閉着眼睛彷彿是一點兒塵凡之念沒有其實全是装眉作様後来還看了一個熱鬧兒真是天下沒有的奇事、十甚麼熱鬧兒、土我和我們舍弟把前前後後都逛完了、剛要從正門出去、忽然瞧見那邊兒有好些人成群搭夥的在那兒圍着看就有說這個娘兒們怎麼忽然病的這個様兒居然會扎挣不住到了兒是個甚麼症候真叫人納悶兒餂壞了。正說了，正說着又聽見一個小孩子嚷着說了不得了，這個娘兒們養了小孩兒咧，隨後就瞧見那些成群結黨圍着的人都一鬨而散，單剩下一個娘兒們和剛生下來的一個小孩兒這纔知道是個臨月的娠婦在廟裏養了孩子了，您說這不是奇事嗎，真是奇事這個女人也實在沒受過教訓，既是臨產就該在家裡還要逛廟如今鬧和這個笑話兒來，舍磣不舍磣後來怎麼樣了，直後來我瞧天不早了，就同着舍弟走了，也不知道怎麼個歸結，真是今兒從這一天逛了之後又逛別處沒有，後來聽了兩天戲

成群結黨

娠

舍磣

正打算
正中下懷
正是時候
承問
這一程子

老弟有事沒事、若是沒事莫若偺們倆人還出城聽戲去、六沒事

我正打算約您聽戲九好極了、正中下懷偺們這就走罷赶到了

那兒也就正是時候兒了、廾就是就是您頭裏請廾請請

第六十一章

承問　這一程子　路程

稱頌　稱揚　稱讚　呈詞

　　　承襲　稱呼　呈閱

逐　起程　成衣　　　呈訟　政令　呈報

　　　　　　　　　　承您指教　呈文　呈稟　程

大哥您這一向好啊、三承問承問一向倒好、老弟好、四好、五偺

們有許久沒見了老弟這一程子竟作甚麼哪、六也沒甚正事不

路程
政事、政令
呈報、呈文
呈稟
稱呼、稱頌

過為家務窮忙、所以老沒得來給大哥請安今兒是因為有點事情要請教您、甚麼事情老弟請說一說八現在因為舍親給我薦了個出外的館我是諸事不懂要求您指教九豈敢令親給薦的是那一席、十辦書啟土那一省土山西知縣土這事很好路程也不遠並且好在是辦理書啟凡衙門裡的政事政令一切全可以不管不過就是來往稟函、至於有甚麼呈報的官事、政令以及呈文呈稟、都有刑錢兩席辦理也可以不管古雖然這些可以不管但是來往書啟以及三節賀稟也就很不容易了、玄這倒沒甚麼很難的第一是先得把稱呼斟酌妥當了、至於稱頌的話頭兒、看這

稱揚。稱讚

呈詞
呈閱
呈訟
承您指教
程途
起程

封給甚麼官、甚麼官有甚麼稱揚的話、也不可稱讚太過、只要把這些記清楚了、至於措詞就不難了、那都有一定的欵式、老弟可以到書鋪買一部時新的尺牘、一看自然就知道了、去若是斷沒打官司遞來的呈詞東家叫我替他批閱那怎麼樣、去這是民間有的事情、我將繞沒說過嗎、凡一切公文及呈閱地方官的、或是民間呈訟的事情都不是書啟先生的事向例不能干涉、承您指教按您這麼說起來這書啟一席、真是不難、老弟定規了、起身的日子沒有、廿還沒定呢、大約總得出了月兒好在程途不遠就是多遲幾天兒起程也不要緊、廿一是的、老弟若是定了起身的

成衣

承襲

日子千萬早給我一個信、卅二是我若是定了日子、必来辭行、卅老弟今兒還有甚麼事沒有、卅二我今兒打算出城買點兒東西、順便到成衣舖取衣裳趕到後半天兒、我今兒還要到我們親戚家道喜去、卅五令親那兒有甚麼喜事、卅六他們家原有個世襲子爵、他昨兒個承襲下来了、卅道了喜之後大概没事了罷、卅六没事了、您有甚麼事情嗎、卅七我有一件要緊的事相求老弟晚上若有工夫求你在府上候一候兒、我吃了晚飯到府上去面商、卅可以可以我晚上在家恭候就是了、卅世我也不坐着了、俗們晚上見罷、卅二老弟不坐着了、那麼俗們就晚上見、卅別送別送、卅請請

承情　盛不下　盛滿了。承惠

第六十二章

承情　盛不下　盛滿了　承惠　成包　呈送
逞強　成章　懲辦　乘機會　呈子　承審官　承管
能　証見　証實　承認　懲治　承當　証據　逞兇

一、久違久違、您近來諸事都好、託您福都好極了、五、您要是唱能送來的茶葉、還可以唱得嗎、四、是承情的很好、三、昨兒個我打發人着可以、我得的很多、明兒再給您送點兒來、昨兒本打算多送點兒來、因為罐子太小、盛不下、許多、昨兒送來的、不過一斤多茶葉、就盛滿了、六、昨兒個承惠那麼多茶葉、足彀我唱倆多月的、等

成包

呈送

承管

着唱完了，我必到您那兒要去，現在倒不必再送來了，省得唱不了，走了味兒，倒是照舊的成包攔着受不了潮，七，是是那麽我就先不送來，您要是唱完了的時候兒，千萬告訴我一聲兒，我好送來，八，就是這麽着老弟我聽說您新近經了一件官事，是有這麽事情麽，九，有這麼件事，十，是和誰打官司，十一，是呈送地攬頭，十二，是為甚麽事，十三，是這麽件事情，我不是前幾年出外去來着嗎，這項地租可就交給我們親戚承管，趕到交租子的時候兒，攬頭就把租銀交給我們親戚就得了，誰想這個攬頭可惡之至，他見我不在城裏頭，很欺負我們親戚，年年兒租子總沒交足了，過我們親戚

逞兇。逞強

懲辦

成章

乘機會

呈子。承審官

証據

要是一問他、他反倒逞兇逞強的嚷鬧絕不肯順理成章的補交
我們親戚本是個忠厚老實人、又因為是替我照管所以也不好
意思把他送官懲辦因此這攬頭更胆子大了、後來居然把我這
地畝盜賣了許多、彼時我們親戚給我寄了好幾封信叫我設法
您想我出外是官差而且道路又遠、所以暫且不能設法必得等
回京後再辦不料他乘機會把地全都給賣了、這麼着我們親戚
實在急了、纔寫了一張呈子、把他送下來了、那兒知道承審官受
了他的賄賂了、說我們親戚所告的、沒有証據、就把這案擱起來
不問了、幸爾我今年二月回來了、於是我就在提督衙門把這攬

逞能

証見。証實

承認

懲治

頭送下来了、問了幾堂、他一味的逞能狡展他說既是告我盜賣証見是誰中人是誰、都得証實、我繞能心服、要是這麼憑空証賴我、我就是死了、也不能承認、後來把問官氣急了、把他很很的打了幾次、又叫他跪了幾堂鎖他熬不過了這繞把怎麼故意不交租怎麼把地盜賣誰是中人誰是買主、從頭至尾都招了於是就把這些買主、都按名傳到當堂要辦他們私買地畝怕按律懲治都愿撤價認租這麼着繞把這地打回来了、至這攬頭怎麼辦呢、去算是把他定了一個盜賣地畝之罪、至於歷年所欠的租子、是不能要了、這就算好、只要地畝回来、就是萬分之

承當

章＊可說的是哪、我打算另我人承當攬頭十八很好、天不早了、我要走了、九忙甚麼的、再坐一會兒、廿不坐着了廿一那麼我也不留了、偺們一半天見廿二別送別送廿三請了請了、

第六十三章

成天家　城隍　乘涼　城外頭　城墻

起来　乘風　城裏關外　工程　城樓　成　出了城　撑船　撑改邪歸正成

家　南城外頭　盛水不漏　成器　成就　好機會　成家立

業　成名　誠然不錯

老弟我聽見說你這幾天好逛呀、二不錯我因這一程子沒甚麼

成天家
城隍
乘涼
城外頭
城牆。出了城

差使成天家竟在家裡悶的慌所以逛了幾趟三都上那兒逛來着四前門外頭聽了幾回戲逛了一回城隍廟又逛了這一趟逛的這一趟是逛那兒來着六逛二閘七怎麼個樂法你說八就是前兒個我在家裡吃完了早飯正在無聊無賴天氣很熱又沒有個乘涼的地方兒可巧我們舍親來了他也沒事我們就商量到城外頭找個地方兒散一散於是乎我們門順着城牆往東走走到東便門兒又出了城在小茶館兒唱了一碗茶歇了一歌兒看那天氣漸漸兒的四圍長雲彩熱的比先梢

撐船
撐起來
乘風
城裏關外
工程
城樓

微的好點兒了、這麼着我們就催了一隻船坐上、撐船的把船撐起來順流而東雖然不能比江海的大船、那麼乘風破浪的、然而飄飄蕩蕩的、也極有趣兒並且那天逛的人很多、所有城裏關外男男女女全去了、我們倆在船上、一邊兒看熱鬧兒、一邊兒說着話兒暢快極了、九這自然是有趣等過兩天我們衙門的官事稍微的輕省一點兒的時候兒偺們倆逛一回、十很好怎麼您這兩天没工夫嗎、土這兩天是我們衙門竟辦理工程的事新近齊化門的城樓壞了、現在也得查勘忙的利害大概總得過十天半個月繞能得開呢、土那麽偺們就過幾天再商量罷可是我和您打

成改邪歸正
成家
南城外頭
盛水不漏
成器
成就。好機會
成家立業
成名
誠然不錯

聽一件事,聽說您令親成公,他們令郎現在改邪歸正了,甚不錯、他現在很有出息,自從去年成家倒很安分當差,至於南城外頭那些胡鬧的事情,一概全都沒有了,不上衙門的日子竟是在家起他那不成器的事來,他自愧的了不得,這麼看起來將來大可成就。一個妄錢也不花,倒變了一個盛水不漏的人了,此時要對他說親,現在正是成家立業的時候,咒如今既能猛然悔改,自然可望成名,主你這話說的誠然不錯,俗語說的好,浪子回頭金不換,就應了他了,

誠。成都府
誠實

誠	第六十四章
承吃承穿	成都府 誠實 乘肥馬
成丁 城根兒 成文的錢 成了乞丐 成都府知府	饑餓 機謀 前程 機巧 機變 縣丞 成名	乘肥馬 饑寒 後程 現成 承受

大哥、我昨兒聽人說誠厚齋放了成都府了、您聽說了沒有、不錯、我也聽見說了、他也真得放了、要是再不放、也萬難支持了、三、沒聽說他得了多咱起身、四、那大概還得些日子、因為他現在張羅盤費連一點兒頭緒還沒有呢、五、他怎麼這近年來這樣兒的艱苦、論他為人實在是誠實厚道、竟自沒享過福、常照見存心

乘肥馬

饑寒、後程、現成。承受承吃承穿

奸詐的人、他反倒高官得作、乘肥馬、衣輕裘、揚眉吐氣、一點兒苦況受不着、真叫人心裏不平、六這話你說的不對、那奸詐人目下雖然享福、後來必然受罪、甚麼緣故呢、是這麼着、大凡人一生有一定的福祿、若是老早的把他享盡了、趕到晚年一定要受饑寒、何況是居心不良的人、他更不能有好後程了、即或現在沒有報應、趕到了兒孫、雖有現成兒的家業、他賣在承受不住、不是吃唱嫖賭、就是飛災橫禍、不把家產蕩盡不止、這承喫承穿的福氣他如何能消受的起呢、若論到那忠厚人了、他目前雖受困苦、後來必能發達、俗語說的苦盡甘來、這是一定的理、就以厚齋而論他

饑餓
機謀
前程
機巧
機變
縣丞
成名。成丁
城根兒
機寒

這幾年所受的困苦、人所難堪、甚至於忍受饑餓、但是他雖困到這步田地、可到了兒、是一點兒機謀不敢用、你看他現在否極泰來、放了知府、真是前程遠大、後來的福氣正不可限量、七是您這麼一說、我明白了、真是那機巧奸詐人雖然暫時快樂、終久是不能長遠、我們有個遠親為人機變詭詐多端、他老子從先當過縣丞、弄了些個錢、就給他捐了個監生、打算叫他念書下場、一舉成名、誰知他到了成丁的時候兒、不務正業、專一吃喝嫖賭、書是一句也不讀、後來把家產都毀淨了、連他們那西城根兒的住房也賣了、鬧的饑寒交迫、家裡是一樣兒成文的東西也沒有、一貧如

成文的錢
成了乞丐

洗雖到這個光景他還不守本分會着幾個無賴之徒終日的設
法騙人雖然成文的錢也弄了些個那怎麼能存的住到現在已
經成了乞丐了、我想他這輩子斷不能吃飽飯了、那是一定的、

第六十五章

盛不住話　成全成人　誠心
　　　　　誠篤　誠諧　譏刺
　　　　　承您過獎　饑荒　機心　機密　誠心　誠意
秤星　秤杆　秤勾子　秤砣　機器　秤平斗滿　斗秤

老弟你有一個毛病甚得罪人我要勸你、二我有甚麼不好的地
方兒、請您告訴我我以後好改着點兒、三別的大毛病却沒有就

盛不住話

成心。譏誚
譏刺。
饑荒。機密
誠心。誠意
成全

是這盛不住話的毛病、於待人處世不大相宜、比方一個人他有一點兒私弊的事情、或是有一件怕人說的事、你總要給他說出來、在你自然不是成心譏誚人、在人想着必以為你是有心揭他的短處、所以纔用話譏刺他、這就是很不相宜的毛病、施之君子傷自己的口德、施之小人一定要惹出大饑荒來、况且要是機密事、你給人說出來、豈不壞人家的大事呢、所以我勸你、以後說話總要謹慎、我這話可是為你好、你千萬別怪我、這是那兒的話呢、您這麼誠心誠意的勸我、是為顧我成全我、那兒敢怪您呢、我也自知我這個毛病極不好、久矣立意要改、但是一到了說話

成人

誠篤

承您過獎

機心

秤平斗滿

的時候兒就忘了這以後可真要留神要是這個毛病改不了那就實在不成人了大哥我除了這個還有別的錯處沒有請您快指駁我，五你別的錯處一點兒沒有但能把這個毛病一去，你就是一個極誠篤的人了，六承您過獎我實在問心自愧我常聽人講究說是無論作甚麼的人總要心平氣和還有公道存機心也不可說是諷的話處事待人全要心平氣和不可以存機心不說但是作買賣的該當秤平斗滿就是我們讀書作官的凡遇有不與賣爵也一定是要公允，七這話說的極是前幾年我們衙衙兒口兒上有一個糧食店就是作買不公道後來沒人上他那兒買

斗秤
秤星
秤杆。秤勾子
秤砣
機器

東西、不幾年就關了他凡買貨的時候兒所用的斗秤全是大的要是賣糧食的斗秤、就換了小的兒了、並且他舖子裏的秤、秤星兒也不準至於秤杆子、秤勾子、秤砣沒有一樣兒沒毛病的、所以買賣很不好後來又辦了些個機器磨的麵都沒賣出去賠大發了、鬧的把舖子也關了、你瞧他這都是不公道的報應、八可不是嗎。

第六十六章

鷄		
鷄片	鷄丁兒	
鷄蛋角兒	鷄蛋羹	
鷄蛋炒飯	小鷄子	
鷄毛撢子	小鷄兒	
成樣	盛飯	
鷄爪瘋	鷄子兒	
殘疾		

鶏片　雞丁兒
雞蛋羹
小雞子
小雞兒
盛飯

吉林	好極了	雞叫　喔喔咕咕
吉人天相	吉日　吉利	即或
		即時　擊打
	吉凶　即速	極平安

一、二、三、回来飯要得了、就端上来我今兒要些兒喫完了、晌午
還有人来呢、四是五老爺飯得了、六那麼這就端上来罷、七是八
這都是些個甚麼菜、九這碗是溜雞片兒、這碗是滙生雞丁兒、這
碗是雞蛋羹、十怎麼今兒拿小雞子作菜、土這是厨子因為您
要早吃飯怕家裏作起不上、所以就在口兒上小飯館兒端這
幾樣兒菜又想素常您喜歡吃小雞兒、所以今兒個多弄小雞兒
土這是甚麼土這是滙腰片兒、古那麼你就給我盛飯罷我今

鷄子兒
鷄蛋角兒
鷄蛋炒飯
鷄毛撢子
成樣
鷄爪瘋

不唱酒了、去、可是、你問問厨子有鷄子兒沒有、叫他
給炸倆鷄蛋角兒来、去、是、太、我吃完了、你都撤下去罷、就手兒告
訴厨子今兒晚飯不用弄甚麼菜了、就給我炒兩碗木樨飯、得
了、九、請問老爺甚麼叫木樨飯、二、你怎麼連這個都不懂、就是鷄
蛋炒飯、廿、是還有一件事、你回来赶緊拿鷄毛撢子把那邊兒桌
子撢一撢、你瞧那土有一個大錢厚了、回来叫客瞧着實在是不
成樣兒咯、是我這就赶緊撢去、廿一、你撢完了、趁這個工夫兒就
快吃飯罷、倘或客来了、就没空兒吃了、廿二、你那手是怎麼了、怎麼
連撢子都拿不住了、廿三、這是因為我小時候兒抽鷄爪兒瘋、後来

残疾

吉林

好极了

鸡叫

好了今儿又犯了、所以手不听使唤、这你可得趁早儿治一治、不然就怕是作残疾、芸是廿八你吃饭去罢、廿六这回老爷杨老爷来了、快请、世是世老弟久违久违这一向可好啊、世好大哥好、芸我昨儿听说大哥从吉林回来了、并且听说您从昨儿就拜客我估量着您今儿必上我这儿来所以我今儿没敢出去、特意在家恭候、果然、来了、真是好极了、您是几儿到的、世由上月十四动身、世我是十七日到的世由几儿打吉林起的身、世走的真不慢路上倒平安吗、世一路都还算是平安、就是有一天鸡叫以后由店里起身、刚走了五六里地走到一座破庙门口儿忽然、打庙的墙

唧唧咕咕

擊打
即時

極平安
吉人天相

吉日。吉利

觭角兒那邊兒轉出兩三個人來、嘴裏唧唧咕咕的也不是說了些甚麼、就見他們對着我的車走過來了、我看這光景一定是強盜、這麼着我即時就放了幾槍我的底下人們大家也都一齊放槍對着那些人擊打那些人見我們人多、沒敢動手、慢慢兒都四散了、就是這一回是個危險除此以外、一路都極平安、您這全在吉人天相大概也是起身的日子好所以繞化險為夷、乎運氣若是不該破財、就是遇見賊也不要緊常見有信術的人、於出外起程的日子必要擇出行吉日、為的是遇兒上平安吉利、遇不見賊、不想自己的運氣要是不好怎麼上好的日子也是脫

即速

吉凶

即或

不過去、要是運氣好即或起身的日子不好也無妨就以我而論、起身那一天何曾是吉日来着竟自遇見賊也没事吉凶二字人是防不来的、罣您說的是倒是信步行去、要是不該破財自然没去、然而雖是這麼說我想大概得上秋差使纔能清楚、罣是罣我事您這回来還去不去了、罣我即速把差使交代清楚了還得回去得拜幾家兒天不早了、要告假了、罣久不見多談一會兒再走罣不坐着了、改日再見罣我一半天到府上給你請安去、幸不敢當不敢當别送留步罷 垂請請 垂磕頭磕頭 垂請了請了

第六十七章

饑饉
鷄鳴

饑饉	鷄鳴	極難	急性	極好	極處
極妙	吉祥	幾個人	幾同	極好看	城池	極妥當
花	急燥	急醒了	吉兆	及第	吉慶	幾分不信	奉承	鷄冠	誠為
記準了	記住
一、大哥您今兒没出去呀、二、没出去、三、老弟你這是打那兒來、四、我
打金臺書院来、五、怎麼今兒考金台書院来着麼、六、是、七、今兒是
甚麼題目、八、是加之以師旅因之以饑饉由也為之比及三年可
使有勇且知方也、詩題是鷄鳴紫陌曙光寒得鳴字、九、甚麼時候
兒完的卷、十、下兒来鐘就交了卷了、十一、作的必得意罷、十二、是在

極難
急性
極好
極妙
極處。極妥當
誠為
吉祥
幾個人

不得意這個文題雖然不算極難究竟也不甚容易並且我是個急性子忙忙的了草完事焉能作得好詩更是不行了，草稿兒帶著沒有要是帶著可以給我看一看，帶了來了請您指教說到教主這文章作的極好通篇靜細中間一段更把題中之意說到極處誠為佳作詩亦極妥當這回必取超等，其您這是謬獎了，但能取特等那就是極妙的事了如何敢望超等呢。據我看一定取上今年鄉試若是得這樣兒的詩文必可以中去那卻未必然不過有一件事還似乎吉祥，甚麼事，于今年正月裡我作過一個夢夢見我同著好幾個人在一個花園子裏坐在桂花樹底下

幾同
極好看
城池
極樂
雞冠花
急燥
急醒了

唱酒天上現出一輪明月、照耀幾同白畫、一轉眼又不是這個地方了、恍恍惚惚彷彿是在野地裏逛青兒、不知不覺的走到一個村莊兒、上四圍全是杏花兒開的極好看、我順手兒就摘了一枝拿着慢慢兒的走、瞧見遠遠兒的有城池、這個時候兒我心裡極樂、忽然對面兒來了一個人說、你既愛花兒、我再送給你一枝、拿着就遞給我一枝花兒、我接過來一瞧、是一枝雞冠子花兒、我心裡想着這個花兒倒紅的有趣兒、於是拿着花兒往回來走、忽然迷了道兒了、找右找我總找不着原道兒、心裏急燥的很、這麼着就急醒了、您看這個夢奇不奇、這個夢就是吉兆、今秋蟾宮折

吉兆。及第

吉慶

幾分不信

奉承

記準了。記住

桂明春杏苑探花連科及第並且又得人送雞冠子花更是陞官之兆苴據我想或者主有點兒吉慶的事還不差甚麼要是一定說中會陞官我却有幾分不信苴我說這話你不信等到我的話應驗了管保你就信我不是奉承苴我要是您今兒說的話果然應驗了我一定好好兒的請您吃飯聽戲苴就是這麼着罷你可記準了我的話別忘了其我記住了可是您的話要是不應驗怎麼樣呢芏我的話要不應驗罰我請你吃飯聽戲好不好芏就是

第六十八章

鷄眼

鷄眼	鷄稽	稽察	稽察某旗	專司稽察	稽顙
拜	泣血稽顙	稽首	拜手稽首	虎拜稽首	稽顙再
幾歲	幾十年	繼	即便	激發	既是	幾天	記得	印證
記問之學					記性			

一、您打那兒来、二、我打家裏来、三、您的脚是怎麼了、四、我這脚指頭上有鷄眼疼的利害、所以走道兒很費力、五、您怎麼不治一治、六、這没有法子治不了、七、是您今兒来大概是有要緊的事罷、八、倒不是甚麼要緊的事、我是要和您請教幾個字可以不可以、九、有甚麼不可以的呢、您請說罷、甚麼字、十、請問這個鷄字和那個雞

稽

稽察某旗
稽察 稽察
稽顙再拜
專司稽察
泣血稽顙
稽首
拜手稽首
虎拜稽首
記得印證

字有甚麼分別土、這却沒甚麼分別音義都是一個樣、土是還有一個字請問您這個稽字都是怎麼用、這個稽字是這麼用、有個稽察比方當御史的稽察某旗事務、又是甚麼專司稽察都可以用、還有個稽顙、如千字文上的稽顙再拜訃聞上的泣血稽顙、又有個稽首、書經上有這麼一句、皐陶拜手稽首揚言曰、詩經上虎拜稽首、這都是眼面前兒的、您怎麼會不記得了呢、我倒不是不記得了、昨兒個和我們相好的閒說話兒談起這個字來了、我也是這麼告訴他的、他說我說的不對、並且他還說我於字上不講究、不會連貫我很生氣、所以到您這兒印證印證我說的

幾歲
幾十年
繼
即便
既是
激發
幾天。記性
記問之學

對不對您想我從幾歲的時候兒就認字念書到如今讀了幾十年的書要連這個字不會用那不成了笑話兒了嗎、您這位相好的是那一位、去就是繼雨亭去您這位凡有人告訴他甚麼他總疑惑人沒全告訴他即便告訴他還要故意兒說不對並且用話激發人為的是人一點兒還一點兒不留都告訴他、這個脾氣也真可笑、人既是告訴你作甚麼還一點兒先他就是這麼脾氣、俗語說的山河容易改東性最難移並且他當初又念過幾天兒的書不過仗着記性好、他所知道的全是些個記問之學沒用過真工夫您又何必怪他呢、于是您說的不錯

雞爪蘭幾樣兒。幾里

第六十九章

雞爪蘭 幾樣兒 幾里 幾次 幾年 記得 幾個人 騎
角兒 汲水 雞冠子 小雞子 小雞兒 餓的 雞嗉子 小雞兒 雞蛋
糕兒 鍋燒小雞兒 黃悶小雞兒 雞血湯 雞爪子
雜兒 雞蛋捲兒 幾兒 算計 雞司晨

我昨兒同着朋友出城野遊路過一座花園子我們就進去逛了
會子那裡頭各樣兒的花卉全有賣在有趣兒。二那裡頭有雞爪
蘭沒有。三沒有別的蘭花。四有幾樣兒蘭花。五有兩三樣兒。六
這個花園子在甚麼地方兒離城有幾里。七就在西直門外頭離

城不遠兒、您這是頭一回逛還是去過幾次了呢、九前幾年去過一次、那時候兒、比現在還好呢、園子裡頭有河引來的活水、有船、有鶴、有鹿、我記得我們幾個人、在一個牆旂角兒底下的井上汲水、瞧見一隻小鷄子在亂花叢中、露着鮮紅的鷄冠子、實在好看、這麼着、我就把手巾裡兜着的各樣兒乾果子洒在地下喂他、那小鷄子見人喂他、趕緊跑過來把地下的乾果子都吃淨了、饞的鷄嗉子很大可笑、這些畜生、只顧吃不管饞的難受、十這是一定的、但是這小鷄兒雖然是就知道吃、却也有一件可取的地方兒、十甚麼地方兒可取、十您不記得鷄司晨麼這就是鷄的好處、

幾次。幾年記得。幾個人旂角。汲水。小鷄子鷄冠子饞的。鷄嗉子小鷄兒鷄司晨

雞雜兒
鍋燒小雞兒
黃悶小雞兒
雞血湯
雞爪子
雞蛋糕
雞蛋餕兒

不錯、據我想不但這個還有許多的好處呢、還有甚麼好處
好處多了、要是拿他作菜比別的肉分外嫩、而且好吃甚麼好
雞雜兒咧甚麼鍋燒小雞兒咧甚麼黃悶小雞兒咧甚麼雞血湯咧甚麼雞
蛋餕兒也都極好、這不都是他的好處麼、您雖我方纔說了一
除了雞爪子不能吃別的都是好的、要是作點心甚麼雞蛋糕雞
個雞能司晨的好處就招出您說了許多的好處、您真是隨機應
變叫人怎麼能不佩服、這算甚麼能耐呢不過是您悶坐着沒甚
麼趣兒這麼隨便亂談倒可以解解悶兒、是的、可是您纔說的
這個花園子我聽着也很好、多早晚兒您同我去一遊九可以、您

幾兒。算計

擊鼓。擊掌

第七十章

幾兒有工夫兒、我算計着、大概十二、那天没事、廿二那麽偺們十六、就去好不好、且好極了、就這麽辦罷、

擊鼓 擊掌 既是 擠得 擠得慌 擠着

擠不動 及至 擠得 急綳綳 急匆匆 疾病 急促 急症 極熱 急死 急

切幾乎 急壞了 吉星 幾針 即時間

大哥您昨兒上那兒去了、我昨兒聽戲去了、三聽那一班兒、四聽三慶、五三慶很好、昨兒一天唱了幾個、六唱了八個、七都有甚麽好戲、八有一個擊鼓罵曹還有县麼擊掌咧打金枝咧二進宮

既是
擠得慌
擠着
疾病
急促
急死
擠不動

咧我就記得這幾個別的都記不清楚了九是昨兒天氣很好但是熱一點兒聽戲很不好一則既是好天戲館子裡人必多人一多就未免擠得慌二則這樣兒的熱天要是因為聽戲擠着那真正是所樂不抵所苦倒不如在自己家裏還舒服一點兒倘或受一點兒暑氣鬧出疾病來那可怎麼好況且因為受暑得病多半急促一時之間那兒能就有方便大夫來治那可真要把人急死十您說的是我昨兒是因為朋友再四的請萬分推不開要不是這麼着我如何肯夏天聽戲呢前五六年也是同着人夏天聽戲那一天我們去晚了可巧那一天的戲又好門口兒就擠不動

及至
擠得
急綳綳
急齁齁
急症

人及至到了裡頭一看、座兒都滿了、沒有一個地方兒不加櫈子
的、我們就在下場門兒小池子兒裡加櫈子坐着、擠得連扇子都
不能搧、我們這位朋友身子又胖、天又熱、擠得他急綳綳的竟出
汗、真是受罪、這麼着我們沒等戲唱完三下兒來鐘就走了、進了
前門我本打算約我們這個朋友上太昇樓飲去、後來瞧他臉上
帶着急齁齁的似的、所以我們倆就在交民巷口兒上分手、各自
回家、後來聽說他到了家、就肚子疼的滿炕翻滾、赶緊叫大夫給
瞧了、說是急症、幸爾治的早、要是稍遲幾刻的工夫、就難治了、您
說這險不險、土可說得是呢、我也是經過這麼一件事、所以我纔

極熱、急切
幾乎、急壞了
吉星
幾針。即時間

說這話、有一年我和我們舍親在海岱門外頭廣興園聽戲、正是六月裡頭、那一天極熱、我們親戚就受了暑了、在戲館子裡急切之間、那兒找大夫去呢、幾乎把我急壞了、這麼着我好容易把他攪到戲館子門口兒、趕緊抓了一輛車把他送到他們家裡、這算是吉星高照他們胡同兒裡有個會扎針的、立刻把他請了來扎了幾針、即時間就好了、要不然還不知道是妃是生呢、這熱天出去是玩兒的麼、即或不得病這個熱天也受不得、以後若再熱天有人約我聽戲、但分能推辭、我是斷乎不去的了。

第七十一章

激勵
激昂。激烈
集會

激勵	激昂	激烈	集會
天肌瘦面黃、肌膚饑飽勞碌	急機緣 極多 擠不動 積蓄 積德 積攢	乩卜 積勞成疾 請乩 急速 着幾年前幾	
計涼籍 寄籍 十幾次 幾幾乎 即刻			
您現在看甚麼書呢、二看綱鑑還看國朝先正事略、三這書很好、			
不但可以多知道些個忠臣而且還可以激勵自己、若看見那慷			
慨激昂的俊傑和那激烈的忠臣頗能感發人的良心除此之外			
您作甚麼事道這、四此外就是有幾個朋友常時集會在一塊兒			
說說話兒也沒甚麼別的事、五這也有趣兒可是聽說您今友裡			

乩卜

積勞成疾
幾年。前幾天
肌瘦面黃
肌膚

頭有會乩卜的是真的嗎、六有是有的也不大十分會您打聽這個有甚麼事麼、七是因為我有個本家的姪兒他當初出過兵、在軍營裡積勞成疾、後來裁撤軍營他也就回家來了、在家養了幾年病就好了、不料新近他這舊病忽然犯了前幾天還能扎掙這兩天竟想躺着簡直的坐不住了、臉上是肌瘦面黃渾身的肌膚也不像原先那麼飽滿了、現在雖然有大夫給看着無奈吃了藥總不見好他們家裡打算要請一位會乩卜的給看一看所以我纔和您打聽八據我想還是請一個名醫叫他給診視診視大概令姪這個病也不是一天半天積聚的必是在軍營的時候兒飢

飢飽勞碌
積久、請乱
急速、疾病
着急、機縁

極出名

極多

擠不動、積蓄

意	的	来	極	那	自	不	那	飽
頗	御	看	出	麽	然	對	兒	勞
好	醫	病	名	就	有	九	我	碌
家	所	的	的	求	機	您	能	積
裡	以	這	大	您	縁	說	治	久
很	請	却	夫	給	得	的	這	成
有	病	有	可	物	着	却	疾	病
點	的	個	不	色	好	不	病	斷
兒	人	縁	知	一	大	錯	的	不
積	極	故	道	個	夫	但	神	是
蓄	多、	這	他	好	您	是	醫	請
聽	天	個	首	大	等	他	去	乱
說	天	大	出	夫	我	們	呢	所
新	兒	夫	来	罷	慢	家	十	能
近	看	原	不	土	慢	盼	這	治
得	門	来	肯	不	兒	他	却	的
了	脈	脈	出	用	的	急	不	可
院	的	理	土	物	想	速	用	不
判	擠	很	既	色	一	病	着	知
了、	不	好	是	現	想	好	急	道
要	動	又	大	在	土	若	要	我
是	這	是	夫	就	這	是	不	所
平	近	太	為	有	好	病	請	說
常	年	醫	甚	一	極	該	乱	的
人	生	院	不	個	了	好	可	對

積德。積攢
計。原籍
寄籍。十幾次
幾幾乎

家兒請不動他主據我想當大夫的不應該這麼著既是掛牌給
人看病無論甚麼人家兒都得去一則為的是弄錢二則為的是
好行積德不想如今這些大夫他生意一好稍微積攢倆錢兒就長
了脾氣了您說這個大夫他姓甚麼丟他姓計原籍是浙江人
如今寄籍大興他原是一個廩生鄉過十幾次試他的醫道本是
從儒學得來的與世俗醫家不同就是他現在不能一請就出來
的緣故也是因為太醫院差使忙親友家請他的又多一天到晚
所跑不過來連早晚兩頓飯幾幾子都沒工夫兒吃卻倒不是看
脾氣挑著人家兒去支這麼看起來他卻不染世俗的習氣那麼

即刻　急速

就求您即刻想法子給請一請倘或救本家由此病好了,不但他
感激連我都不敢忘您的好處.您這是那兒的話呢.我們親戚
和這個大夫相好.我回頭就我他去叫他急速替您責本家請去.
很好那麼就求您辛苦一趟罷卄您就交給我辦去罷

第七十二章

拯救	救濟	飢民	急難
積聚	濟人之急	己身	疾患	積財	幾句話	己
自己	積少成多	積成	基業	濟困扶危	即早	幾分
計算	利己	脊梁骨	疾病禍患	積存此二個錢

飢渴　急迫　積善　積不善　積儲

拯救。救濟。飢民
急難。飢渴
急迫
積善。積不善
積聚。濟人之急
己身。疾患
積財。幾句話
己
積儲。自己

老兄我想天下至好的事情莫如拯救人大則遇見旱潦的年頭
倡捐辦賑救濟飢民小則遇人急難之時救人飢渴凡這些事
情都是人分所應為的況且作這些事有許多的便宜你肯救人
將來你有急迫的時候兒人也必肯救你易經上說的最好積善
之家必有餘慶積不善之家必有餘殃人若是只顧積聚錢財不
肯濟人之急恐怕到己身疾患一生雖然家裏積財如山也買不
了命您想我說的是不是二實在不錯你這幾句話說的是至理
但是世上的人他總不明白只知有己不知有人手下若是有點
兒積儲就留著自己享用斷不肯顧贍別人並且還要諸處佔人

積少成多

積成基業

濟困扶危

即早

幾分

計算

剋己

家的便宜、由此積少成多、慢慢兒的就買房子置地、不幾年的工夫就積成一個大基業、到這個時候兒、正該當濟困扶危、即早作些好事給兒孫留點兒地步、誰知道這個人、他不但不作好事、反倒倚富欺貧、真是可恨、我們有個親戚、就是這麼個行為、凡有貧苦親友借了他的錢、無論是甚麼樣兒、交情都得給他、出幾分的利息、要是還錢的時候兒、他就這麼裡折外扣的計算、除了本錢之外、他總要多取點兒、趕到後來、他兒子大了、是沒出息兒的事都幹、一轉眼兒的工夫、就把家私毀淨了、他也不能管束你、說這不是損人不利己麼、三可說的是哪、雖說是咱們念書的人、不談

脊梁骨

疾病禍患

積存些個錢

	績績紡		果報究竟也賣在有這個道理若是一味的貪財不管義不義我
	績紡績		想這宗錢到手、就是拿他買了東西吃也是打脊梁骨上下去、不
	紡績		然就是疾病禍患不耗淨了不止俗語說的來之不善去之亦易、
	績功	第七十三章	至於作好事、那更是要緊的空積存些個錢作甚麼、四是的、
勞績班	功績		
異常勞績	勞績		
極不高興	即用 越級 即補		
擠下來	既在 既然如此	三載考績	
記名	既然	寄信	
雞犬不留	即便	極憂愁	
急不來	知己	幾回	
寄去			
急躁			

續、紡。紡續、
續功。功績
勞積
三載考績
幾回勞績班
異常勞績
即用越級
即補
極不高興
寄信極憂愁

一 我和您打聽一個字 二 您問那個字 三 就是這個績字都是甚麼
地方兒常用 四 績紡、紡績、績功、功績、勞績都可以用還有書經上
說的三載考績、不過是俗話上不大常用 五 因為我在京報上看
見過好幾回甚麼議叙班啊勞績班啊甚麼異常勞績啊昨兒我
還見山東河工上保舉出力人員的摺子有一個即用知府銜即補同知縣因為俗話
大工合龍就是異常勞績越級保了知府銜即補同知至於俗話
中都真是不常說這個績字 六 可是您提河工保舉我們舍親也
在河工上當差這次就沒列保也不是甚麼緣故前兩天給我寄
信來信裡頭有好些個極憂愁極不高興的話據我想這功名的

擠下來

既在

既然如此

既然

即便。知己

事情自有定數大可以聽之況且河工上人太多擠下來不列保的也不止他一個人要是都那麼煩起來還了得而且上司也斷不能全把他們保舉我們親戚真是想不開了是這麼着保舉這一層既在官場中就沒有不盼望的但是也得看勞績怎麼樣若是真有異常之功不列保也實在下不去令親的勞績怎麼樣八他却有些個功勞九麼官十候補知府土既然如此也難怪他不高興了他現在是軍營漸次保的去年纔奏調到工主既然是到工不久自然不能列保即便列保也不過虛銜斷不能保舉賣官我從先有個知己

記名
鷄犬不留
急不来。寄去
急躁

| 朋友、他是個兵部郎中京察一等記名以道府用後来因爲洪逆 |
| 叛亂廣西潯州府失守、燒殺了個鷄犬不留他告奮勇投効軍營、 |
| 一到廣西就把潯州克復了這樣兒大功、繞保了個按察使銜、他 |
| 也是很不高興後来屢克名城這繞保到布政使功名一節是急 |
| 不来的、而是的我一半天就給舍親寫信寄去勸勸他叫他不要 |
| 急躁去、很好您就這麼辦罷我也不坐着了、共忙甚麼、我還有 |
| 事哪、咱們改日見、去那麼我也不強留了、一半天見、 |
| 第七十四章 |
| 擁擠　擠死了　擠擁不透　儿桑　擠眼　肌巴　簸箕　擠 |

上 2-43b

擁擠
擠死了
擠擁不透
几案
擠眼

奶幾名極順及一年籍貫民籍急忙茨藜幾
個大錢幾點鐘
昨兒個俗們在四牌樓碰見您那是上那兒去、
三、昨兒廟上人多罷、四人多的很進東角門兒的時候兒擁擠
的利害差點兒把一個小孩兒給擠死了、趕到了廟裡無論甚麼
攤兒上、或是說書場兒、或是要玩藝兒的場兒都是擠擁不透的
人近來廟裡大殿的月台上又添了賣外國木器的了、各樣兒桌
椅几案都有、我問了問價兒貴的利害還瞧見一個說相聲兒的
學甚麼像甚麼最好的是他學那有毛病的人擠眼兒弄鼻子指

肌巴
籤筭
擠奶
幾名

毛畫脚的、十分可笑、不過就是堂容瞧不得、

六這個說相聲兒的愛撒村滿嘴裏免不了

以婦女們瞧不得、七是了、那麼您昨兒逛的很痛快罷

樂您昨兒上那兒去了、九我昨兒本也是上廟趕到廟門口兒逛的很

瞧着人太多所以沒進去就在那賣筭籤筭的攤兒那兒站了

一站兒就走了、十您從那麼上那兒去了、十一我從那兒到馬市

在奶茶舖吃了兩碗酪正趕上他們給牛擠奶我瞧了會子就打

那麼到了我們親戚那兒道喜主令親那兒是甚麼喜事、主是他

的令弟中了舉人了、主高列第幾名、主第五十四名、主賣這真是可

五這是甚麼緣故呢

好些個難聽的話所

極順

及一年

籍貫

民籍

急忙

喜可賀我聽說令親那兒這近年的家運極順可不是麼他就因為搬家之後未及一年就陞官發財後來屢屢的添人進口現在正是旺運兒聽說他們祖上不是順天籍貫兒他們原是山東人自從他的高祖作京官就在京裡落了戶了於是入了順天籍貫所以他們履歷上只寫順天大興民籍兒是那麼您從令親那兒是就回府了還是又上別處去了呢兒在舍親那兒也沒坐住道了喜急忙的就回家了兒我說偺們多噌出城逛一回青兒去您想好不好兒很好我也正想要出城散散心您那一天有空兒兒我後兒有工夫兒您後兒有空兒嗎兒我那一天都有工夫

蒺藜
幾個大錢
幾點鐘

			兒共那麼偺們就後兒去罷我就手兒在城外頭野地裏找點兒
			蒺藜芝您找這個作甚麼芝作藥材芝這個東西何必在野地裏
			我呢藥舖裡買幾個大錢的就得了手也可以的偺們後兒幾點
			鐘去呢芝這麼着罷後兒準一下兒鐘您在家等我罷我找您来
			好不好芝好芝那麼偺們後兒見後兒見
	第七十五章		
	脊背 脊梁 蟣子 記不清 記載 記號兒 記賬 技能		
記錯了 寄情 寂寞 緝捕 緝獲 戢 緝盗 擠對 幾下鐘			

蟣子　脊背。脊梁

記不清

記錯了

一、你是怎麼了、僅只把脊背在墻上擦、二、我是脊梁癢癢、三、你大概身上的虱子不少罷、你瞧你那領子邊兒上有一串兒蟣子、要是等他長大了、那還更咬的癢癢呢、四、叫你說得我這麼腌臢、我和粉濺的、五、你別急、我是和你說着玩兒、可是你和粉幹甚麽、六、我畫畫兒用、七、怎麽近來你又畫起來了麽、八、可不是麽又畫哪、九、都畫了些個甚麽東西、十、甚麽條幅扇子都畫過、十一、這些個都是誰託的、那我可記不清了、大半都是親友託畫的、十二、那麽要是畫得了、你若是記錯了、給的時候兒豈不也錯了麽、十三、那却不

記載
記號兒
技能
寄情
寂寞
緝捕、緝獲。

能、我有一個本子某人託畫條幅某人託畫扇子多大尺寸甚麼樣式都把他記載的極清楚並且誰的東西那上頭也有他的記號兒怎麼能給錯了呢、這麼說起來你都得記賬不然必有錯給了的、那是自然的、你是畫山水是畫花卉、甚麼都畫、你真是有技能、這不過是閒着沒事的時候兒寫閒兒罷了、到了兒你們念書的人真是高雅沒事的時候兒寄情書畫、免得白閒着寂寞比我們這些赳赳武夫強多了、我們當武差使的若遇見地方上不安靜畫夜巡邏緝捕要是有了賊盜緝獲不着、就得聽衆這還是小事若遇着反亂的時候兒整天的長槍大戢出去打仗想一會兒的清閒舒服是萬不能的。芏你這話也不盡然，就是武官也有舒服的時候兒。比方國家太平無事武營的員弁兵丁，正可以養精蓄銳操演緝盜之外，也是沒事這個當兒也可以打圍射獵作為消遣。比我們整天的在家裏悶着豈不更快樂嗎。芏各有各的樂處各有各的苦處總而言之人當不能全像俉們這還算是造化呢我常看見有這樣兒的人官差私事一天忙到晚擠對的連幾下兒鐘的工夫都沒有比你我差多了。

芏是的、

第七十六章

戢盜

緝對。幾下鐘

擠對。

鯽

嫉妬。記仇

嫉妬　記仇　幾間房　寄居　祭祀　寄寓　疾速　幾時
擠住手了　急了　記着　計策　繼而　計較　既蒙　極力　既往
不爭擠他　記念　即是　記恨　記了賬

一　今年鯽魚貴的利害。
二　啊、您買來着麼。
三　我倒沒買、是昨兒在飯館子裡吃飯聽他們說的。
四　您同誰上飯館子來着。
五　同我們舍親、是因為我們舍親和他們相好的治氣、我給說合調處、所以昨兒在飯館子裡、給他們擺和席。
六　為甚麼事情治氣。
七　說起來是我們舍親不好、他那個人心裡很嫉妬、又愛記仇兒、因為他這個相好的前幾年境遇不好、窮的連住處沒有、所以就

幾間房。寄居

祭祀

寄寓

疾速

在我們親戚那兒、借了幾間房寄居他們兩下商量妥了沒有房錢可是修理房子我們親戚也不管、都是他這相好的自己辦這麼着就搬進去了、去年我們親戚家祭祀、自然是得搭棚趕到完事折棚的時候兒、棚匠沒留神可就把他這個相好的住的屋子的房頂兒上給晒了個大窟窿、他這個相好的又沒錢修理這麼着可就和我們親戚商量、求我們親戚先給撥上用多兒錢等他有了錢再如數的還上我們親戚聽了這話、立刻就惱了、和他這相好的說、你在我家寄寓白住我的房子、還叫我給修理有這個理麼、你要是嫌破爛就疾速找房、快快兒的搬開他這個相好

幾時
擠住手了
急了
計策
繼而
計較

的可就說我幾時叫您給撥房来着不過我現在擠住手了一時
不能湊辦求您先給塾上後来我有錢斷不能不還怎麼您立刻
就急了、不留情面叫我立刻搬家要是這麼不説理不是我賴住
您我一定不搬家您有甚麼計策只管使出来後我候着就是了、這
麼着他們兩下裡越説越上氣繼而甚至於打起来我赶緊到他們親
戚的底下人給我送信来託我給他們説合所以我赶緊到他們
那兒把始末根由都問明白了、就向他這相好的説實在是我們
親戚不是了、您千萬別計較他他有甚麼錯處求你看我的面上
千萬原諒他始而他不搭應後来我再三的替我們親戚賠不是

既蒙。極力
既往不咎
擠他
記着
記念。即是

他這纔說我本不能搭應如今既蒙您這麼費心極力的說合、我勉強遵命就是了、無論你們令親怎麼不對既往不咎一天雲霧散我聽了、又趕緊的和我們親戚說、你太冒撞了、人家叫你給墊錢修理並不是不還你、怎麼你就叫人搬家這不是擠他麼、並且墊錢不墊在乎你、怎麼也說不到叫人搬家你自己想一想對不對、我們親戚聽了我的話自知理短、於是也不說甚麼了所以我昨兒給他們擺合席、見面兒還算好、他們倆人昨兒彼此認錯兒、我就說你們二位以後還是照常、誰也別記着誰若是誰稍有一點兒記念在心即是瞧不起我這麼着他們倆都說您這麼賞臉

記恨

記了賬

費神給我們打合兒我們再要有一點兒記恨那還是人嗎我看他們的光景實在是前嫌盡釋絕不至於再慪氣了這麼着趕吃完了飯到櫃上記了賬隨後也就各自回家了八那麼您昨兒花的錢又不少罷九甚麼錢多錢少的却不要緊只要他們彼此無事就算完了十不錯的

第七十七章

祭天	祭器	祭祖	祭主	祭神	祭竈	祭關帝	混祭亂祭
祭馬王	祭財神	祭物	祭科神	祭禱	祭掃	祭奠	
非其鬼而祭之	祭鬼祭神	祭文	祭酒	繼母忌辰			

祭天。祭器
祭物。祭主
祭祖。祭主
祭神。祭竈
祭關帝。祭馬王
祭財神。祭科神

祭之以禮跡近僭越討及既不是
您這兩天有甚麼事我到您這兒來了兩趟都沒見著二失迎的
我是竟在我們相好的那兒幫忙兒來著三令友家有甚麼事
很可不是麼他們家前兒個祭天我幫著他們擦祭器買辦祭
麼四五是了據我想令友這一舉似乎僭
物甚麼的所以忙了兩三天
越俗們平常人沒有祭天之說不過就是祭祖祭主再則還有祭
神甚麼臘月二十三祭竈六月二十四祭關帝有馬的人家兒六
月廿三祭馬王買賣鋪兒初二十六祭財神六部裡書辦有甚麼
祭科神從沒有個祭天之理這都是世俗愚人打算邀福所以纏

祭禱、祭掃。
祭奠
混祭亂祭
非其鬼而祭之
祭鬼祭神
祭文
祭酒

有這越分的祭禱、眞是可笑至於甚麽祭婦墳塋那是我們應為的事、或是親友家有甚麽喪事咧、也可以去祭奠此外都不可混祭亂祭的聖人說的非其鬼而祭之詔也、這話說的誠然我們兒祭天他還作了一篇祭文實在是任性妄為七大槪令友沒念這相好的他最好這祭鬼祭神的事情、也不管有理沒理並且前過書罷八怎麽沒念過書、他還是個副榜哪、筆下通極了、大槪令友沒念是世代念書、他們令尊大人作過國子監祭酒沒想到他如今這麽胡鬧、祭的是那一門子的天呢九令友這祭天雖然僭越不過是叫明理的人聽見笑話您不知道還有比這事更新鮮的呢十還有甚麼新鮮的、我們有個遠親他自幼很聰明受繼母的教訓趕到他大了事奉他的繼母極盡孝道後來他這繼母去世他必就痛不欲生這本是應該的沒想到他思母情切每逢忌辰他要按着王公大臣的禮儀祭奠他的繼母他說他這位繼母一生沒享過大福必得這麼祭奠繞可以稍慰他繼母九泉之靈據我想雖然是他的孝心究屬不合理聖人說的生事之以禮死葬之以禮祭之以禮難道他不知麼士這却情有可原怎麼說呢他這麼樣兒的祭他的繼母雖說是跡近僭越然而彼時他心中只知有母不知道別的至於禮之一節不暇計及這就是不能以禮

既不是

制情可是於禮雖然不合究屬其心可嘉但是必須他心中果然是為思念母親所致方可若是稍有一點兒為壯觀的心或是活名釣譽那可就荒謬極了走他却實在不是為名古既不是為名那就比我們相好的祭天之失強多了、

第七十八章

寄封信　寄賣　不及　五錢幾　既是　繫帶　繫不過來

繫三繞兒　忌煙　忌了　幾錢　不濟　辣手　忌不了寄

放　討點　寄存　幾十件　忌賭　多才多技　技巧　繼續

既這麼

寄封信

不及

五錢幾

一 老弟從那兒來、二 我從城外頭來、三 上城外頭作甚麼、四 我到打磨厰兒店裏賒、一個朋友就手兒託他寄封信又到了洋貨店裏買了一個帽頭兒、五 帽頭兒是帽舖裏賣怎麼你上洋貨店呢、六 您不知道近來洋貨店都寄賣小帽兒、七 樣兒好嗎、八 樣兒雖然不及帽舖的好、却也可以將就戴的我不為別的不過因他比帽舖賤、九 據我想也賤不了許多、比帽舖賤的多、帽舖裏賣五錢幾洋貨店賣二錢五賤着一半兒、十 我說這句話、你可別惱、你竟是大處不算小處算與其在一個帽頭兒上打算盤、莫若少吃點兒大烟就得了、我想你一天的大烟就得四五錢銀子、用不

既是
繫帶
繫不過来
繫三繞兒
忌烟
幾錢
不濟棘手

了、我一天也不過吃上三錢多銀子的烟、主就是三錢多銀子據
我想也是妄費、既是耗財、而且傷身體我聽你現在比前幾年瘦
多了、古您這話說的却也不錯、就拿繫帶子說罷我這根腰帶是
一丈長從先兩繞兒都繫不過来現在繫三繞兒還浮餘二尺多、
這都是大烟緣故過了這個熟季兒到秋天一定得忌烟若是這
麼吃下去、可真是了不得去這話對了果真要能把烟忌了、一天
就省幾錢銀子比單在一個帽子上省錢不強嗎况且你的光景
近来也很不濟要這麼耗費倘遇一點兒事那就更棘手了、去您
說的是、到秋天我一定不吃這浪烟了、走只要你有恒心、没有忌

忌不了
寄放
計點。寄存
幾十件
忌賭
多才多技
技巧
繼續

不了的、你瞧你們令親不是又吃大烟又愛賭錢後來鬧的一點兒落子沒有把人家寄放他們家的東西當了後來人家從外頭回來一計點寄存的東西短了好幾十件人家雖不說甚麼他豈不討愧嗎後來好容易東挪西湊的給人家贖出來送回去了、從此他大是愧悔立志忌烟忌賭後來果真全忌了、現在一點兒分外的花銷沒有並且近來他頗好學多才多技琴棋書畫無所不能連現在外洋的聲光化學天文地理各樣兒的技巧他都肯用心追求你瞧他將來必有作用他們府上數世美名算是又有了繼續了我就盼望老弟學他就好了、弟承您的教訓我一定

痛改前非絕不敢畏難苟安的、尤你既這麼立志將来也一定有作為的

寂静

第七十九章

寂静 春季幾十劑 忌口 擠急了 幾百兩 繫活扣

七歪八扭 七月裡止 七言八語 妻弟 七八成兒 七

十其實 其餘 齊整 急賣 七巧圖 碁子 漆貨 奇

巧 既然、是

一 我昨兒聽說您更移到這兒来了、今兒特来道喜、二 不敢當您請

坐 三 是您這個房子很好地方兒也很寂静不像您陳住的地方

春季。幾十劑
忌口。擠急了
幾百兩
繫活扣

是不大吉祥今兒您說到這兒我纔敢說您要是還往往下再住	致叫馬拽開了馬就跑了到今兒也沒找着、九您在那兒住着真	說來也真可氣因為馬夫太大意拴馬的時候兒他繫活扣兒以	您想這不是意外的事嗎所以纔想搬家、七馬怎麼會丟了呢八	四月鬧賊丟了幾百兩銀子的東西隨後馬圈裏又丟了一匹馬	好了又忌口甚麼都不准吃真把我給擠急了並且耗財的利害	藥鍋、六可不是嗎我就因為春季病了一場吃了好幾十劑藥病	要緊只要住着平安您那陳房子似乎不順我瞧着永遠沒斷了	兒那麼亂、四這邊兒比陳房子強多了不過小一點兒、五這倒不

七歪八扭

七月。棲止

七言八語

妻弟

七八成兒。七十

其賣

恐怕還有禍患呢並且那房子也太老了、全是七歪八扭的要遇見六七月下大雨就很不妥當一個塌了、連棲止的所在都沒有那可怎麼好這新房子雖然是局架稍小一點兒在您住着頗下得去您十萬別聽旁人七言八語的說不好您總是自己拿定了主意住着若是平安萬別再打算搬了、您說的是我就在住着了、絕不再想搬了、可是您那陳房子怎麼樣呢、那陳房子我打算把他賣了、昨兒我們妻弟告訴我說有人要買我想大概總有七八成兒可成、您那房子有多少間、整七十間、去打算賣多少銀子、這個却不敢定那房子雖然是七十間其賣可以住

其餘
齊整
急買

七巧圖。碁子
漆貨。奇巧

人的、也不過有二十來間、其餘的、不是少窗戶、就是沒門、沒有一間齊整的、大約也值不了多少銀子、不過仗着木料還好、是如果令親要給辦妥了、自然是好、倘若不妥、我們有個遠親、現在急買房子、我可以給說合辦一辦、就是辦不妥、您十買的時節、就求您給辦一辦、就這麼樣罷、如果令親辦不妥、您回來有事沒萬賞我個信、我好和我們親戚說去、就是您都打算賣甚事、我回來打算上前門到荷包巷子買東西麼、買一本七巧圖、還買一付碁子兒、就手瞧瞧、東洋漆貨、如果有奇巧好看的、也打算買點兒沒別的事了嗎、沒別的事了、

既然是

既然是沒別的事我打算同您去也買點兒東西可以不可以
芰那很好有甚麼不可以的呢我想偺們這就可以走罷芰是您
暑坐一坐兒等我到裏頭換了衣裳就來芰您請便我這兒等着

二十 有慢有慢

第八十章

淒涼　際遇　淒淒　妻兒老小　悽悲　飢寒　四季淒冷

七條胡同　齊　旗人　騎都尉　妻女　幾門　起初　淒濟

苦難　寂然不動　七月七　齊化門　期望　悽慘　妻子

齊全　豈不是

凄涼
際遇
凄凄
妻兒老小
悽悲
飢寒
四季。凄冷

老弟我看你近来起来彷彿是不大高興似的是甚麼緣故二我也不知道是怎麼個緣故近来老覺着心裏凄凉凉也挨着我這二年際遇不好心裏本就抑鬱現在又當深秋各樣花木凋零晚上又是一夜的風雨所以更覺着凄凄凉凉的難過三我勸你不必如此人總要隨遇而安就以你說罷家裏妻兒老小都是平平安安還有甚麼可悽悲的事情至於境遇一節雖現在没有大富大貴也不至於飢寒若要論到秋天萬物凋零這是天時一定的一年四季那一年秋天不悽冷誰能不過秋天若都像你這麼憂煩一輩子還有開心的時候兒嗎我拿一個

七條胡同。齊
旗人。騎都尉
妻女
幾門
起初
濟苦難
寂然不動

人一比方、你大概也就不煩了、七條胡同住的齊介眉、他本是旗人存心很是厚道、由祖上出兵有功、掙下一個騎都尉世職、趕到他身上自襲職之後家裡總是不順甚麼奇奇怪怪的事情他都經過後來連年的事情把一個家業都給耗盡了、現在是妻女全無六親無靠而且一貧如洗雖然有幾門子本家目下也都是敗的七零八落誰也不能顧誰想他起初有錢的時候兒待一切的親友本家頗肯濟苦難救危急這時候兒他受了困苦了没人顧贍要在別人早就不定煩的怎麼樣兒了、誰想他雖然處這樣兒的困境心裏到了兒是寂然不動守分安貧一絲一毫的愁煩没

七月七
齊化門
期望
悽慘
妻子

有我想像他這麼能守貧窮絕不至於這麼樣兒到底將來必有
發達之日七月七那天我在四牌樓還碰見他哪我們倆在街上
立談了半天他說他出齊化門有事去所以我也沒讓他唱茶去
老弟我瞧你比他的光景強多了何必無故的常煩呢四是您說
的很是我也知道心裡常這麼著於自己不相宜無奈我心裏很
期望着立點兒事業偏偏兒的運氣不來老叫我處這困境再一
遇見這樣兒的天所以更顯着悽慘我今兒聽了您這一番勸解
從此把這毛病兒改了斷不這麼無是無非的瞎煩了真可是您
繞說的不錯現在父母在堂妻子無恙又不至於凍餓也就算是

齊全
豈不是
墨蹟。七百
欺生

舒服的了再要拿不如我的一比我就更算福祿齊全的了、你果真這麼想豈不是知足常樂麼

第八十一章

| 墨蹟 | 七百 | 欺生 | 欺騙 | 奇貨 | 髻 | 漆黑 | 真蹟 | 妻妾 |
| 齊備 | 七件 | 與其 | 書籍 | | 記性 | 奇書 | 奇異 | 欺哄 | 奇形怪狀 |
| 漆器 |

昨兒我在琉璃廠一個古玩舖裏看見一部冊頁是王羲之的墨蹟好的很我問了問價兒他和我要七百五十兩我想他是欺生所以我也沒還價兒 二您看果然是真的麼 三大概不假罷 四要

欺騙
奇貨
鬢。漆黑
真蹟

是不假這個價兒要的不算大凡琉璃廠的東西是這麼着常有
假東西他還當真的欺騙人哪何況是真的呢如今這個冊頁既
是真的那就無怪他奇貨可居要大價兒了有一年我也是在琉
璃廠見過一張古畫畫的是一個美人兒上頭的欵落的是唐寅
真畫的好宛然是一個真人不但眉目鼻口耳以及衣服裝束無
一處不好就是那頭上的抓鬢兒連那漆黑的頭髮絲兒都畫出
來了實在是好我問他要多兒錢他說要五百兩銀子您想連一
張古畫還得這麼些銀子哪何況是王右軍的墨蹟呢五不錯的
這字畫一端本來沒準價兒再要是古人的真蹟那就更沒考較

妻妾
齊備
七星寶劍
記性。奇書
欺哄
奇異
奇形怪狀
漆器

了、前幾年我有一個相好的他家裏極有錢妻妾滿前使奴喚婢、一切的享用都極其齊備了、而且最是好古、有一年他花了一千銀買了一把七星寶劍據他說這把寶劍有一千多年了、他還把這寶劍出處講給我聽、是我沒記性、現在全忘了、至於奇書古畫、以及奇異的器物甚麼的他都肯買就因為他有這好古的毛病、所以常常兒的被人欺哄那個錢蹧蹋的所沒數兒了、這近年來他家裏可不及從先了、然而好古的性情還是不改、若是遇見甚麼奇形怪狀的物件他還肯花錢買、若是手下沒錢雖當當也是要買的、前兩天還在街上碰見他手裏拿着幾樣兒漆器從四牌樓回來、我問他拿着的是甚麼、他說是打古玩舖買來的舊漆器、我問他多兒錢買的、他說這通共七件兒漆器是二十吊錢買的、據我想他買這些可有可無的東西究竟是浪用錢財、與其這麼浪費莫若拿這個錢多買點兒有用的書籍、您這話說的是

第八十二章

起那裏來	沏茶來	期滿	其中 七折八扣 豈有 起先
起意	樓鳳樓	七零八落	齊化門 看起來 起外頭 氣運
	欺負	七抓八拏	七成 起色 器量 起早睡晚
氣色			

起那裏来
沏茶来
期満
其中

一 老兄您起那裏来、二 我打家裏出来、三 您請坐、四 是是請坐請坐、五 来呀、六 喳、七 沏茶来、八 老兄我昨兒聴說您給人辨理捐功名的事情来着、九 可不是嗎、我本没有工夫替人辨這些事情無奈我們親戚再四的託我所以纔替他辨了、十 令親捐甚麼功名、土 捐筆帖式、土 是捐満天飛呀還是有別的花様呢、主 指捐六部、宝 分部學習然後又加上捐免期満、而通共用了多少銀子、宝 六百多銀子、共這便宜極了、我們相好的也是新近捐筆帖式他怎麼花了七百多銀子呢、吉 這是這麼着我是親身到戸部捐的其中並没有別人所以稍省一點兒貴友大概是託人替辨的自然是

七折八扣
豈有
棲鳳樓
七零八落
齊化門
起先
看起外頭起來
氣運

費一點兒部裡算的本就是七折八扣再加上火耗以及零星使費未免的多算中間的人再賺一點兒豈有不多費的呢十六不錯我們這位相好的他是託三益金店給辦的九這就不怪了廿今親現在甚麼地方兒住呢廿他起先原在棲鳳樓兒住後來因為他們府上屢次的經事鬧的七零八落全分開住了他們令兒搬到齊化門大街他這個胡同兒裏西邊兒了廿這麼看起來令親的光景本是個忠厚人他起外頭怎回來的時候兒頗有倆錢兒無奈他氣運不好他那些窮本家見他回來大家夥兒全都

起意。欺負
七抓八拏
七成
起色
器量
起早睡晚
氣色

起意来訛他、欺負他、老賣簡直的把他這俩錢兒七抓八拏的給分了、他現在手下剰了不過十分之三、倒被衆本家訛了七成去、所以他現在怕後来受困趕緊着這幾個錢捐了這個功名為的是日後好有點兒起色、我看他行事待人都很厚道絶不是那器量狹窄的人、現在他分了工部、起早睡晚差使當的也很勤臉上氣色也很静、我想他將来必可以大發達、像令親這樣兒的人一定是有大造化的

第八十三章

起来了　沏来了　沏茶　喊喊喳喳　起一黑早　七手八脚

起来了
沏茶来了
沏茶来了
喊喊喳喳
起一黑早
七手八脚
七窍

七窍 岂有此理 乞丐 气忿忿的 起根儿 勾起 打
起来 七嘴八舌 起头 齐截 齐心合意 齐眉棍 欺压 岂敢
沏上 早起 齐截 七碟子八碗 棋盘 棋子 下棋 七
下儿钟 七八分 七长八短
您起来了 给我倒漱口水 三喳 四你倒了漱口水回
来赶紧就沏茶 五是老爷茶沏来了 六嘿你搁下茶壶还不快去
在那儿喊喊喳喳的说甚麼呢 七王顺他说俗们胡同儿东边儿
起一黑早就有好些人在那儿打架 七手八脚的打一个人把那
个人打的七窍流血 现在还在那儿打哪 八这些人真岂有此理

豈有此理
乞丐
氣忿忿的
起根兒
勾起打起來
七嘴八舌
起頭
齊心

把人打的那麼樣兒還敢往下打實在可恨你沒聽他說是為甚麼打架挨打的是甚麼人那些打人的都是幹甚麼的九聽他說打人的和挨打的都是些要小錢兒的乞丐他們有甚麼仇恨這麼氣忿忿的打死架土既是要小錢兒的他們起根兒是為要錢後來又勾起舊日的仇所以就打起來了王順繞去看去就聽見他們吵吵嚷嚷七嘴八舌的又是罵也聽不出誰的理是誰的理非來土旁邊兒也沒人勸嗎土聽說起頭兒一打的時候兒有人勸後來皆因越勸越打所以也沒人管了、這也真可恨極了、大家齊心合意的打一個人實在下不去、去您還沒瞧

齊眉棍
欺壓
豈敢
沏上
早起
齊截
七長八短
碁盤碁子
下碁

見呢他們也不是從那兒弄了一根齊眉棍來惡恨恨的往下亂打把棍子都打折了這要是把人打死可就鬧出大事來了這些人本都是七命徒所以纔這麼欺壓人若是稍微知道一點兒王法豈敢這麼大胆子打羣架呢您說的是你說人家打架的事情茶也涼了你快拿了去再給沏上點兒開水夬喳還有一件事你回來幹完了早起的事把書房裏書架子上的書都擺齊截了別弄的那麼七長八短的這個辦完了之後再把碁盤碁子兒找出來擱在書房裏因為今兒晌午有人找我來下碁你可別悮了夬是夬你回來夬喳你瞧瞧那鐘甚麼

七下兒鐘
七八分
七碟子八碗

紀

				時候兒了廿七八兒鐘過一點兒廿六過多少廿七過了有七八分兒
			紀	芡那麼你就快幹事去罷就手兒告訴厨子今兒早著一點兒開
		在旗旗人貴旗正白旗記名啟奇朞望圍碁碁分兒	既是起的晚沒起來啟奇乞豈敢嫌	飯菜弄一兩樣兒可吃的就得了不用那麼七碟子八碗的芡是第八十四章
五吃了、老弟吃了飯沒有、要是沒吃我趕緊叫厨房給您預備點	回老爺紀老爺来了、二讓到書房裡坐三是四大哥您吃了飯了	碁進對手、評碁著酒量碁局		

既是
起的晚沒起來
啟
奇

兒便飯、六、我吃了、我因為偺們前兒定規的今兒上您這兒來下碁、所以老弟您前兒就把飯吃了、七、老弟、既是真吃了我就不讓了、可是老弟您前兒不是說還要約一位朋友來嗎、怎麼沒來呢、八、大概待一會兒就來了、他天天兒早起的晚、我纔剛到他家裏他還沒起來呢、我告訴他們底下人了、叫他們催著他主人一點兒這時候兒想必也快來了、九、回老爺有一位啓老爺來了說是我紀老爺說話、十、是了、你快去請進來罷、土、是土老弟、這就是您前兒說的令友嗎、士、是我給你們二位見一見、這位是主人趙子奇、這位是啟後齋、甴、久仰久仰、圥、兄弟今兒也沒穿公服實在冒昧

乞。棄嫌。在旗。旗人
貴旗　皆旗
期望
圍棋
碁分兒

的很乞老兒原諒豈敢承您不棄嫌實在是榮幸極了閣下是
在旗嗎是兄弟是旗人貴旗是正白旗貴衙門是工部
貴司是屯田司兼檔房去年京察保了一等了罷是得一等
了引見的時候蒙恩記名了是大概
今年總可以放罷這實在是不敢期望的您這是太謙了可
是昨兒聽紀兄說大哥的圍棋很高明兄弟是愛圍棋其實不
會下您要是肯賞臉求您賜教一盤我正要請您指教您何必
這麼過謙依我說你們二位都不必鬧這個客套據我想二位
的碁分兒都不差甚麼正是碁逢對手何不就擺一盤呢我的

棋逢對手

評棋

棋著酒量

棋局

棋真不行若是一定要我出醜求啟光讓我幾個子兒要這麼
說後翁得讓我幾個子兒也得子兒你們二位誰也不必讓我給你
們評棋罷後齋可以使白子兒使黑的棋著酒量萬瞞不了
人的況且你們二位都是常在棋局上擺過彩的再要是彼此推
讓我就要罰你們二位了既是您麼說我們就遵命了。

第八十五章

七夕	氣色	七股八杈	
七大八小	忌日	氣像	
	想起	七情	
	欺侮	起去年	
	欺飾	七摒八湊	
	欺君		
居氣惱	奇思妙想	起那兒	奇怪起

七夕
氣色
七股八杈
氣像
七情
起去年

久違久違、彼此彼此、俗們自從七夕那一天兒到今兒有一個多月沒見了、您臉上氣色還好、這一程子都作甚麼消遣、三也不過是窮忙、整天家七股八杈的事情、也說不出準辦甚麼事情来、四那麼您臉上氣像怎麼此先強多了、想必是保養的好、五這倒有這麼一點兒、然而也不是吃甚麼藥保養、也不過是心靜凡事隨遇而安、心裏無所憂慮、凡人臉上不靜、都是因為七情六慾所致、誠於中者形於外、這是一定的理、我看閣下臉上的氣色大不及上幾個月了、有甚麼過不去的事、六說起来也真叫人無法、我家裏本不是甚麼寬綽日子、起去年我們先叔去世、他老人家又沒

七摒八湊

忌日。欺侮
想起，欺侮
欺飾。欺君

後嗣，又沒產業，我是個胞姪怎麼能不管，所以一切衣衾棺槨都得我料理，可又手下分文無有，沒法子只好把東西挪西借，又把家裏東西典賣了些，個就這麼七摒八湊的纔把事情了過去了。您是知道的我家裏七大八小的人口又多，進項又小，弄的債累累，無法償還，日食兩餐都不能籌畫，您想我心裏終日憂煎，臉上怎麼能好呢，昨兒個又是我們先叔的忌日，因為這個我又想起我們先叔平生忠厚，並沒欺侮人的地方，兒見了宦場中人總勸以忠心為國，不可欺飾，還把史鑑所載的欺君罔上人的報應講給人聽，至於待人更是厚道了，這樣兒存心怎麼會無後，並

奇怪
起居
氣惱
奇思妙想
起那兒

且身後蕭條至於如此真是奇怪的事所以我今兒個更顯着臉上不開展了、我勸閣下千萬不可這麼憂慮凡事自有定數就是聽命由天至於自己飲食起居更要保護的一切憂愁氣惱都不可動是要緊的慢慢兒的這麼慣了自然心裏一開臉上氣色也就隨着轉過來了您纔說我氣色好我就是放步行去無所容心並無甚麼奇思妙想的法子您若肯照我這麼辦起那兒愁煩呢、您說的是我以後跟着您學就得了、

第八十六章 旗下本旗齊集 騎射 八旗 器械 齊理 近起來

旗下
本旗
齊集
騎射
八旗。器械

騎馬	棋盤街	起南苑	齊整	旗兵	其次	起色	親戚
奇事	起頭兒說	七星	起名	氣質	七成	旗下衙門	
迷心	祈禱	齊各鎚	八根旗杆兒	豈有不可	大器		
客氣	起風						

一向沒見您竟作甚麼哪、二這程子旗下差使很忙、所以老沒得
三有甚麼要繁的差使 四我們本旗的事情本就不少、現在又
接上操演所有本旗的兵丁得常常兒到旗下、齊集在箭廠兒練習騎
射所以我們也得天天兒到旗下、五啊是了我昨兒聽見說所有
八旗以及綠步各營都要添置軍裝器械有這麼回事情麼 六有

齊理
騎馬。棋盤街
起南苑。
齊整。其次
旗兵
起色
奇事
起頭兒說

這麼個荒信大概還沒定規哪、果真要這麼辦也倒好、怎麼說
呢、近來營務廢弛的利害若不齊理齊整還算可以的、昨兒個我當完
了差使騎馬出前門買東西去走到棋盤街兒正趕上神機營的
馬隊起南苑操演完了回來道兒上排着隊走着齊整極了一點
兒不亂其次是八旗的旗兵也比從先好多了、就是綠步兩營的
兵真是所不成樣子、總得大加整頓、繞能有起色哪、
是可是您繞提差使忙我有一件事情要託您可不知道您有工
夫沒有、甚麼事情土說起來也真是件奇事、我得起頭兒說

親戚

七星

起名

氣質。七歲

大器

氣迷心

齊各鱼

我們有一個親戚他跟前一個孩子今年十六歲了、小名兒叫七星兒您怎麼叫七星兒呢、您聽我慢慢兒的告訴您、因為他是晚上生的那個時候兒正是陰天、天上甚麼星星都看不見、就是北斗沒被雲彩遮住因此就起名兒叫七星兒這個七星兒他的氣質狠好又極聰明由七歲念書到去年四書五經都念完了、他們家想他將來必是大器所以他父母愛他如掌上明珠不料他於今年春天忽然得了個氣迷心的症候、一得的時候兒不過是自言自語、常說糊塗話近起來所不像樣兒了、簡直的竟瘋鬧前兩天他忽然拿剪子把辮子齊各鱼兒的剪下去了、他們家裏

祈禱

八根旗杆兒
豈有不可
旗下衙門

都着急的了不得請過好幾個大夫給治都治不好在各廟裏燒
香祈禱都不濟事他們昨兒找我來託我給我一個名醫我想您
不是認得一位善治瘋病的大夫麼您要是有工夫兒求您給
一請這位我昨兒本要到您府上求您去因為昨兒上我這兒來了千萬
兒我人回來晚了所以沒得去可巧您今兒上我這兒上八根旗杆
求您摘一會兒工夫兒給請一盪可以不可以豈有不可的理
呢這回頭我得上我們旗下衙門裏有點兒要緊的差使趕差使
完了大概也不過七下兒鐘的時候兒我趕緊的就請去您想不
至於悞事罷悞不悞就是這麼辦罷趕到他好了叫我們親

客氣。起風麅

第八十七章

戚帶著他到府上給您磕頭道謝去、這費我甚麼呢、何必這麼客氣哎呀天不好了、要起風我趕緊走罷、要是晚了、可就悞事了、那麼我就不留您了、明兒我還來呢、那麼明兒見罷別送了、那麼請了、請了。

別送世麅

麒氣氣力 起年前 其人契友戚屬 起今年期月

豈是契交 起氣機 起承轉合 一氣奇才 器重契厚

我昨兒聽說您府上要請一位老夫子是有這個話麼、二不錯有

這個話、三怎麼麒老夫子散了麼、四沒散是這麼件事情、我們這

年紀。氣力

起年前

其人契友

戚属

位老夫子本来差使很忙没有常工夫教書又因為他們府上離我家太遠来往很奔馳他老先生又有了年紀了氣力不像原先了天天兒上館頗覺受累起年前就和我商量叫我趕緊的請先生是我再三的苦留他纔勉強的上館這新近又催我請先生雖然答應了但是請先生也不是容易的事又得品行好又得有學問一時實難其人諸契友以及戚属我都託了現在還一點兒端倪没有呢你如果知道那位老夫子要謀館求您給引薦引薦五是我必當盡心物色兩位令郎現在都開了筆了麼六大小兒去年開的筆二小兒現在纔念論語七大令郎既是去年開筆現

起今年
期月
豈是。契交
氣機
起承轉合
一氣
奇才。器重

在大概作半篇兒了罷、他起今年五月節後全了篇了、九二令
郎、論語念到那兒了、他念到期月而已可也、三年有成、實在承您真
是有造化的、有這麼大、兩位令郎、將來都不可限量、
過獎、主我這豈是過獎、您和我契交至厚、我如何能說假話呢、請
您把大令郎的窗課給我看看、
了來主、是去給您看這是打今年五月到八月的、有不對的地方
兒、千萬直說、主是好極了、這個文章直不像小孩子作的、氣機
充暢、筆意清新、一切起承轉合、都是一氣、據我看、雖然是名宿作
出來也不過如此、這樣兒的手筆真是奇才、怎麼能不叫人器重

契厚

但是有一層他這麼歲數兒就有這個手筆要是給他請先生改
文章却也不容易的很了大您不必着急等我一兩天到我們相好的那兒給翰林苑
色纜好大您不必着急等我一兩天到我們相好的那兒給翰林苑
那些人多半和他契厚如若是有那家寒的肯就館託他給請一
位于那敢自好極了要是能請的到賣在是小兒的造化了

第八十八章

没在家　旗粧漢粧　旗粧　家裏　稅契　起更　砌牆　想
起　七釐散　回家　起這兒　家道　器用　家嚴　器具　家表
器皿　銅錫器　磁器　送到家　他們家　魏家胡同

没在家
旗粧漢粧
旗粧家裏
税契、起更

弟成家、家姑母氣的了不得、嘔氣、起見、起誓、氣死、氣上来了、不服氣、氣冲斗牛、器物、娘家、七出氣、順過氣、出妻奇計、

一這兩天都上那兒去来着、我昨兒到您府上有一個老媽兒出、您答應説您没在家、二這個老婆子是旗粧漢粧、三是旗粧倒很明白、後来我問他你們老爺上那兒去了、他説没給家裏留下話、不知道上那兒去了、這麼着我就走了、四失迎的很我昨兒是上左翼税契去了、趕到回来已經有起更的時候兒了、我聽見家裏老婆子告訴我説您来了、您昨兒必有要緊的事情罷、五有一點

砌墙
想起
七釐散
　回家
　起這兒
　家道器用
　家嚴,器具

兒小事不要緊、是因為我們家裏這兩天動工、昨兒瓦匠砌墙起
交手上掉下來了,把腿上的筋扭了疼的要命,我想起您府上有
七釐散所以纏到您府上打算和您尋一點兒、六咳您昨兒既到
我家我雖沒在家您不妨告訴老婆子叫他給您一點兒、您回頭到家給您包
一點兒就得了、七我彼時也忘了、八您等我回頭到家裏給您包
一點兒打發人送了去、九是那麼回頭勞您駕罷、十您這回頭回
家不回家,十一我回來起這兒得出城買點兒東西,十二買甚麼,因
爲近年家道不大好所有一切器用、老沒添都不發使的了,我們
家嚴今兒早起告訴我叫我到前門把所短的器具都買點兒添

（補注：器皿。銅錫器。磁器。送到家。魏家胡同。他們家。成家。家姑母。氣的了不得。家表弟。嘔氣起見。氣上來了。氣宛。起誓。不服氣。氣冲斗牛。）

補上您都打算添甚麼器皿

趕買完了這些東西送到家還得

上那一位令親那兒瞧瞧去、

也不過是銅錫器和磁器甚麼的

啊他們家舍親那兒瞧瞧去、

支魏家胡同、他們家魏這位新

可不是麼是因為去年我們家舍

親那兒不是新成家有甚麼事嗎

概是不大明白我們家姑母可就

氣的了不得婆媳嘴常常是所不

前兩天又不是因為甚麼起見

婆媳拌嘴這個新婦嘴裏是所不

讓又是起誓又是自己賭呪把

婆媳幾乎氣宛我們姑母瞧

這個光景太不成規矩也就

氣上來了、於是就把他們令正揪過

去、痛打了一頓他們令正不但不服氣反倒越發氣冲斗牛鬧個

器物
娘家
七出
順過氣
出妻

不了,把自己屋裏的器物全摔了,實在是不說理到萬分了,我們表弟雖他這麼天不怕地不怕的也不是個了局,打算要把娘家我了來叫他們領回去不要他了,擾我想他們這個新婦,雖然可惡却沒犯七出之條況且歲數兒還小呢今年纔十六歲我打算今兒到他們那兒勸勸我們表弟叫他寬恕寬恕再叫他們令正給我們姑母磕個頭認個不是就得了,您想這麼辦好不好,這麼辦很好,令姑母也可以順過氣來了,令表弟也免得有出妻之醜他們令正也不至落忤逆的名兒一舉三得再沒有比這個法子好的了,您就這麼辦罷,既是這麼着好我也想不出別的奇

奇計

計來了我現在就要走了趕緊出城買了東西回來好辦這件事去吧那麼回頭我打發人送七釐散去您要不在家交給誰呢吧這不要緊尊管要送了去叫他交給書房的順兒就得了我要先去了吧您先請罷一半天見

第八十九章

氣候	起根	起那兒	說起
	人家兒	就起	棄廢
	氣脈		
氣	起上海過	妓館	妓家
	起身	志氣起	一點兒
	氣性	棄邪	
歸正	整年家	岐路	起身
	家鄉	被其氣習	天氣
	棄電		
氣燈	起一睜開眼	家去	

氣候
起根
起那兒 說起
人家兒
就起
棄廢
氣脈

一、我請問您一件事情。二、甚麼事情您請說一說。三、您不是到過上海麼、請您把那兒的風土人情以及各處的景緻和天時氣候的冷熱、都起根到了兒說一說。四、這可起那兒說起呢、五、您不必拘泥、隨便兒說就得了。六、就是聽說那上海當初本是離海近的一片地方兒、不過有一個縣城、城也不很大、城裏頭雖然鋪戶人家兒不少、並不十分富庶、至於城外頭不過是一片光地、村莊兒也不很多、就起通商以來、可就大不像從先的光景了、百貨雲集、商賈輻輳、到了租界的地方兒、更是熱鬧非常、把個棄廢無用的一塊地、忽然變作一個極繁華的地方兒、真是氣脈轉過來了、現在

起上海過
妓館
妓家
志氣
起一點兒

其中。氣性。

無論上那兒去，只要是往南邊去，就得起上海過七，那兒洋行不少罷。八洋行果然是不少，別的舖子也都有。九聽說那兒最多的，是烟館和妓館兩樣兒十這話誠然，那個地方兒大小烟館賣在多的很，至於妓家那更是沒數兒了，所以別處的人到了上海總得有志氣拿定了主意一點兒，若是見了那繁華熱鬧的光景稍起一點兒欣羨的心勢必至於荒唐不把錢花淨了不止，這土這麼看起來上海雖然是個好地方兒是斷乎去不得了，生也不然好歹總在乎各人那老成的就是在上海多少年其中也很有不荒唐的也有那有氣性的雖然荒唐了後來有人一

棄邪歸正

整年家

岐路。起身

家鄉

加倍

被其

氣習

天氣

勸他他立刻就棄邪歸正了、這樣兒人也不是沒有、要像你我這樣兒人雖然整年家在上海也不至於錯走到岐路上去、我那一年要上海的時候兒臨要起身眾位親友都勸我說你要是到了上海千萬自己謹慎諸事總要加倍小心可別以為手下有錢隨便兒亂花那可不同家鄉稍不謹慎跌倒了沒人管我聽了這話、所以我一到上海就立了一個恒心無論甚麼繁華有趣兒的事我都視同無物引誘的人雖有我斷不肯被其所誘至於甚麼吃大餐坐馬車跑堂子以及一切作濶的氣習我更是一概不染的了、那兒天氣怎麼樣呢、天氣不同京裏忽冷忽熱沒有一

電氣燈

起一睁開眼

家去

定的，遇見下雨就涼，一晴就熱，我所喜歡的就是晚上各處電氣燈很多，如同月亮似的，出去不用打燈籠，極方便極省事，您細細兒的說還有甚麼可取的、別的可取的事情也不少，去別的給我聽聽，我也可以多知道一點兒事，這可太多了，就是起一睁開眼、說到睡覺也說不完，今兒天不早了，我還有事哪，得家去了，等明兒個我來再細細兒說給您聽，好不好，也可以，那麼俗們明兒見罷，明兒見。

第九十章

起席　家家戶戶　到了家　家兒　起來了　起的早　氣燄

起席
家家戶戶
到了家
家兄
起來了
起的早

脖	一等記名	和家姐	倍加十倍	您昨兒回去不早了罷	又唱了好一會子纔起席我走的時候有十二下兒多鐘了	到街上家家戶戶兒全關了門了趕我到了家我們家兄已經睡	醒了起來了、三令兒怎麼那麼早就起來呢、四他是因為進裡頭	有差使所以起的早、五是可是我和您打聽昨兒咱們同席的那
齊國	齊公	家叔	起不來	二可不是麼昨兒您走了之後我們大家走				
齊字	脾氣	家信	起身					
家世	當不起來	家長里短	煆臍膏					
烏魯木齊	氣悶	氣人						
回旗	鬧氣	加倆錢兒						
家業	心平氣	加						
麒麟								

氣瘭脖。
齊國,齊字
家世
烏魯木齊
回旗
麒麟
家業
一等記名
齊公
脾氣
當不起來
氣悶

任氣瘭脖兒是誰,您怎麼連他會不認得呢,他姓齊國的那個齊字,他們家世很有名望,他們太翁作過烏魯木齊提督後來因為太老了,皇上加恩叫他回旗仍按原品賞食全俸,在外頭頗弄了幾個錢,置的家業很大,跟前他們弟兄兩個,他們令兄姓麒麟的麟字,自他們太翁去世之後賞了個主事,後來選了戶部,現在都提了員外了,去年一等記名,大概不久就放了,這位齊公原也是捐了個筆帖式,後來選了刑部,就因為他的脾氣太左不大得人,所以差使老當不起來,後來他氣悶極了,送了檢發知縣出去了,在外頭作了幾年官,去年告病回來了,我瞧他自打外頭回來氣悶

鬧氣

心平氣和

家姐。
家信家叔
家長里短
氣人
加倆錢兒

之後脾氣好多了不像那麼動不動兒的就鬧氣了、這是這麼着、一則在外頭歷練了幾年二則人到中年萬事和了所以不知不覺的自然就心平氣和了、可是您昨兒由那麼就回府了麼還是又上別處去了呢、九昨兒我從那兒出來催了一輛車坐上到了我們家姐那兒本打算由那兒上信局子給我們家叔帶封家信誰想我們家姐說上話兒就沒完家長里短兒的滔滔不斷我信又不好就走說了好大半天好容易這纏走了偏巧這個車慢的利害真是氣人趕到了前門已經關了城了信也沒送成這麼着就回了家了、十您那時候兒該給趕車的加倆錢兒他就快趕了。

加錢

加倍。加十倍

起不來

起身

煖臍膏

誰說沒給他加錢呢我和他說你要快快兒的趕能叫我出城把信送了車錢我加倍給你他說您就是加十倍的給錢我也不敢應您因為我這個騾子老了就這麼慢慢兒走着都是勉強要是叫他快他一個前失就起不來了我也願意快無奈這騾子不作主您說可有甚麼法子呢我聽他這麼說倒也是實話於是由家姐那兒起身就由着他這麼慢慢兒的走所以把事也悮了到那麼您這封信今兒也得送來 可不是麼我打算由這兒走我就出城送了去 我還要出城買煖臍膏呢何妨偺們一塊兒走好不好 好那麼偺們這就走罷 就是您頭裏請 走請請

起貨

第九十一章

起貨	起下来	起早	豈不	起眼	起價	運氣
算計	不成器	起首	起講兒	家嚴	家慈	心計
迄今	起色	可氣	棄官	家務	器材	豈知
家產	棄絕	家當	家人婦子	家父	未嘗	豈不
棄			老人家	家母	家私	寒

一、您工那兒去了。二、我工碼頭上起貨去了。三、到的都是甚麼貨呀。四、都是洋貨。五、這一回的貨有多少。六、這回的貨來的不少。七、您這個貨起下来是存在棧裏還是就往京裡發呢。八、打算就往京

起早

豈不

起價

起眼

運氣

心計

算計

京裏發、九您要是往京裡發、大概水路沒甚麼船還得起旱、十那可費事了、並且這些貨都是鐘表洋燈甚麼的極其嬌嫩、若是起旱、在車上豈不都碰壞了麼、我想莫若等兩天索性等有了船、再運、您想好不好、土這麼着倒妥當、這回的貨頭兒怎麼樣、土這回的貨、比上回的好多了、不像上回那麼不起眼兒、並且來的正是時候、聽說京裏現在各樣兒洋貨都很起價、要是能一兩天趕緊的運上去、大概還正趕上巧檔兒、這好極了、一則是您運氣好、二則也仗着您有心計、土甚麼是有心計呀、不過是作買賣的不能不這麼算計、那兒能比你們作官的舒服呢、去您這說的似

上 2-77a

不成器
起首
起講兒
家嚴。家慈
器材
豈知。迄今
起色。可氣
棄官
家人婦子
未嘗

乎太過就以我而論從小時候兒就不成器起首兒一念書一點
兒聰明也沒有後來開筆三四年了連個起講兒都作不好雖然
勉強中了個秀才究屬一點兒賣學沒有後來家嚴家慈看我不
是讀書的器材所以給我捐了這麼個小功名兒為日後吃飯的
地步豈知自己無能又不會應酬迄今雖然當了好幾年差使又
毫無一點兒起色賣在可氣要比上您這作買賣真是萬分不及
我現在打算棄官學賣倒可以有一碗飯吃免得後來家人婦子
跟着受罪您想我這話說的對不對、去您說的未嘗不是但有一
節這個本錢也不是容易的況且您於買賣也不在行若說我個

家私
家產。寒家
棄絕
家當。家務
老人家

領東的那更是不行了、這倒沒甚麼可慮的我雖沒甚麼家私、要是把寒家的破爛家產折變折變還可以弄的出幾兩銀子來、這本錢是不用愁的了、至於買賣的事情我雖然是外行也沒甚麼難的您指教指教我就得了、我也不找領東的我有甚麼不懂得的您指教指教我慢慢兒經歷經歷沒有不行的事若是專靠著我自己辦我想慢慢兒經歷呀、可是您現在料理家務如何能有使我有多少家當兒賠墊呀、工夫做買賣呢況且堂上二位老人家也不定准不准您還得細細兒的酌量酌量、夫這更無妨了、現在舍下也沒甚麼難辦的事情有我們舍弟可以料理、至於説堂上不准的那句話、那是斷斷没有的、家父家母也常常説的、為我没進益着急、如今要聽見我立志做買賣是一定喜歡這還有甚麼可慮的呢、于既是這麼着、那可就行了、您打算做甚麼買賣呢、我打算也做洋貨的買賣、但是不知道您肯幫我不肯、這是甚麼話呢、我怎麼能不幫您呢、既承您不棄、那就好極了、咱們一兩天還得通長的打算、打算、您多喒有工夫呪、我初七有工夫兒、那麼初七見罷、

是初七見

第九十二章

家父。家母

不棄

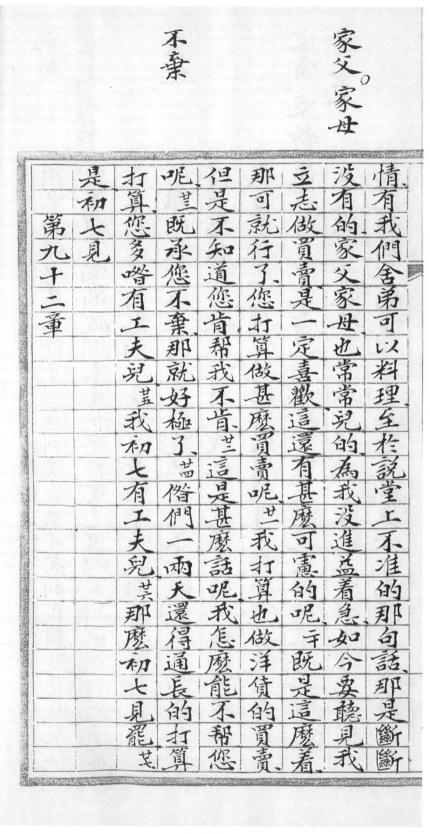

氣恨　氣壯　氣諱諱的　氣諱諱的　氣的亂蹿

時候兒還不定怎麼氣的亂蹿呢四叫您說的了我也不至於這	這個人太氣壯剛一提起來你就這麼氣諱諱的大概在那兒的	起來真叫人氣恨三怎麼作幕還有甚麼可氣的事情嗎我瞧你	我聽說你到南邊游過幕你是在甚麼衙門裏頭二噯別提了說	牌官旗杆斗	起家眷家人家丁氣不忿棄却一家兒	我家尤其起程東家長起氣派家常飯加上點兒	氣恨氣壯氣諱諱的家中架不住家破人亡家奴家僕養活不氣的亂蹿生濁氣家運本家

上 2-79a

生濁氣
家運
本家。我家
家中。架不住
家破人亡
家奴家僕
養活不起
尤其。起程
東家
長起。氣派

歷生濁氣呀、五氣六您聽我細細兒的告訴您我前些年家運很不好我們有個本家他常到我家來訛詐我家中雖有點兒積蓄也架不住他這歷常常兒的訛詐後來被他鬧的家破人亡、所有的家奴家僕因為我養活不起也都散了、由此我就自己操作說不盡的苦處繞就了南邊協台衙門的幕這一盞幕游的尤其叫人難受從京裏一起程的時候兒我們這個東家相待還算好誰料他一把印把子接過来立刻就長起架子来了氣派很大待人極刻薄每天兩饌連一頓正雖然是這樣兒的光景他們還訛所以我沒法子

家常飯
加上點兒
家眷。家人
家丁
氣不忍
忍氣、棄却
一家兒

經家常飯都沒預備過不過就弄些二個青菜若是這天菜裡加上點兒香油那就是格外的厚待了，他帶了家眷呢，八他帶了家眷了，並且從京裏帶的家人僕婦有二十多人呢，九一個武官帶這麼些人作甚麼據我想帶一兩個家丁，也就很夠了，十可說的是呢但他雖然帶了這麼些人沒到一年都因為他暴虐刻薄就都散了，後來剩了倆底下人一個老婆子我是去年春天辭他的土啊是了，按你這麼說起來也真叫氣不忍無怪你生氣了、還算你能忍氣呢要是我這個脾氣早就把這個事棄却了，
土我是忍我的時運要不是怕我們這個一家兒也早回京了，土三

旗牌官

旗杆斗

可是我聽人講究說他們武衙門裏手下還有好些小官兒伺候呢盂論他屬下是都守千把外額這些個員弁也不能老在他衙門裏至於衙門裏頭不過有旗牌官傳號官這兩樣兒雖然名兒叫官其實也不過吃馬兵的錢糧吉衙門大不大吉衙門却不小門口兒有兩個旗杆斗有倆鼓手樓子倒很威嚴壯觀走那麼你回京之後聽說他又請先生沒有九八沒聽說兀我想他這個行為恐怕没人就他這館了干是的

第九十三章

| 起泡 | 家譜 | 大家 | 家常話 | 寒家 | 家祖 | 抄家 | 破家蕩 |

| 產 | 家運 | 家口 | 家庭 | 稅契 | 契紙 | 家去 | 到了家 | 家 |

起泡　家譜　大家

一、你那手是怎麼了，二我這手是前兒晚上叫蠟油燙了昨兒早起
洗臉一着水起了一個大泡現在上上藥了，三噯你真是胡鬧大
凡火燒或是熱水燙了千萬別着水一着水就起泡現在還疼不
疼了，四現在倒不大很疼了，五你怎麼會叫蠟油燙了泥，六是這
麼件事情我們舍下新近修家譜前兒晚上有我們幾個本家都
到我家來大家查對我們族弟只顧看家譜沒留神袖子把蠟燈
拐躺下了可巧就倒在我手上了沒想到就燙到這麼樣兒了當

家常話

家庭　家運。家口
破家蕩產
抄家
寒家。家祖

時他很磨不開還是我拿些個不要緊的家常話兒盆盆他好容易纔盆開了、這原不要緊我想你這手過兩天也就好了、可是您纔提修家譜這却是件極要緊的事情我們寒家的家譜也得修了、就打先家祖的時候兒遭了一回抄家弄的破家蕩產所以修家譜的事情不暇計及後來家運漸有轉機家口也漸次興旺、現在舍下家奈各本家老沒商量到一塊兒所以又不能修幸爾現在舍庭和睦、我打算明年把我們眾本家請在一塊兒大家商量商量趁我沒放出之先把這件事辦了、就完了心願了、您說的是我想您府上還有一件事也得辦了、九甚麼事、十您現在住的房子

稅契

契紙

家去

到了家

不是打買過來沒稅契麼這也不妥當士不錯我這房子還是乾隆年間的契紙呢這件事我打算過兩天託個人在冀裡給辦辦就得了、這倒是容易的士既是這麼着您就趕緊託人給辦辦若是再耽延着恐怕後來就難辦了士是的可是老弟您那手要是沒有好藥我這兒有治燙瘡的藥你回來帶點兒家去上一回試試好不好去好極了您若是有求您賜給一點兒去你稍候一候兒我到裏頭給你拿去士是勞您駕罷士給你這是一包麵子藥你到了家弄點兒香油把他調勻了上上就得了大概上個兩三天就好了可千萬別着水士是承賜承賜我也不坐着了該回

家下

第九十四章

去了、再坐一會兒罷、何必這麼忙、于是因為今兒家下的底下人們都打發出去、有事去了、我得早些兒回去、那麼我就不留了、你回去、也是您別送了、也請了請了、

家常兒	契劵	奇事	契約	家賊	遠一家兒	成了家
家小	嫁妝	嫁妝舖	一氣	棄世	儍伙	一家子	夾襖
契	起釁	整整齊齊	房契	你們家	家醜	家賊難防	借
氣不氣	生氣						

老弟、我聽說你們府上失盜了、都丟了些甚麼東西、二不錯丢了

家常兒
契券。
奇事。契約

家賊

遠一家兒

成了家
家小

幾件家常兒穿的衣裳還有一包契券也給稍帶了去了，三這可真是奇事這回個賊偷人家的契約有甚麼用處賣在可笑，四咳您不知道這回丟東西有個緣故我想必不是外來的賊，莫不成是家賊麼，六您這句話說對了，不敢這麼說，七你看出甚麼破綻兒來了麼，八我要不看出破綻兒來也斷不敢這麼說，九你且說是怎麼個緣故十是這麼件事情我們有一個遠一家兒的姪兒這孩子很沒出息吃唱嫖賭無所不為大前年他父親瞧他鬧的太不像了就趕緊給他成了家想他有了家小兒必可以收收心誰知道他自娶了媳婦兒更鬧的利害了把他父親的東西

嫁妝
嫁妝舖
一氣。
棄世傢伙
一家子
夾袄
起釁
整整齊齊
房契

都偷看給賣了、說也不聽打也不怕、後來更是無恥極了把他媳婦兒的嫁妝、一總都賣給嫁妝舖了錢一到手就都給寶局上送了去了、他父親因此一氣得了一場大病於去年三月就死了、自他父親棄世以後他就這麼遊手好閒把家裏所有的傢伙東西、都當賣淨了、趕到去年冬天他們一家子連棉袄都穿不上、那麼冷天身上還都是夾袄呢這天他一家子攏到我家來了、好好兒房住着也不用他自己起釁身上的衣裳也都給他們弄的整整齊齊兒、房誰想他雖然飽煖心裏還是不足上月和我借錢說要是沒錢叫我把房契借給他拿了外頭押錢去、我就說你有吃

你們家家醜
家賊難防
借契，氣不氣
生氣

有穿我又不斷你的零錢作甚麼還要外頭借去，所以就沒把契紙借給他，新近不是失盜連契紙都丟了麼，後來有人問我說你們家有甚麼用項叫你們令姪拿着房契在滿世界去借錢，我彼時想着家醜不可外言，所以含糊答應過去了，因為這麼着，纏明白是他偷了去，俗語說的家賊難防是萬不錯的，並且不但房契還有些個別的借契，一總都拿了去了，您說叫人氣不氣，土這你也不必生氣，你簡直的和你們令姪說明白了跟他要出來，就得了，不過得把他嚴嚴的教訓一頓，萬一他從這麼知道羞恥一往的行為改了，也未可定，這也沒有別的法子，也只好是這

起南往北
啓蒙

	第九十五章		
麼辦			
	起南往北	啟蒙	
	器量	加官進爵	加銜
妙	儀俱		加的是
	新奇	企望	加勉
	您家		加恩
		夾道兒	賞加道銜
		泣血	
		泣佳	加級

一、您昨兒慌慌忙忙起南往北去是有甚麼急事情、二、你怎麼瞧見我了麼、可不是麼我瞧您很忙所以也沒敢招呼您您手裏拿的是甚麼、三、昨兒我是上我們舍親那兒給他送一本清文啟蒙去、因為還要出城所以忙的利害、五、您忙着出城必有要緊的事、

加銜的是
加恩
賞加道銜
加級
器重
加官進爵
企望

雖然不算十分要緊、也是得去、因為我有至好朋友、他新近保了一個加銜、我是給他道喜去、七是令友是個甚麼功名、加的是甚麼銜、八他原是個候補知府、因為辦團練經上司奏保、新近奉下旨意、賞了箇加恩賞加道銜、九這保的優極了、我們親戚也是新近因辦團練得了個保舉、他本是知縣、不過得了個加級、十這原沒有一定的、就看與上憲對不對了、若是上司不優保、要是上司不喜歡的、就是保舉也不過照例加級、斷不能有格外的好處、你要想加官進爵、比登天還難、土若論我們這個親戚、他很能實事求是、這一回未曾保舉之先、他很企望得點兒好

加勉　夾道兒　泣血。泣

處如今這麼一來真是大失所望了、這一層你倒可以勸勸他功名的事情自有定數不必介意從此更要加勉以圖上進萬不可以灰心、去您說的是您昨兒給令友道喜之後打那麼又往別處去了沒有、去打那麼到了海岱門外頭西夾道兒刻字舖取一個戳子、瞧了會子他們刷計聞從那麼就進城了、去可是您提瞧他們刷計聞那個板也是現刻的麼共不是像那計文上所有的字甚麼泣血稽顙唎甚麼泣稽首唎以及試淚投淚這些個字原舊刻得了的大的小的有一大堆用的時候兒現挑挑趕挑得了、把他都粘在板上一刷印就得了、那兒有工夫現刻呢、去是了、按這麼說他這法子實在佳妙也省事極了。可不是麼怎麼你連這個都不知道麼,等一半天沒事我同你到刻字舖瞧瞧他所用的各樣兒傢俱還更是新奇呢。那麼您那一天沒事我到您家找您來呢,我後兒沒事你後兒找我來好不好,很好

那麼偺們後兒見。後兒見。

第九十六章

在家	長價兒	價錢 加一倍	加增	小戶人家	價值	加添	夾帶
架弄	加上	價錢低					
枷號		價錢貴	夾攻				
卷夾子			加十個	駐稼			
			加五個				
			加多少				
					嘉慶		

佳妙 傢俱。新奇 您家

在家長價兒。加一倍價錢。加增小戶人家加添價錢低架弄。加上價錢貴夾攻莊稼

加多些　氣球　那一家兒　家家兒

這兩天的雨大極了、您總沒出去罷、二是這兩天竟在家沒出去、三我聽說米麵一切還要長價兒本來近年的糧食比先年的價錢就加一倍了、若是糧價再要加增那小戶人家的日子可真難過了、四是的、就拿他們當兵的論罷每月的錢糧不能加添東西再要一貴那還怎麼過呀、五據我說也不但是兵了不了、就是那些小官兒們也恐怕架弄不住了本就進項不夠過日子的再加上銀子的價錢低糧米的價錢貴兩氣夾攻就把人給毀了、就盼着快快兒打起天來太陽出來這麼一晒、今年的莊稼還可以收

價值

夾帶。枷號

成小民也就不至於挨餓了、雖然咱們城裏頭的人不種地究
是諸物的價值若可以借此落一點兒咱們也跟着吃點兒賤糧
米您想是不是、六不錯的、可是您這兩天沒聽說學台多喒下馬
七聽說大概得月底月初罷、就是這個十九考的通州考完總得
二十七八兒多一半兒是月初下馬、八沒聽說通州考的嚴不嚴
九昨兒我們親戚由通州送場回來他說是院考那天搜出幾個
帶夾帶的場門口兒枷號着倆人說是替人傳遞的並且聽說學
台一天沒退堂、十這可真算是嚴了、土場裏的雖說是場、就是場
門口兒可亂的利害連送場和下場的擠的出不來氣兒有十幾

卷夹子

加廣。加多少
加十個
加五個
嘉慶
加多此二

個丟卷夹子的、我們親戚是帽頭兒叫人給搶了去了、賣在沒有京城裏頭安靖、令親送誰下場、送他們令姪下場、出了團個他中的是二十一名、其中了罷、主儆偉中了、高列第幾、今年有廣榜沒有、主出了其中了罷、主儆偉中了、高列第幾、今年有廣額他中的是二十一名、加一名、那麼八旗也加廣、也加廣、加多少、大概滿蒙加十個漢軍加五個、其這麼說起來便宜極了、我聽說嘉慶道光年間沒這麼些個額怎麼、現在會廣到這些名呢、是這麼着那個時候兒報考的人數不多、怎麼能多中呢、現在是考的大多了、所以總得加多些中額繞能鼓舞人才哪、是呃、您今兒有事沒有、今兒倒甚

氣球
那一家兒
家家兒

第九十七章

麼事㖸您今兒既沒事偺們回来出城瞧瞧玩藝兒去、好不好㖸
瞧甚麼玩藝兒㖸聽說前門外頭洋貨店裏新打外洋辦了些個
氣球家家兒㖸說是那幾個大洋貨店家家兒都有、您何妨也看一看去呢㖸可以的我這兩天覺
在家也悶極了、出城趟達趟達也好您稍坐、我換衣裳去㖸您請
便

名家	加工	帽架兒		
家雀	假做	佳作		
	還價兒	夾雜		
	假冠	加冠		
	假使	加官		
	價兒	價錢㗊		
	價錢便宜			

名家
加工
帽架兒
夾雜
加冠。加官
價兒

恰巧　夾板子　稼穡　價廉　假捏

我昨兒在畫兒鋪瞧見幾張畫兒畫的很好雖然不是名家古畫
却也是加工細畫但是有一張我不明白是怎麼個故典二畫的
是甚麼　三這一張畫兒上畫着些個古玩甚麼仙鶴咧鹿咧又有
一個帽架兒上頭重叠着攪着倆帽子還夾雜着些個別的物件
我實在不明白　四這都是吉祥話兒那些別的物件您既不大記
得就不必説了至於那鶴鹿兩樣兒是鶴鹿同春言其有壽的意
思那帽架兒上倆帽子是冠上加冠不過借那冠官同音取加官
的意思這没甚麼難明白的深意您没問他價兒要賣多少　五別

價錢昂
家雀
佳作
假做 假兒
還價兒 假使
假充
價錢便宜

恰巧

提了我問過了價錢昂的很六還有甚麼別的畫兒七還有一張
工畫着一棵老梅工頭落着幾個家雀兒題着一段跋欵也瞧不
清楚了也不知道是甚麼人的佳作據畫兒舖的人說是宋朝的
畫兒和我要五十兩銀子我想是假做出來的也沒還價兒八這
本都是假充古畫那兒有真的呢不過是誰人假使您一還價兒
他就賣給您了在您想着還以為價錢便宜哪其實賣上了檔了您
沒還價兒很好九要按您這麼說這些畫兒是斷乎買不得了十
是的您昨兒是在那一個畫兒舖瞧見的我昨兒本是上琉璃
厰書舖去了恰巧打畫兒舖門口兒過所以進去瞧了瞧十一您買

夾板子

價廉
稼穡

假捏

甚麼書沒有、沒買書是我有一部佩文韻府、夾板子都壞了、我叫書舖給配好了、昨兒是取去、也啊、是了、您這部佩文韻府是木板是銅板主是木板的、去木板的好、近來新興的鉛板和石印的書看看雖然很好、但是內中錯字很多、前些日子我買了一部五經體註是鉛板的、那詩經上所有稼穡兩個字都印的是儫牆連小字兒上不知稼穡之艱難都給印錯了、所以這些書雖然價廉實在是買不得、主是、後來您打琉璃廠又上別處去了、沒有沒上別處去、打那麼就回家了、干可是您纏提買畫兒現在我們舍親那兒倒有幾張古畫却不是假捏的、您多喒看看、如果要買

夾氣傷寒

我可以和他說、好極了、您要有空兒求您拿來我看看、可以的

第九十八章

夾氣傷寒　假如　裰衣服　夾疹
什佳期　嫁娶　價錢賤　嫁女　出嫁　嫁資　嫁奩像
假借　佳音　加倍小心　聘嫁　夾在裏面　嫁奩像　交加

"這一程子、怎麼總沒見您是有甚麼事麼、二沒甚麼事倒是病了
一場、所以沒出來、三您是得了甚麼病了、四我是因為和人嘔了
點兒氣、又着了點兒涼、因此就得了夾氣傷寒了、幸爾遇見好太

假如
裌衣服
夾襖
出嫁、嫁資
嫁奩
儍什、佳期

夫吃了幾劑藥就好了、現在大好了嗎、六大好了、您雖然大好了、還得小心、目下時令不正的利害、假如稍微的不留神再著點兒涼那就攔不住了、八是的、九還有一層、現在早晚兒很涼、穿裌衣服不行、總得穿點兒棉衣裳纔可多暖著一點兒、我們親戚不是因為偶然沒小心病了嗎叫太夫看了說他是在出月兒出疹不是因為他們姑娘就在出月兒出疹、這兩天稍見一點兒好、所難者是因為他們姑娘就要出嫁、一切事情都得他自己張羅、目下妙手空空嫁資還絲毫沒有哪、至於嫁奩、以及姑娘隨手兒用的儍什也都一樣兒沒置現在是佳期在邇、您說看急不著急、十、這可真是件為難的事並且近

嫁娶
價錢賤
嫁女聘嫁
夾在裏面
交加。假借

来諸物品貴一切嫁娶用的東西沒有價錢賤的據我想現在沒有別的法子只好是勸令親安心先調養病要緊病好了再設法張羅嫁女的事情若是又要治病又要想法子辦聘嫁一切的事全夾在裏面那不但辦不過來而且於病甚不相宜您想我這話是不是土不錯的無奈我們這個親戚他是個最好體面的人並且又最性急如今寶病交加假借無路真是要把他急壞了現在我想了這麼個法子打算叫他暫且不必管喜事的事情先自養病所有喜事一切我們眾親友代為設法湊辦您想這麼辦好不好土這麼辦極好土既是這麼辦好我今兒就去把這話告訴

佳音
加倍小心

舍親我想他聽見這個佳音、大概心裏一喜歡病還許立刻就好了呢、古是的、可是承您囑咐我必謹慎您請放心罷、走我也不坐着了、纏好哪十六是的、再談一會兒罷十九不坐着了、改日再見罷二十那麼就改日見

第九十九章

加分兒	題頗	告假	夫佳	假佳	假牙
嘉敎	嘉味	架子大	到家	江撬兒胡同	江西	嘉賓
多少	價銀	價錢平	江湖	假話	江米巷	價錢

您那臉上怎麼都腫了、哎別提了、我前兩天有點兒牙疼、請了

加分兒

顋頰

夾住

告假。去聲

假牙

江西

個大夫給看了、吃了他兩劑藥、誰知道疼的加分兒、這兩天連顋頰都腫起來了、據我想這個牙疼的利害的時候兒連他費難治、我去年也是三、俩個月疼的雖然不是甚麼大病、也不能當賣告假了、後來還是請了一個專治牙科的醫生他用鐵鉗子把這個牙夾住給摘下來纔好了、我雖您的牙一個兒也不短是甚麼緣故、五我是因為摘了這個牙去吃東西說話都不方便又請這位醫生給鑲了一個假牙、所以還是照舊齊全的、六這就是了、您請的這個醫生是那兒的人、七是江西人、八我也想要治一治纔好、九您的牙掉了幾個了、十我的牙掉了四五個

嘉賓
嘉餚
架子大
到家
江擦兒胡同

了、別的牙也都常疼、所以每逢嘉賓宴會的局面、我得辭就辭斷乎辭不了的勉強去了、也不過是應酬而已雖有嘉餚美酒到了我嘴裏連一點兒嘉味都吃不出來、就盼着快快兒的起席我的罪算完了、在不知道的還說我架子大要脾氣他那兒知道我的牙上有病呢您去年請的這個牙醫現在還出馬嗎、現在他還出馬據我想您要是請他到家可以到他那兒看去您打算幾兒去看我可以同您去、我打算明兒去、您有工夫嗎、有工夫、他在那兒住、他在江擦兒胡同住、這好極了、去着倒很近便那麼明兒吃了早飯兒我到您府上我您去

江米巷

價錢多少
價銀
價錢平
江湖
假話

何必等吃完了早飯呢、一早兒去不好嗎、明兒早起我是上江米巷、有點兒事、所以早起不能去、您怎麼也管交民巷叫江米巷呢、平我一則是說慣了、二則也因這兩天牙疼嘴不利便、所以把字說白了、可是我打算把我鑲的牙叫他都給補齊了、您約摸着大概價錢多少、芏原先鑲牙價銀很大、如今價錢平了、也用不了許多了、好在這個醫生和那些江湖醫家不同、大約也不過十幾兩銀子、連治牙帶鑲牙就彀了、芏是真的嗎、芏可不是真的嗎、我多喒和您說過假話呢、芏既是這麼着、可真是比先賤多了、我一定是要把牙鑲齊了、偺們明兒見罷、芏是明兒見

佳景、佳境
袈裟
假冒爲善
講究

佳景	第一百章
江蘇 佳境 袈裟 假冒爲善 講究 假粧 夾板船	
江湖 江南 甲子 佳節 裕 佳麗 佳人 佳話 佳	
趣	

一 您這幾天上那兒去了、我上西山住了幾天、三那兒有甚麼佳景、四不過就是些個高山還有幾座大廟此外也沒有甚麼佳境、五那廟裏頭總有些個高僧罷、六僧人却不少、據我想也不過是穿僧衣戴僧帽披袈裟名兒叫作和尚其實白念彌陀胸藏荆棘假冒爲善要講究起和尚的道理來他是茫然不知那兒有高僧

假粧

夾板船

甲。江蘇

呢還算是有一樣兒好處那些和尚雖然是游手好閒沒甚麼用處究屬那些姦盜邪淫的事他還不敢作並且見人的時候兒總要作出一翻嚴正的氣像來雖然是假粧的到了兒那些公然作惡的好僧高多了我想您出過外到過南邊那兒的景緻總比俗們北方強的多皇皇大路不必說自然是極好的了就以水路而論我聽說就是船的樣兒都不少甚麼沙船夾板船舢板船太平船老龍船各樣的名兒我直記不清了您想必都見過了七見過我也記不清了那也看地方兒甚麼地方兒興甚麼船也不得一樣若論景緻兒就算是杭州的甲於天下甚次甚麼江蘇

江南
甲子。佳節
裕
佳麗
佳人
佳話
佳趣
江湖

江南這些地方兒也都極好、您不是還到過廣東嗎、九是我是甲子那一年上的廣東到的時候兒、正是中秋佳節那兒正穿單衣裳裕的還不能穿呢、一切風土人情全和北方不同那珠江一帶花船極多菱船上許多的娼妓大半都很佳麗若是在風流人到了這個地方兒自然是攜着佳人坐着花艇彈唱歌舞飲酒猜拳自是一段佳話在我是嫌極了這些事情了並且全是些個繁華靡麗那兒有一點兒佳趣呢據我想恐怕還沒俗們北方西山的景緻好哪十您說的不錯我也聽説南方繁華不過就是那些攜妓游玩江湖的事情沒有北方的真趣味真是還不如西山哪土

佳意

多喒您再上西山去的時候兒您也告訴我一聲兒我也去領畧領畧那兒的佳意可以不可以䭾這有甚麼不可以的等我再去的時候兒我來約您就是了䭾好極了、

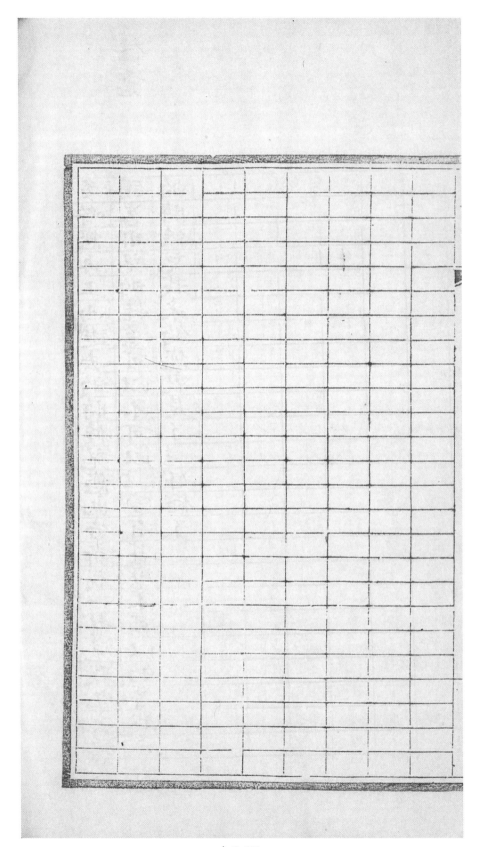

枷示
假銀子
嫁禍

第一百一章

枷示 假銀子 夾剪 夾開
枷枷示 枷打 枷號 夾餡 夾

蠟花 嫁禍 勞您駕

"我昨兒在街上瞧見一個熱鬧兒。""您瞧見甚麼熱鬧兒呢？""我在單牌樓一個烟錢舖裏買烟瞧見一個擠枷的人在那門口站着不知道他是犯了甚麼罪在舖子門口枷示我就問舖子的人是為甚麼事情那烟錢舖的人說上月有一天晚上就是這個人拿着一包銀子到櫃上來換舖子出是假銀子來了可就和這個人說這個銀子我們瞧不透不敢收是那兒給您的他是嫁禍

夾剪、夾開
枷打、枷號

於您您還給他送回去罷這個人立刻生了氣了、就說怎麽這銀子是假的嗎我今兒換定了、你們既說是假的有甚麽憑據說着說着就破口一罵舖子聽見他要憑據可也就真急了當時就拏夾剪把那銀子夾開了幾塊大家一看不過外頭一層兒是銀子裏頭全是銅這麽着就把這個人扣住交了廳兒了後來送到衙門裏一問、先前他還支吾後來當堂打了一頓板子他這纔認了、這麽着問官從輕定了他一個枷打的罪在錢舖門口兒枷號一個月趕到滿了就打一頓把他放了、您說這個人胆子殼多麼大、四這胆子可真不小、我聽說現在使銀子總得留神昨兒我們

中1-1b

夹馅

蜡花

劳您驾

親戚家有人還了他們一筆賬內中有一塊頂銀一錠夾餡幸爾當時瞧出來了立刻就給他退回去了要是當時瞧不出來只要一使出去就是麻紛可是您今兒是打那兒來五我打家裏來因為要和我們令姪在燈下看書因那燈不亮他一點兒東西不知道有沒有六您要甚麼東西七昨兒晚上我們金姪在燈下看書因那燈不亮他一夾蠟花兒沒留神把手燙了我今兒和您尋點兒治燙瘡的藥八有有您等我給您包點兒去九勞您駕點兒我和您尋點兒十這是一包面子藥您拿回去趕緊用香油調勻了給他上上就好了土是謝謝那麼我就回去了吉何必這麼忙再坐一會子罷吉不坐着了一半天見罷吉那麼一半

恰巧
江寧

天見　第一百二章	恰巧	將近	兒的			
	江寧	姜	搖花	講東講西		
	將要去	打架	真假	佳音		
	將將兒	講和	講理			
	將將兒的	蔣	講論			
	恰遇	嘉	恰好			
	恰似	架枝桃	恰對面			
	將擦黑兒	搖了	講明			
		恰恰				

老兄您昨兒上那兒去了、我昨兒在書房裡等了半天後來我就走了、且失迎得很我昨兒是吃完了早飯正要我你去恰巧我們一個親戚來了、他是新打江寧回來這麼着我們說了會子話

將要去
將將兒的
恰遇。恰似
將擦黑兒
將近
姜。打架

兒趕他走了之後我將要去誰想又有我們一個本家來了他我
我同他出城買點兒東西去於是我們倆就走了將將兒的走到
海岱門臉兒又恰遇我們內弟真恰似的早約會定了似的這麼著
我們三人就一同出了城了趕買完了東西也就將擦黑兒了
於是忙忙的趕進城來趕到了家已經點燈以後了你是甚麼時
候兒來的四我是兩下兒發鐘來的將近五下兒鐘繞走的四寶
在叫你受等你昨兒心有要緊的事情叫你白等了半天這是怎
麼說呢五可不是麼打算求您一件事情六甚麼事情七是因為
我有一個相好的姜雨亭新近和他們街坊打架來着後來倆人

講和

蔣。嘉

架枝桃
搖了
恰恰兒、搖花

打了官司了、昨兒有人出來給他們講和調處他們這個街坊是到了兒、不答應聽說您和他們街坊至好打算求您給說和說和他們這個街坊姓甚麼、叫甚麼、他姓蔣、號叫子嘉、大概是你們貴他們這個街坊姓甚麼、叫子嘉、大概是你們貴他沒理罷、不然他為甚麼、直找人說和呢、土不錯、是我這個相好的錯了、是因為甚麼事打架、由三是這麼件事情、我這個相好的姜雨亭和他們這個街坊蔣子嘉素來是很和睦、就因為上月蔣子嘉買了兩棵架枝桃種在院子裏、姜雨亭的孩子上他們院裏玩兒去、可就把架枝桃的花兒招了好幾十朵兒、扔在地下了恰恰兒的、被蔣子嘉瞧見了、可就說你摇花兒拿了玩兒去、不要

真假
講理
講論
恰好
恰對面

繫別扔在地下蹾蹾他這麼着這孩子也沒言語就回家去了見了姜雨亭就有枝添葉兒的造了一片謠言說我不過摘了一朵花兒他就罵了我一頓要不是我跑的快他還要打我呢姜雨亭聽了他這孩子的話也不管真假就恰似火上澆油立刻就氣上來了說這個姓蔣的真不講理一個小孩子搖了你一朵花兒也值得罵他也不管街坊的情面我總得去和他講論講論於是就我到蔣子嘉的門口兒正要叫門恰好這蔣子嘉上街買東西去剛一開門出來和姜雨亭走了個恰對面這姜雨亭不分青紅皂白立刻把人家揪住就要動武蔣子嘉見他這來頭不善也就

講明

講東講西

講合

佳音

明白是因為孩子的緣故了、可就說姜二哥有甚麼話總要講明、千萬別聽孩子的話您聽我細細兒的告訴您姜雨亭就說着將子你說甚麼我全不信、咱們倆今兒個總得見個死活這麼着將子嘉他這話立刻也生了氣了、也沒那麼大工夫和他講東講西了、登時把姜雨亭搥在地下這麼一打、打完了倆人就上廳兒打了官司了現在姜雨亭的官司要輸了昨兒雖有人出來講合將子嘉還是不答應所以我今兒來求您和蔣公那兒給說一說、由那可以的我今兒後半天兒就見子嘉去明兒你來聽信罷、真那麼勞您駕罷我明兒來聽您佳音、這就是就是

將軍
講究。加着
掐指

第一百三章

將軍講究 加着 掐指 將纏
問架 恰賽 將來 將打發人
糊塗 侉嘴 將駕 貴甲子 將就 佳筆
我今兒來求您一件事情不知道您有工夫兒沒有二啊您有甚 侉孩子
麼事情請說罷我這兩天倒有工夫兒三是這麼件事馬將軍胡
同我們舍親他昨兒送了一幅對子來求我寫您想我素來於大
字上本就不講究又加着總沒寫字更生疎了如何敢寫對子呢
況且我官差私事一天忙不過來現在掐指一算到年下還有幾

將繞。
將打發人。將就
佳筆
問架
恰賽。將来

天那兒還有工夫寫字呢打算求您替我代勞可以不可以四
可以的不過我的大字寫得不行將繞我們相好的寫了一捲
兒對子呢很難看將打發人給他送了去我告訴他將就着
貼罷您婆是不嫌不好明兒可以把紙送了来我倒可以借紙學
書五好極了您不必太謙您的大筆我是知道的實在可稱佳筆
我明兒打發人送紙来可是我聽說令郎的大字很好六那兒說
的好呢不過寫得上来就是了您瞧那桌兒上那一捲兒對子就
是他寫的比我的大字更難七我瞧瞧哎呀好極了筆力挺拔間
架尤属好看恰賽顔魯公的筆路將来真不可限量令郎今年貴

貴甲子
過獎
寫作俱佳
佟孩子
糨糊。佟嘴
車駕
講甚麽

甲子、八他今年十六歲了、九好、好、明兒這對子、就求他一揮罷、十豈敢賣在承您過獎他這字如何見的人呢、您若是不怕踏蹋紙、就叫他寫土據我說像令郎的書法、現在還怕沒有呢、土這是那兒的話呢、我聽說您那兒的寫作俱佳、比我的小兒強多了、您別提了、我們這個孩子實在是個佟孩子、他心裏糊塗佟嘴算是糨糊、他若是有甚麽錯了的地方兒、我一說他、他還愛佟嘴、主您別提了我們這個孩子實在是個佟孩子算是近來稍改一點兒、新近也是給人寫對子、內中有車房子的四個斗方兒、他寫了車駕肥輕四個字、寫的壞透了、我一說他他說這不要緊、我給他寫、就便宜他還講甚麽好、兒呢、後來我氣的要

將久
誇獎

打他他這纏不敢言語了、他怎麼能比您的令郎強呢、據我想
令郎他這是一番高傲不屑於俯就俗人將久必有大作用、去您
這賣在是誇獎我也不坐着等我明兒送對字紙來咱們
再談罷去怎麼您不作着了、那麼明兒我在家恭候去是明兒見

第一百四章

將軍	鉄匠營兒	家計	打油買醬	將相	當自强	新疆
盜	強悍	將人打死	搶劫	槍傷	降調	降革	降級	強
就計	搶掠	講求	疆界	疆土	疆域	獎賞	梘子	將計

將軍
鐵匠營兒
家計
打油買醬
將相
當自強

大哥您瞧人的這個際遇真是難以擬料我昨兒聽見說我們前些年頭裏的一個街坊他現在得了吉林將軍了您說這不是奇事嗎二怎麼是奇事三您聽我告訴您我們前些年在鐵匠營兒住街坊的時候兒他也不過當著個二等侍衛家計很窮家裏連一個兒使喚人也沒有一切打油買醬都得自己去誰想他現在作這麼大官了這麼大福呢四這是這麼著將相本無種男女當自強他現在既是得了將軍了想必這個人有這個才幹而且一定有勝人之處這位怎麼稱呼五他姓文六啊是了吉林將軍先不是一位怎麼現在又換了呢姓齊的嗎七是那一位於四月裏

新疆
強悍
將人打死
搶劫。搶傷
降調。降革
強盜
降級
搶掠

調京當差、現在又奉旨派往新疆查辦事件所以又放了這位了、八新疆又出了甚麼案件了呢、九原來那兒的人很強悍動不動的就打架常常兒將人打死往邊外一跑兒就算沒了事了、大概今年出了三四件這樣兒的案子還有幾處搶劫搶傷事主的業、有御史參了、所以繞欽派大臣查辦、我想將來那兒的地方官必不免有降調降革的、那是自然的、雖然降調降革不能準定那降級罰俸是一定有的了、按我的愚見說這些素餐尸位的官、也得警戒警戒了、若是果能賣心任事、那些強盜自然斂跡絕不敢公然搶掠至於鎗傷事主更是沒有的了、總因為地方文武

講求
疆界
疆土
疆域
獎賞
糕子
將計就計

各官虛應故事不肯認真講求巡緝所以纔常出這些命盜的案件，主您說的不錯並且還有一樣兒疆界分的清楚極了這省不管那省的事這縣不管那縣的事他不想同是皇上家的疆土你既作官就該當拿賊還邀格外的獎賞怎麼會連這個都不明白我想管那省的事拿賊都應當一律緝拿況且越境拿賊還糊塗可是您纔提新放吉林將軍的這些官心裏比糕子還甜他為人怎麼樣主他卻是個忠直人本來他是念書鄉試因為屢次不中於是將計就計的就改了武了後來練的弓馬嫻熟就挑上侍衛了總算是文武全才現在得了將軍也算不負所學了擊

江河
珠江
將過了

是的					
	第一百五章				
江河	珠江	將過了	江面	江清月朗	
別的	蕩起槳來	港汊	港口	香港	江心 江山 講
海	強壯	強弱	強如		強些兒 強處 江
老弟你瞧天下最難的地方兒大半多在南邊因為是南邊多水					
人家兒舖戶往往的緊靠江河到了晚上真是好看別處我沒到					
過廣東我是到過的我還記得那年八月裏由珠江上船走了一					
天到晚上在一個地方兒靠了船了那個時候兒將過了中秋月					

江面
江清月朗
江心
江山
講別的，蕩起槳來
港汊。港口

亮極亮照在江面，分外的光明，我貪着看那夜景在船頭上直坐到三更多天還沒睡了，趕到夜深了，萬籟無聲，江清月朗真令人萬慮皆空，別有一番清淨的趣味，而且月亮正在當中印於江心，如同珠子一樣古人詩上說的好月點波心一顆珠真是不錯到如今我想着還盼着再遇見那個佳境纔好哪。二您說的這個景緻固然是好但是這廣東還不如蘇杭哪蘇州又沒有杭州好，杭州那兒的江山真是清秀極了，又有西湖要是在月下乘舟不必講別的就是坐在船上瞧他們船家蕩起槳來在水面上飄飄蕩蕩的真是如入仙境與那近海的港汊港口又自不同，就以廣東

香港
強些兒
強處。江海
強壯強弱
強如

論罷那香港不是有山有水嗎、究屬不雅、沒有甚麼趣味、那兒有內地景緻好呢、三那是不錯的、不過是還比北幾省強些兒、四是這麼着、南有南的好處、北有北的強處、南省多水所以臨江海的地方兒、每多名勝、北方多陸、所以近山林的地方兒更覺清幽、不過是南北的風土人情不同、就是了、北人強壯、南人軟弱、然而強弱雖則不同、也各有各的好處、五您這話也說的是、但是人在那個地方兒住久了、未免的生厭、所以覺着不好、沒去過的地方兒乍一去很新鮮、所以覺着好、我以為南方強如北方、就是這個意思啊、是了
六

將起來
恰要
講論

第一百六章　將起來恰要講論

講說　講了些　卡住了　漿洗衣裳
搯訣念咒　降下來　降臨　搯佳嗓子　薑湯　搯着　將
唱完　講書堂　講書　勝強百倍　講談
您起來了，可不是麼我將起來三你大概是昨兒睡晚了罷，四
昨兒十下兒鐘我恰要關門睡覺忽然有人叫門我趕緊出去開
開門一瞧，敢則是我們至相好的江曉樓來了，這麼着我就把他
讓進來了，我們倆人這麼一說話兒直說到三更多天，他纏走趕
我睡覺已經兩下兒多鐘了，所以今兒起晚了，五都是講論些甚

講說
講了些
漿洗衣裳
搯訣念咒
降下來

麼、鬧到那旱晚兒〇六他講說了一件新奇的事情、我很愛聽、所以繞鬧晚了、七他講了些甚麼奇怪的事、八他說他們有一個親戚、新近吃魚沒留神叫魚刺把嗓子卡住了、當時嗓子就腫了、也說不出話來了、請了好幾個人給治、都沒法子、後來還是他們親能治家的一個漿洗衣裳的老婆子、他說他認得一個瞧香的、專能治這些災患、凡是大夫沒有法子治的、他都治的好、問他用甚麼方法兒治這個老婆子說這個瞧香的、會搯訣念咒還會請神遇見甚麼人不能治的病、只要他把神給請降下來附在他身上、立刻就能說出這個病是怎麼得的、怎麼治、是好的好不了、都說

降臨

掐住嗓子

薑湯

掐着

將唱完

的清清楚楚他說用甚麼法子治你就照他
好的於是他們親戚就把這個瞧的那麼治沒有不
瞧香的一進門兒立刻就燒香磕頭請神降臨待一會兒就聽他
說這個不要緊不過是一根魚刺等我叫他化了就好了
着他就過去用兩手把那人掐住嗓子一邊兒念誦着又是
吹氣不大的工夫兒他又說唱點兒薑湯就好了這個工夫兒他
把手也就鬆開了不掐着了這麼着大家趕緊就沏了一碗薑湯
給他們這個親戚喝了誰想到薑湯將唱完立刻就不疼了腫兒
也消了那根魚刺也不知道那兒去了您說奇不奇我昨兒就聽

講書堂。講書

勝強百倍
講談

他說這個來着真役講書堂上講書還有趣兒呢、據我說這都是此左道現在他雖是給治好了、究屬是傲倖、要是正經打算治還是請高明的醫家或是專治傷科先生到了兒比這邪術勝強百倍、您我這話對不對、十這却誠然我也並不信這些個不過聽他講談的熱鬧當個笑話兒聽就是了。

第一百七章

車駕	駕字	勞您駕	尊駕	台駕	大駕	駕崩	晏駕
駕下	駕前	駕臨	光駕	車駕司	講究	搯花兒	搯字
搯了去	搯尖子	搯尖出色	搯草帽子	拿指甲搯人			

車駕。駕字
勞您駕。尊駕
台駕。大駕
駕前
駕崩。晏駕。駕下

說駕崩又說晏駕。君王跟前說駕下駕前、這都是閒書上常見的	會不記得了呢至於文話裡頭或是書上用處更多了古來君薨	駕大駕也是這個字俗話裡頭用這個字的時候兒很多您怎麼	給人道乏常說的勞您駕不是這個字嗎還有稱呼人說尊駕台	語裡頭也有用的比方求人替辦甚麼事情	我和您打聽一個字、您問那個字、三就是車駕肥輕的駕字俗	講不大講究	講、講解、勉強、講官話、講不透、講打、怎麼能講	搯不動瓜兒搯花兒 搯住了 搯不齊 搯菜 講話 說和細

駕臨。光駕
車駕司
講究
掐花兒。掐字
掐了去。掐尖子
掐

至於如今的用處如請帖上寫的恭候駕臨略又兵部的車駕司略也都常用這個字、是一時想不起來今兒聽您這麼一講究真叫我如夢方醒我還請問您一個字六甚麼字七就是掐花兒的掐字我知道的是這處大概還不全、八您知道的都是甚麼話頭兒九我知道的是這幾句比方花草兒把尖兒上掐了去這叫作掐尖子比方挑揀東西把頂好的挑了去叫掐尖出色但是這句話不大常說此外還有作那個草帽兒我聽人說叫掐草帽子大概也是這個掐字兒別的我就不知道了、十別的還有呢比方人鬧着玩兒常有拿指

拿指甲掐人
搖不動瓜兒搖花兒。搖住了
花兒。搖住了
搖不齊。搖了去
搖菜。講話
說和講
講解。勉強
講官話。講不透

甲掐人一下兒也是這個字還有說那欺軟怕硬的人常說你是搖不動瓜兒搖花兒又有那捆韮菜的和那裏香的都要用手搖搖住了又有甚麼搖不齊的一句話又有那豆牙菜把鬚兒和豆兒搖了去叫作搖菜這都是這搖字的用處土是還有一樣兒我常聽見人管着說話叫講話這講字的用處土這很沒理這都是外省人纏這麼說呢俗們還是叫說話講字是把這句書的意思說字是把這話說出來就完了講字是把這句話或是這句書的意思講解出來如何能勉強通用呢至於管着說官話叫講官話、也是外省的人的怯話這都因為不明白這個字義又講不透

講打
怎麼能講
細講
不大講究

將到任	第一百八章	還有事哪偺們明兒見罷	笑於人去這話是極了、丞承教丞教我要走了也忙甚麼的尤我	己又不大講究、所以鬧的一派俗口、以後說話真得細心免得貼	錯您這麼一細講真叫我明白好些話我都是隨着人說人說慣了自	理打怎麼能講呢正經明白書理的人斷不說這樣兒的話、是不	打這句話說的說不的西這是偺們城裏頭的一句土話、實在沒	這個理、所以纔以訛傳訛的亂說、三那麼常說的動不動兒就講
薑湯								
強扎掙								
太陽將落								
腦漿子								
霜降								
醬豆								

將到任
薑湯
太陽將落
腦漿子

腐醬瓜子　不強嗎　醬菜　將養　強留　將功折罪　將

帥　獎勵　誇獎　獎勤　強打精神　強留

一、我聽說您欠安了、我今兒特來看看您、是怎麼不舒服了呢、二、我

也沒甚麼大病、不過是這程子我們營裏新翼長將到任、熬了幾

天兒、大家差使很多、因此我着了點兒凉、昨兒晚上熬了一

薑湯唱、今兒早起起來覺着輕省一點兒、還可以強扎撐着坐一

會兒、最難受的是昨兒時令不算大病、但是渾身發燒、腦漿子疼、

的要命、雖然是點兒時令不算大病、但是難過的利害、三、您也沒

請大夫看一看麽、四、沒有、五、我想還是請人瞧瞧好、現在節氣快

霜降

醬豆腐

醬瓜子
不強嗎。醬菜

將令

將養

將功折罪

交霜降了、忽冷忽熱、稍微不小心就是病、您別以為不要緊、六是的、您說的不錯、照罷、我今兒要是不添甚病就算了、如果後半天再要像昨兒那麼難受、我就請人看一看、七您今兒吃了點兒甚麼没有、八我剛纔就著醬豆腐喝了點兒粥、九很好、您回来再叫人炒點兒醬瓜子比竟吃醬菜也好、可干萬別動大油膩、就是趕明兒大好了之後總還要小心將養、十是但是我這一回不舒服不能十分保養、因為現在我們這位新翼長將令很嚴、連一次差使也不敢漏、若稍候一點兒差養必要記過、總得有點兒努續繞准將功折罪、把那記過註銷哪所

將帥獎勵
誇獎
獎勸
強打精神

以我雖然這麼不舒服也不敢告假、士這自然是太嚴一點兒然而現在營務廢弛也得這麼嚴在您現在得這樣兒的病、未免太苦、顯着這個翼長太嚴似的、但是如今不能不如此況且翼長有過處就如同將帥一樣若是太寬了、那還怎麼呢不過是有過處自然是要記過若是有好處也須獎勵那纔算公道哪這是待官就應當這麼樣至於待兵丁、那更得寬嚴並施當時就要誇獎放升應當這麼絲毫不可容情要稍有一點兒好處當時就要誇獎、賞平時這麼常獎勸、營務沒有不好的、土這話誠然、哎呀您也該歇歇兒了、別僅自強打精神坐着、招呼累大發了、我得走了、去不之不之您再坐一會兒罷、去不坐着了、明兒我再瞧您來、去那麼我就不強留了、去您別送了、外頭風大、去那麼我就遵命不送了、去您請便

第一百九章

將殼　強奪略　不必講
要強　不強　木匠　匠人　別講　搶刼　將打　豇豆　醤油　薑芽
盗　洋槍　搶奪　匠役　東交民巷　繩匠胡同　搶了強
講不妥　強似　勞您的駕　杻稠麻子　講價錢
大哥您這一向好啊、我實在短來望看、我近來倒好、你這程子

將穀
強多咯
不必講
別講
將打　醬油
豇豆。
薑芽

差使忙不忙、這程子差使忙的利害、四
項還大也就算好了、五也說不上大來不過將穀當差使雖忙來
點兒盈餘沒有、六你比我強多咯我每年進項連你的一半兒也
跟不上格外的進項不必講就是每月的飯銀子都不能得足了、
我這還是司官哪要是我們衙門的筆政朋友那就更苦了別講、
當差應酬他不能現在上不了衙門的筆政朋友那昨兒我在街
上還遇見一位我們衙門的有四五位哪出來在一個
菜攤子上那兒買豇豆手裡提溜着一個醬油罐兒這樣兒的冷
天還穿着袷袄兒呢腳底下是前露薑芽後露鴨蛋連雙整鞋沒

要強。不強

木匠

匠人

有真是可憐可嘆他見了我臉上很不得勁兒要講起這個人來本來是要強好勝無奈運氣不強差使也不能當實在也是沒法子的事要比起你們衙門來真是天地縣隔。聽您這說起來貴衙門這些位當差恐怕連日子還難當了。再加上今年市面上諸物昂貴不用論當差恐怕連日子還難當了。再加上今年市面上諸兒我叫了個木匠叫他給拾掇屏門說起話兒來他說今年麥秋本就不好現在天氣又這麼元旱趕到大秋恐怕也沒甚麼指望了。聽他這話實在可怕你瞧街上各項買賣人以及各行匠人都是沒生意要是秋天再不收成窮人一定就怕到了冬天免不了

搶劫
繩匠胡同。搶了
強盜。洋槍

搶奪

匠役
東交民巷
糠桐麻子

賊盜搶劫的案子了，九不用到冬天現在已經有這樣兒的案子了，昨兒聽人說南城外頭繩匠胡同有一家兒鬧明火搶了有幾千兩銀子的東西去並且這些強盜手裏還都拿着洋槍您瞧這還有王法嗎要照這個樣子看起來官場中真得有個善心實意的辦一辦纔好哪不然搶奪的案子更多了土不錯是的可是您纔提收拾屏門這個木匠手藝好不好他姓甚麼土兒他姓王原是個官匠役現在不做官工略自己開着個小木廠子開在東交民巷字號是廣隆藝很好呌啊他這木廠開在那兒開在東交民巷糠桐麻子是他不

講價錢
講不妥
強似
勞您的駕

是他、你打聽這個幹甚麼、走是因我家裡正房的裝修全壞了、打算要從新添換要我個好木匠給這個活、新近有幾個人看過了、都因為講價錢散了、我也不是我捨不得花錢無奈他們說的價兒太離山寫遠的所以纔講不妥既是這個王木匠很好就求您打發人叫他到我那兒看一看去倘或他肯應這個活豈不強似我別人嗎、這個可以的他這個人很實誠我回來就打發人我他去叫他明兒到你那兒看去好極了那麼就勞您的駕罷我也不坐着了、俗們一半天見、干你不坐着了、那麼一半天見

第一百十章

交代

交代鳥鎗　講定了價線鎗　鎗裝好了　鎗子兒　土牆　牆垜子　焦黃　放了一鎗　這鎗　繮繩　餓木　牆垣　牆根兒底下　僵屍　腔子　強扎着胆子　鎗刀劍戟　打鎗　強賊　鎗行了幾步　牆頭兒上　勉強　鎗各駐　強人　攔路打鎗　搶到廟裏去　強姦

您這幾天總沒在家是上那兒去了這麼些日子，我上西山打

獵去了。三上西山打獵怎麼用這些天，四說起來險極了，可怕的

很幾手把這個命交代了，五打獵怎麼會有險呢，巧了是遇見狼

虫虎豹了，六都沒遇見你想西山離城繞多遠兒，怎麼能有狼虫

鳥鎗

講定了價

線鎗

鎗裝好了

鎗子兒

土墻

墻垛子。焦黃

虎豹呢、即或有、我旣是打獵有的是鳥鎗還怕他嗎、我遇見的是這麼件很奇的事、初六日那一天、我早起起來瞧那天氣很清爽、想着城外頭必有趣兒、這麼着、我就催了一匹馬、講定了價兒、三吊錢一天、於是乎趕緊吃了點兒東西、就拿了線鎗帶了藥袋、騎上馬就出了張儀門、過了良鄉、到了一個小鎮店、我就找了個小茶館兒、歇一歇兒、就手兒餧餧馬、趕歇歇了、馬也吃飽了、我就把鎗裝好了、把鎗子兒也裝上、然後又騎上馬、一直的往山根兒底下走了去、道兒上有三間破土房、四圍的土墻、也都坍塌倒壞了、忽然打墻垛子旁邊兒跑過一個焦黃的狐狸來、我瞧見了、放了一鎗。

這一鎗、繮繩

餞木。墻垣

墻根兒底下

就趕緊的放了一鎗誰想這一鎗沒打著狐狸倒把馬給嚇驚了我立刻把繮繩繫繫的一勒越勒越勒不住沒法子就由著馬這麼一跑過了幾個山口跑了有三十多里地這馬繞不跑了天也就黑上來了、一瞧那遠遠兒山底下渺渺茫茫的有牌樓像是一座大廟宇趕到走近了一看、可不是一座古廟嗎廟門前有一架牌樓、餞木也都倒了、四圍的墻垣也都不齊全了、廟門是開著的這麼著我就下了馬拉著進了廟廟裏頭東面兒墻根兒底下有一柯小樹兒我就把馬拴在樹根上、這麼著就往裏走甚麼正殿配殿都有可就是都朽壞不堪了、我看了一回趕末後我走到一個

僵屍
腔子
強扎着胆子
鎗刀劍戟
打鎗。強賊
搶行了幾步

小院兒裏頭瞧見墻脚兒下有一個僵屍像是殺死的那邊兒還有一個没腦袋的腔子我嚇了一大跳再往後還有一個門兒、門裏頭有兩間房子窗戶門咯也都糊着紙像是有人住着似的我就問了一聲佳扶在家嗎没有荅聲兒連問好幾聲也没人荅應這麼着我就強扎着胆子進屋裏一瞧、屋裏一切過日子的傢伙全有、牆上掛着鎗刀劍戟我心裏暗想這是甚麼人呢有這些兵器、後來又細一忖度纏明白了這必是打搶人的強賊不然怎麼他在這深山古廟兒住呢、越想越怕這麼着我赶緊就搶行了幾步、到了外頭院兒把馬解開了拉出廟來騎上就順

墻頭兒上
交各莊
勉強
強人

着東牆角往回來走、一氣直走了二十多里地天也就有二更多了、好容易瞧見一個村莊兒莊口兒上有幾間土房牆頭兒上露着一個破麵幌子我知道是個小店兒趕近了一瞧窗戶上露着燈亮兒哪於是我就上前叫開門勉強在那兒住了一夜馬還拴在露天地裏好容易盼着天亮了、趕緊的把店錢給了他們問就我騎上馬由那兒起身到了交各莊我們親戚那兒怎麼着我甚麼時候兒由城裏頭動身怎麼這麼早就到了、我就把出來打獵以及所遇見的驚險從頭至尾的告訴了他們一遍他們告訴我說我所見的那個古廟那裡頭住着好些強人常時的

攔路打搶
搶到廟裡去
強姦

攔路打搶、遇見婦女、就搶到廟裡去大家強姦圖財害命的事是常有的、所以平常沒有敢走那條道的、我一聽見這話真是後怕的很、這麽著我在他們那兒住了七八天、十三纔回來了、你說這還不險嗎、

第一百十一章

強討 鎗頭子 強霸 就搶 搶了就走 強要 強良 不
敢搶 搶去 強嘴 交廰兒 飢寒交迫 搶人 搶先 搶
着買 凍僵了
大哥您瞧古人說的、日月如梭這句話真不錯剛過了八月節、纔

強討

鎗頭子

強霸

就搶，搶了就走

強要，"強良"

不敢搶

幾天兒呀、現在又到了年下了、二可不是麼你沒到那兒遛達遇
達麼街上熱鬧極了。我天天兒吃了早飯到街上走走熱鬧可
倒熱鬧就是那些拍風的可惡的很遇見作小買賣兒的強討惡
要若是不給他錢他就拿刀子或是鎗頭子或是磁瓦子把臉門
子刺的長血直流總得給了他錢他繞走哪賣在叫人看着可很
四你瞧見這個就氣的這樣你還沒瞧見呢比這個還有更強霸
的哪這些人聽見賣東西的上前就搶搶了就跑總給人冷不防
您說這比那強要的不更強良霸道嗎但是有一樣買賣他不但
不敢搶而且他也不敢上攤兒上來要錢、五這是甚麼買賣大字

中1-21a

搶去

強嘴

交廳兒

號六對字攤兒、七啊是了、我說呢、那是自然的、他也知道這買對字的和別的買賣不同、都是些文人墨客、而且不為賺錢不過大家湊趣兒、他如何敢搶攤兒上的零碎東西、可得留神、一露空子、就偷了去了、九不錯、我前兒在一個對字攤兒上瞧那位先生寫對字旁邊兒有好些人也在那兒看下來、就一個小綹打人胳膊底下伸出手來偷一個人的表、被那個人看見了、立刻就拿住了、這個小綹還強嘴說我沒拿您的表、被那個人從他身上把表搜出來了、打了他倆嘴巴他纔不敢言語了、這麼着那個人就把他交廳兒了、十這些人真是可惡

飢寒交迫

搶人

搶先

搶着買

但是他作的事雖可很若細想他的苦處也不無可原他本就飢寒交迫又加上今年年成不好一切吃食都是賣的要作買賣又沒本錢肚子是餓所以逼的沒法子不由的就作出這個犯的事了,他也知道搶人偷人有罪,但是人貧志短只顧目前趕一被人拿住那時候兒後悔也晚了,他那兒能像君子知道固窮呢土說的是可是您今年怎麼沒賣對字,哎我可不受這個罪了自從去年賣對字真把我懲治苦了,去年年底不差甚麼的人家兒都要搶先兒置買年貨街上的人很多上買對字的攤擠不動大家夥兒搶着買我是所忙不過來又要

凍僵了

交好。講得来
講經說法

寫又要賣天又冷兩隻手都凍僵了雖然有手鑪也沒工夫烤真
是受罪所以今年不賣了、三本這賣對字也真沒甚麼意思、可
說的是哪、

第一百十二章

交好 講得来 講經說法 談談講講 喧

醬薑 強健 搶話 撒嬌 強逼 架不佳 薑汁 餞看

您這是從那兒来、二我從普濟庵兒来三您這麼早上那廟裡去

有甚麼事麼四有點兒事是因為我們家伯和那廟裡的和尚交

好、彼此很講得来常常兒的到廟裡聽那和尚講經說法甚麼的

談談講講

嗆

薑汁

就打今年春天我們家伯嫌家裏鬧的慌,所以就搬到那廟裏住,一則可以天天和那和尚談談講講,二則也可以養靜,不料昨兒晚上忽然和尚打發人到家裏請我快去,說是我們家伯喘的所接不上氣害,這麼着我立刻就到了廟裏一瞧,我們家伯和尚說先本沒甚麼兒我就問他們怎麼冒然間就病的這樣兒和尚說先本沒甚麼,不舒服就因為吃完了晚飯坐在那兒唱茶沒留神一口茶唱嗆了,就端起來了,這麼着我急切之間也沒法子,忽然想起我們先祖那時候兒也是常有喘的病,每一犯點兒薑汁兒就止住了,所以叫廟裏趕緊找了一塊薑來,我親自把他搗成汁兒給我們

餓着
醬薑
強健
要強
搶話

家伯唱了、待了一會兒就把端給止住了、我在旁邊兒餓着他老人家怎了一會兒半夜又熬了一湯碗兒粥、和和尚尋了點兒醬薑給他老人家就着唱了一湯碗兒粥、這粥纏算好了、所以我這麼早起廟裡來、五老伯素常有這個緣故、七 我想他老人家必是生了氣了、要不然不是怎麼着 八 家伯素常可是好勝要強、常愛生氣這回病、昨兒這也不能這麼着 家伯的事情 九 您細細兒的想一想 十 哎呦、不錯、我知道了、昨兒白天我們家伯跟前的我那個舍弟上廟裡去了、聽說我們家伯正和人說話來着他在旁邊兒直搶話我們

強逼

架不住

家伯說他他不但不聽還撒嬌兒說家伯強逼着他當啞吧、所以家伯把他罵出來了、大概就是這麼了點兒氣上那就對了、上年歲的人家生氣就好了、土您說的是

第一百十三章

降百祥	牽強	老人家生氣就好了、土您說的是
奪理	強叫人 勉強 強派 降福 降禍 講起 降給	
降罪 加厚 降災		
我請教您一件事、二是您是問甚麼事請說一說、三請問您書經		

降百祥
降百殃
牽強
講得去講不去
生拉強拽
強詞奪理
強叫人。勉強
強派

上説的作善降百祥作不善降百殃這兩句話不彷彿釋教所説的因果報應麼、四這却不同書經所説的理是一點兒牽強没有釋教所説的善有善報惡有惡報雖也是這個理、然而他總不従正道上説大半都是弄出一件果報的事情来叫人信並且所説的不管講得去講不去就這麼生拉強拽、強詞奪理的胡説倒把真理給説假了、所以人都不信了、五是我聽説他們釋教還有強叫人信他那道理的據我想道理雖然不錯也没有勉強叫人信的理儒教就不然就是孔聖人也斷不肯強派人遵信他的道但是他雖然不強派人信可是由古至今没有一個人不信的釋教

降福，降禍
講起
降給。降罪
加厚。降災

雖強叫人信到了兒不過是愚夫愚婦那些人信念書的人誰也不遵信這就是您纔說的他把真理給說假了誰信那些渺渺茫茫的話呢至於降福降禍本也是有的但不能像佛經上說的那麼活眼兒見六對了佛經我雖沒看過却看那善書上說的話一講起報應來真如目覩眼見一說這個人好來立刻神佛就降給他福樣一說起這個人不好來神佛立刻就降罪於他並且還指出那件事好神怎麼加厚那件事不好神怎麼降災全是憑空結撰其實並沒人看見神佛要都那麼管起來天下的人多了如何能照應得過來呢我想不如儒書所說的理好，理却是一樣至

降旨。降調
搶案

降旨	降調	搶案		
第一百十四章				
搶奪	墻脚	搶劫	手鎗	洋鎗
	薔薇架			花槍
	後墻			槍桿
	墻那邊兒			橫

於所說的因果報應也是不得不然要不說這顯而易見的報應那些愚民是斷不信的八是的

降旨。降調
搶奪。墻脚。搶劫。手鎗。洋鎗。花槍。槍桿。橫
大哥我昨兒聽人說有一位御史上了一個摺子㕘了好些個官了皇上降旨革職的降調的還了不少的官這話是真的麼二不錯是真的不過不是各衙門都有就是提督衙門各衙門都有後來皇上降旨革職的降調的還了不少的官這話和營城司坊的官三是因為甚麼事㕘的四大概是因為搶案太

搶劫
手槍。洋槍
花槍。槍桿
橫搶監奪
牆脚
薔薇架

多、捕務廳聽說還有一家兒被明火搶劫、是賊把牆壁給拆了進去的、並且手裏都拿着手鎗洋槍甚麼的、趕到他面兒上官兵聽見了去拿他們他們竟敢拒捕還有一個兵手裏拿着一桿花槍被賊拿刀把槍桿兒砍折了、您說這還了得嗎也得這麼一回那捕務纔可以整頓整頓不然要像這麼橫搶監奪的還成甚麼世界呀、五您說的是昨兒夜裏我們那兒還鬧賊來着從後院牆脚兒下挖了一個大窟窿進來的幸爾我家裡狗利害瞧見賊進來了、他就一路大咬算是把賊驚動走了鬧的大家一夜都沒敢睡後來聽見我們底下人說這個賊進了院子打薔薇架那邊

後墻

墻那邊兒

兒繞過來剛要奔上屋院子可巧狗一咬他就跑了我就問你怎麼知道他說他昨兒晚上有三更多天了繞從西城回來走到後街上瞧見我們後墻外頭有倆人在那兒來回的走他就疑惑是賊所以他到家也沒言語悄沒聲拿上一鐵尺輕輕兒的在各院子暗查趕到他見果真有賊進來了正打算往墻那邊兒去拿可巧被狗給嚇跑了這夜裡睡覺直得警醒一點兒六不錯小心無過千萬不可大意那麼這個事您報了地面兒沒有報過了地面董京也驗過了八那就好了地面上以後必要上緊巡查的

可不是麼

交道口兒

交給

第一百十五章

交道口兒　交給　交代明白　焦爐糕　交友　交情　焦
外強中乾　交往　交齊　嚼用　脚掌兒　脛子　修脚　脚
疼　嬌嫩　強穿　粧假　嚼腔作調　嚼不動　嚼甚麼　嚼
不爛　嚼　強吃　強讓　粧腔作調
　　　　強留你

老弟你這是打那兒來二我打交道口兒来三這麼早上交道口
兒是有甚麼事情麼四是有點兒事五甚麼事六是因為有我們
一個親戚前兩天他託我給他借幾十兩銀子我昨兒給他借着了
昨兒晚上人就給送来交給我了我今兒一清早就給他送了去

交代明白
焦煙糕
交友。交情
焦

了因為他一過八下兒鍾就不在家了所以我得早去為的是見
面交代明白就完了七那麼你必還沒吃飯了八是我一早起來
就吃了兩塊焦煙糕喝了碗茶就出來了那兒有工夫吃飯呢
九你既没吃飯我這兒吃就得了我也不費事十是我就遵命
您可千萬別費事纏好哪十一我决不弄甚麼就是隨菜隨飯你還
不知道嗎我是交友以心一點虛的沒有况且偺們倆的交情
不是泛泛何必鬧客套呢十二那就好極了十三可是你纏提的這位
令親怎麼稱呼他姓焦叫梅軒在吏部當差十四既是吏部那
是個好衙門來項很可以敷衍當差怎麼還至於借錢呢十五您不

外強中乾
交往。交齊
嚼用
腳掌兒
膀子
修腳
腳疼。嬌嫩
強穿

知道他也是外強中乾他們衙門現在是有名無實又因他交往的親友太多應酬浩繁聽說今年屯裏的租子也沒交齊家裏每日的嚼用是大的您想他怎麼能不借錢呢天啊那就是了可是我腳掌兒繞來的時候兒我瞧你一瘸一點兒的是腳上有病嗎走道兒不敢使勁兒所以彷彿一瘸一點似的走為甚麼不叫修腳的給修一修呢辛我是十天一修腳這幾天是因為事情太多沒工夫兒修過了日子了故此覺著疼些我也常腳疼還得是嬌嫩極了一點兒呢屈也不受鞋若是些須小一點兒斷不能強穿幸爾我沒甚麼

粧假

粧腔作調

嚼不動

嚼甚麼。嚼不爛

嚼

走道兒的事情要是有那可就苦極了、芯是的、這回老爺飯擺在書房了、芯知道了老弟請在書房吃飯、芯嗻、其實請上坐、芯那如何使的呢、芯是這麼坐請上、芯那麼我就恭敬不如從命了、芯您可是這麼着你來在我這兒既不是外人千萬依實別粧假這個怎麼樣芯很好您別布讓我自取罷、芯嗻嗻芯哎呀我看您吃這菜放心我絕不能粧腔作調的不肯吃、芯那就好極了、你嘗這個菜彷彿是嚼不動似的、芯可不是麼我的牙全活動了嚼甚麼都嚼不爛要是東西畧硬一點兒那就更不能嚼了、芯是我飽了您慢慢兒吃罷、芯怎麼纔吃這麼一點兒如何能飽呢再添點兒飯罷

強吃
強讓
強留你

芫別添了、纔剛那碗飯我就是強吃的其實已經酒醉飯飽了罷
你真餓了、那我就不強讓了、罣大哥我也不坐着了、罣坐着再喝
碗茶忙甚麼呢罣我還有事哪偺們一半天見罷、既是有事我
就不強留你了、罣您別送了、罣可以的我還到外頭哪罣請了、一
半天見罷是一半天見

第一百十六章

脚跟	強忍	鎗礮	
鎗探子	拿架式	連環鎗	
刀	鎗機子	手忙脚亂	
交給他	交戰	鎗藥	
鎗手	脚下	鎗子兒	
鎗替	交手	鎗	
鎗冒頂替	抬鎗		

脚跟
強忍
鎗礟
連環鎗
手忙脚亂
鎗藥。鎗子兒
鎗探子

您今兒早起上那兒去了我今兒早起八下兒多鐘來找您尊管說您一黑早就出去了、二失迎失迎我今兒是出城瞧八旗合操去了、剛回來不大的工夫兒我今兒是走着去的脚跟兒都磨腫了、回來的時候兒簡直的走不了了好容易強忍着疼、繞蹭到家了一盪可真受了罪了三您看那操演的齊不齊四却很嚴肅打連環這一陣式也都整齊鎗礟打的也很好就有一個兵很可笑打連環鎗的時候兒看他手忙脚亂的樣兒實在可笑裝工鎗藥鎗子兒拿鎗探子使勁的往下頂力太猛了探子也拔不出來了費了半天的工夫好容易繞拔出來了、赶他把探子拔出來了這繞現拿

拿架式。鎗機子
交兵

脚下
交手。拾鎗
槍刀

架式勾鎗機子這個時候兒人家的連環也都打完了像這樣兒
的兵真是無用要是叫他出兵交戰若是都這麼樣兒那不是送命
嗎五那也不能都是這樣兒的兵要是都這麼樣兒那還了得您
看他們的技藝怎麼樣六我倒沒看見大概這個合操演
鎗礮陣式不演技藝然而我也不敢準說是沒有後來再打聽打
聽就知道了據我的愚見那個技藝現在也沒用脚下打仗又沒
有交手仗從老遠的就是拾鎗火礮不必說技藝怕連槍刀弓
箭都沒用處了七您說的誠然八可是你今兒那麼早來想必有
要緊的事情九是我來是和您借一樣東西可不知道有沒有十

交給他
槍手
槍替

您借甚麼、主、是因為小兒現在考童、明兒這個初八府考、一切場具都有了、就是沒有考籃、我想令郎下過場、必有這樣兒、東西、要是有、求您借給我們小兒使一使、主、有有、我給您拿去、主、不忙等回來您没事的時候兒把他找出來、我明兒打發人取來您交給他帶回去就是了、主、就是今年考童的人數多不多、去、據我想這也是胡鬧倒不多、聽説槍手很多、大概不容易考罷、去才槍替的就是中了也極了、一個下場的事情原為的是拔取真、一個鬧出來兩下裡都有罪那不體面、並且不鬧出來算是僥倖可說的是哪、令郎是初次報考嗎、去、十九是頭一次是玩兒的嗎

槍冒頂替

就因為這個我這兩天也很不高興怎麼說呢他既是初次下場如何考得過那些槍冒頂替的呢干這也不然要是該中也必中的您倒不必掛懷廿一是您說的不錯我也不坐着了明兒我打發人來取考籃的時候兒您交給他就是了廿就是您不坐着了廿不坐着了改日見廿改日見

第一百十七章

武強縣	交多少	交足了	強橫	交出	硬強	交了	交
了價了	交價	交清	降格	冰窖	喬	教官	教習
接	交朋友	交好	絳色	絳紫	交付	嚼過	焦心	交

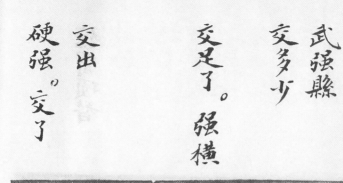

我聽說您賣地來着這個地在那兒 二 在武清縣您還有武強縣的地哪 四 不是武強縣是武清縣四這個地有多少 五 二十頃地立七每年交多少銀子 八 一年四百五十兩銀子九 這好極了您為甚麼把他賣了呢 十 我本也不願意賣因為租子年年兒交足了過攬頭又太強橫去年打算另找攬頭已經找妥了趕到對地的時候兒他告訴我說地賬着找出地賬來再對這麼着彼時地也沒對直到今年春天他也沒把地賬交出來這麼着我真生氣了就在武清縣把他送下來了後來官派差押着他硬强叫他把地都對出來賬也當堂交了

交了價了。交價
交清
降格
冰窖。喬
教官。教習
交接。交朋友

這麼着我一想就是再另找攬頭也恐怕還像他所以把他賣了。
地也對清了。也交了價了沒有。也不交價如何能對地。那麼現
在地價必是都交清了。也是業已交清了。您這地賣了多少銀
子。賣了七米千兩銀子。這個價兒賣的不大呀。也雖然價兒
不大然而這個地也不算以十分好原本打算賣一萬銀子無奈
沒人肯要所以不得降格賣給誰了。提起來大概您也
許認的這個人在平則門裏頭冰窖胡同住姓喬從先他們乃祖
當教官他們令尊當官學教習後來作了一任知縣頗弄了幾個
錢他現在是候補賣外人很精明最好受交接並且很善於交朋友

交好
絳色
絳紫
交付

凡一切和他交好的人沒有不說他好的㉒不錯我知道這個人可沒來往他尋常穿衣裳最好穿絳色前幾天我和在街上呢穿着個絳紫馬褂兒慌慌張張的打四牌樓往北去了是他不是㉓是他那一天他往北去就是我們有約會兒在同和樓吃飯地價就是那天交付清了的㉔那麽您現在有這些地價是打算就這麽存着呢是還另置產業呢苴我如何能存着呢還打算置幾處吃租兒的房子每月進點兒房錢添補着過日子這幾年我家裏人口過多嚼過兒太大實在焦心要不想個生財之道那還怎麽過呀㉕不錯您這是正辦

真叫人
不見強
叫我。叫做

第一百十八章

真叫人不見強叫我叫做　強求爭強要強壞到
家噍牙知交交易交買賣　緩開脚交寬了被搶
焦急夾脚講明說開強賴
一您從那兒來二我打家裏出來三您今兒怎麼閙在呀四嗳我卻
不是閙在因為這兩天所不大高興所以出來悶兒五您有
甚麼不高興的事情六說起來真叫人提不起精神來近來我的
運氣很不見強無論幹一點兒甚麼總有阻隔心裏是極力的往
上巴結無奈運氣老不作主叫我實在沒法子這就叫做心比天

強求。爭強
要強。壞到家
齜牙
交易

高命比紙薄、這可怎麼好、七、這您總是把心放寬了、不可以常這
麼自己憂煩、凡事不可強求、無論有甚麼爭強好勝的心、那都是
白饒、要是沒運氣也是白要強、倒莫如聽命由天、還心裏舒坦一
點兒、八、您說的固然是不錯、但是我的運氣壞到家了、我自己的
事情辦不好、那是我自己的命運、我給人管點兒事情、都是齜牙、
您想我這還怎麼往下混、九、您又給人管甚麼事未着、十、是這麼
回事情、我有一個知交好友、他手底下有千數多兩銀子、打算要
放出去、每月吃倆利錢兒、那一天可就託我若有妥當主兒給他
放出去、彼時我有個常交易的錢舖買賣不大好、外頭票存很多

交買賣

緩開脚，交寬了

被搶

他們掌櫃的怕一時人都來取錢開發不了常常兒和我說您要是認得有放錢的主兒給我借幾百銀子、擱在舖子裏防荒急、我聽他這話、可就想我和他們舖子交買賣多年彼此都有個緩急相通兼且他們這個掌櫃的是個忠厚人他既託我給他借幾百銀子為數無多也不好意思推辭、這麼着就和我這朋友給他借了五百兩銀子他舖子自借了這項銀子也就緩開脚了、買賣也交寬了、此先活動多了、不料今年夏天舖子裏鬧明火被搶了七八百銀子去、由這個又周轉不開了、所欠我們敝友的那筆賬有倆月沒給利錢了、我們敝友又等着這利錢過日子未免的就常來催

焦急
夾脚
講明說開
強賴

我到錢舖去要他們掌櫃的又實在無力湊辦我是裏外為難所以我這兩天焦急萬狀土這您也不必着急這個銀子又不是您使了況且欠主兒是賣在一時夾脚並不是故意不還雖然令友急等這項錢用我想您把這細情和他講明說開大概令友也不至於不答應土這也只好是這麼辦我明兒就找我們敝友去和他強賴着說說只要他答應就好了您就這麼辦罷土是明兒我就去現在我還有點兒事不坐着了您怎麼您要走士是我要走了儜們三兩天見士就是三兩天見

第一百十九章

交卸。交印

交卸	交印	礁石	瞧不見	焦燥	教書的	驕縱	不叫
打	不叫	說	教給	教學	教訓			
攬	教讀	教館	教專館	教男學房	教堂	教友	胡	
教門	教的	外教		教不過來	傳教	強多了	教書	
老兄您	幾兒	回來的	二我前兒	回來的	三您怎麼	前兒	纏回來	我
算計您	早就該	回來了	怎麼	會遲到	如今	四是	因為後	任到遲了
我上月	二十七	纏交卸	所以	回來	遲了	五大概	您交印	之後又躭
擱幾天	纏起身	罷六	我交印	之後	一點兒	也沒躭	延就起	身了七
既是沒	躭延	怎麼	支了	這麼	些日子	呢八	起身	雖沒躭	延倒是道

礁石
瞧不見
焦燥
教書的

兇上躭延了、九道兒上有甚麼岔兒歷十二日到上海初六由上海又上火輪船初七出口走到成山遇見了一隻兵船失事我們的船就在那兒等着救兵船上的人停泊了一天所以躭悞工夫了、土那個兵船是怎麼失事的是因為那天早起霧大觸在礁石上了、趕我們的船把那船上的人都救過來天就不早了也搭着海裏的霧大的利害對面瞧不見人所以當天兒沒敢開行赶第二天開行船又走得太慢我心裡焦燥極了、十一繞到天津我在天津又住了六天繞搭火輪車進的京主您這一遍廣東得意罷主我這教書的一席沒甚麼得意的每年

驕縱。不叫打不叫說
不叫說
教甚麼
教學
沒照見過
教訓。胡攪
教讀。教館
教專館

不過就是束脩此外並沒有別的進項苦極了，去賓東倒還相得
呀，去賓東却倒水乳但是學生太驕縱點兒不叫打不叫說他要
是不正經念我是一點兒法子沒有好在學生很聰明也還聽話
我教給他怎麼念他就怎麼念也不叫人費力、老您這就算好教
學得着這樣兒的學生又這麼教甚麼會甚麼賣在難得您還沒
照見過那不受教訓的學生呢他就這麼整天的胡攪旣是愚拙
而且不聽話、教讀的要遇見這宗學生那纔算是背運呢我有個
親戚也是以教館為業他先是教專館來着後來也不是為甚麼
散了、謀了此日子的館總謀不着沒法子了、後來就託人給謀的

教男學堂

教堂。教友
教麼。教門
教的。外教
教不過來
傳教。教書
強多了

在施醫院教男學房。那此學生都那麼愚蠢極了。他是整天家生氣打算不幹。一時別處又沒有館。大施醫院不是教堂麼。九是教堂。乎那兒男女學房不是都請他們教麼。那倒也不一定。那束脩必多罷。教不過來。也有請他們教門人教的。也有請外教人教的。廿這麼。也有請他們教門中中兒的。但是束脩雖不甚苦然而學生太多所教不過來。並且念的名半是傳教的書俗們都不大懂得難極了。廿這麼。看起來我這個館比這個教書強多了。廿那麼這回來還打算謀館不謀呢。其這就等消停一兩個月再說罷。廿七您要是打算謀館的時候兒您告訴我一聲兒我必代為物色。廿八是那好極了

蕉扇
蕉葉
號叫。問樵

第一百二十章	蕉扇 蕉葉 號叫 問樵	亂攪擾 教案 教調 民教 起蛟 蛟水 蛟龍 教匪攪	穌教 天主教 教師 交相傳教 教化 教會 教士 教中人 教堂 耶	入教 教規 邪教 交相	老弟這一向好啊二好大哥好三好這幾天熱的利害四是很熱	您都換了蕉扇了五啊換了六您這把扇子蕉葉兒很嫩是那兒	買的又我這是一個朋友他打廣東帶來送給我的八令友是那 一位九敝友姓王號叫問樵他是潮州府知府新近進京引見來

起蛟
蛟水
蛟龍
教匪。攪亂
攪擾。教案
教調。民教
教民

了、是聽說廣東是甚麼地方覺起蛟有這麼件事麼土可沒聽
見敝友說大概南邊地方蛟水為災的事總免不了罷主怎麼北
邊沒有這個事主這是這麼着南邊蛟水並且閩粵都近於海所
以常有這些蛟龍之類作耗這是的我還聽見說南幾省現在各
處都鬧教匪去不錯教匪會匪鬧的很利害攪亂的地方覺出不
百姓被他們攪擾的無一時得安近來更亂了教案層見疊出不
知道多少纏能太平哪真據我的愚見總是地方官不善辦理果
真地方官善於教調開導守民教沒有不相安的走這也有一說民
固然是愚蠢然而教民也有不安分的彼此稍有不和於是乎就

交和。鬧教

教中人

耶穌教、天主教

教化、教會

教師、傳教

教士

鬧出事來了，新近更有出奇的事情了，民教不和自然是有的，因為彼此不相交和所以總有鬧教的事情，至於教中人和教中人應該沒有不睚的，那兒想到耶穌教和天主教他們兩下裏會彼此鬧出事來了，您說這不是奇事嗎他們兩造全是教民這莫成也是中國官員辦理不善嗎緫而言之人家西國的教師來傳教不過是教化人為善無奈這些入教的人心裏糊塗極了他不想人西國的教士以守分為主他偏要倚着他是教會中人就欺壓人百姓一個不服因此就不定鬧出甚麽大事來了把人西教人的美意倒給鬧壞了，再有那些個不法的百姓隨聲附和戕教

教堂
入教
教規
邪教
交相

士、拆教堂無惡不作、趕到事情鬧大了、他們兩造不管官場中怎麼為難他們算沒事了、據我的愚見凡這些愚夫愚婦和那些不明理不守分的人教門中一概不收留他們你要打算入教就得謹守人家的教規中國官員也得勸戒百姓遇有教民總要極力的相親相愛不得目為邪教這麼一辦自然民教相安、彼此交相和睦了、是的、今天不早了我得回去了、于您忙甚麼呢、輕易不見、交談會子罷旦、我是有個約會就是纔提的從廣東回來的這位朋友我們今兒在前門吃飯、偺們改日再見罷旦、那麼我就不留了、旦、您別送、昷是請請

教着
難教
嬌生慣養

第一百二十一章

教着　難教　嬌生慣養　調教　嬌養　較比　嬌媚　脚程　搭脚

覓　搭個脚覓　強壯腔調覓　叫座覓　嬌媚　角覓　要

梆子腔　教子　名角覓

講　覓吃了飯了、吃了、您吃了、三　我也吃過了、您今覓沒　我們東家今

您是東家有事所以沒去、五貴居停有甚麽事、六今

覓日、七是了、現在您教着幾位貴桃李、八三個學生、九寶東還

相得罷、十卻也相得不過就是學生難教此個土怎麽學生笨倒

土笨倒不笨就是滑懶不聽話從小時候覓嬌生慣養一點覓調

調教
嬌養。　較比
脚程
搭脚兒
搭個脚兒
强壯

教沒有三三位令徒都是這麼著麼古就是一個是這麼著那兩個外附的却很好他們也還都聰明一點兒不笨我們居停這個孩子雖然嬌養些個然而却能念書那兩個尤其天分高較比那尋常的學生真有天地之隔去貴館離府上有多遠十有四五里地那麼您天天兒脚程也累極了六可說的是哪奔馳的利害兒那麼您天天兒也搭脚兒坐個車不坐千陰天下雨的時候兒也搭個脚兒要是好天兒永遠是走著半很好就這麼遛達著却很有益處省錢却是小事最好是可以叫身體强壯您今兒沒有別的事罷兒沒事兒您今兒既沒事我想俗們哥兒倆回頭出

腔調兒
叫座兒
嬌媚
角兒。要講
梆子腔
教子。名角兒

前門聽戲去好不好芸那班兒芸偺們聽三慶罷三慶新近來了個好鬍子生唱的腔調兒很可聽作排也好很叫座兒還有一個花旦裝扮出來居然是個美貌女子作出那一番嬌媚的樣兒來實在是形容盡至於別的角兒以及武行都很下得去芸比梆子班兒怎麼樣芸要講武戲自然不如梆子班兒打的好,要論唱可實在比梆子腔好的多,新近我聽了一回正趕上新來的這個鬍子生唱教子去三娘的也是個名角兒唱的極好,這一天的戲算是聽着了,回來您那兒一聽就知道了,共那麼偺們就走罷芸是偺們走罷您請 請

交足
交齊
交租子
脚驢子

第一百二十二章

請	交足	脚價	交的少	您今年的租子他們交的怎麼樣	您府上的租子怎麼樣	年都是十月十五的限不到限就都交齊了沒想到今年到了十一月了交租子的人還沒來哪這麼着我就催了個脚驢子騎着
	交齊	立時交	焦乾			
	交租子	交縣	交不足數	別提了我們這個交租子的很可惡每		
	脚驢子	補交	叫他交還	雖沒交足還算是不差甚麼		
	脚趾	替交				
	交上去	不交				
	狡猾					
	交出來					
	交清					

脚趾

交上去。交出来

交縣

下了屯了趕快到了離他們那村莊兒不遠兒有個小野茶館兒瞧見我這個地莊頭正在那兒脚趾板橙唱茶了、他瞧見是我到了、這繞過來請了個安我一見他很有氣立刻把他罵了一頓問他你為甚麼不給我交租子他說是年成不好租子不好起因為沒取齊所以繞過了限期了、就求多賞些日子的限取齊了必趕緊交上去我說我不等、就是立刻都給我交出來還有我來回的盤費脚價也得給我包賠要是不立時交出來就把你交縣辦你聽這話怕了、就求出他們莊兒上的一個念書的人來央告我請我住三五天必趕緊給湊齊了我關子着情面不好意思不等整

補交
替交
不交　狡猾。交清
交的少
焦乾

整兕的在那兕住了七天他繞給湊了三分之二、下次的說是明年麥秋上、一定補交我本打算不答應来着無奈這個念書的人、百般替他央求說如若麥秋上他不交我必替交這麼着我一想、在那兕住着也是耗費盤川倒不如借這個臺階兕答應完了、麥秋上如果他還不交再想法子辦他、於是乎我就回来了、這麼狡猾的啊、您今年還費了這麼大的事了、我們那個地攬頭可不這麼狡猾、年年兕總是十月裡就交清了、雖然今年交的少、倒賣在是旱的利害的緣故我七月裡到屯裡看了一回地裏的莊稼全都那應焦乾的了、您的地在那兕、我的地在西山、六聽說西山一帶今

交不足數叫他。交還

年很收成，七可說的哪我們這個攬頭他竟敢告訴我年成咒不好有麥麼可惡底下一定得換攬頭，八是這麼着且看他過年麥秋上怎麼樣他要是把拖欠的補交了，那就還用他，如果不交或是交不足數那只好是叫他把地都交還了不用他了，九您說的是我就照這麼辦就是了。

第一百二十三章

瞧見 澆水焦了 澆花不澆 花椒樹 芭蕉 叫青苔 澆了 大腳 你
腳心 洗脚 瞧一瞧 我瞧瞧 脚上 叫他來 膠粘的
瞧 叫你 傲倖 一跌 脚底下

瞧見。澆水。焦了

不澆。花椒樹

澆了

大脚

脚心

洗脚

裏扎了個刺昨兜一洗脚漬癢了。九撥出来了没有。十撥出来了	你那是怎麼走呢幹甚麼這麽一瘸一點的八我是前兩天脚心	你别老打這花柯兜裏走就是多兩歩道兜也走不大脚。六是七	都澆了聽那兜不乾净就把他拾掇好了四喳五你打那邊兜走	緊拿笤箒把那些東西都掃净了然後再拿盆兜弄點兜水把花兜	瞧花椒樹底下倒的都是些甚麼腌臢東西也不拾掇拾掇你赶	你那一程子很愛澆花兜如今所懶的刺害了不但花兜葉子都焦了	一順兜啊二喳三你瞧見了没有那花兜老没澆水那葉子都焦了	膠 廣膠 弄點兜膠 臭膠 六角兜 膠開了 買膠

中 1-42b

瞧一瞧。澆灌
我瞧瞧，芭蕉
叫青苔。你瞧
叫你。傲倖。一跤
腳底下
叫他來

咳，你這孩子真是太不留神趕明兒總要小心一點兒土是土
老爺您瞧一瞧這兒我都掃了那花兒我也都澆灌了這好好行
了我瞧瞧你那手怎麼破了這是我繞解芭蕉樹底下走叫青苔
給滑躺下了把手蹭破了共你瞧我剛還囑咐你叫你留神你老
不記着這還算是傲倖若是一跤跌在石頭上那可怎麼好走是
我底下留神了今兒是因為我脚底下不利便所以繞滑倒了要
不是脚上這個剌也不至於這麼着可是我問你書房桌兒上
擺着的花瓶那底下的座兒怎麼會壞了克那是北兒今兒早起
撐桌子給碰壞了乎你去叫他來我問問他世老爺叫我世我問

膠、
膠粘的
弄點兒膠
臭膠、
六角兒
膠、開了
買膠

你那書房裏花瓶座兒怎麼弄壞了、苴回老爺那本是膠粘的這兩天犯潮所以那膠都化了今兒早起我撑桌的時候兒瞧見了就索性把他全拆了打算回頭熬點兒廣膠從新再把他粘好了就結實了苴啊不是壞了是你特拆開的呀苴是苴那麼回來趕緊弄點兒膠蒸看晴天把他粘上擱在日頭地裏晒乾了省得明兒一陰天就乾不了了可千萬別使臭膠苴是回老爺還有書房的那個六角兒盤子座兒也不結實了我想就手兒拆開另粘一粘使得使不得也使得可別剛粘上了兩天膠開了、那可就白費事了、芫是那麼我就上街買膠去了、苴你去罷

郊外
郊原

快回來喒

第一百二十四章

| 郊外 | 郊原 | 荒郊野外 | 焦薄脆 | 焦脆 | 澆湯兒麵 | 天交 |
| 定更 | 教場 | 燙麵餃兒 | 腳面 | 腳尖 | 叫車 | 趕腳 | 腳錢 |

一 郊外郊原踏青這雅得很您是一個人去的呀還是同着人去的呢
二 我昨兒出城到郊外逛青兒去了
三 郊原昨兒上那兒逛去了
四 同人去的五同誰去八沒在外頭吃飯我們親戚還帶着他們幾個孩子就找了個野茶館兒唱了會子茶給他們孩子買了點兒點心吃趕到
六 同着我們親戚在城外頭趕達會子
七 在那兒吃得飯

荒郊野外
果　讀作鬼
焦薄脆。焦脆
澆湯煤麵
天交定更
教場
燙麵餃兒
脚面

平西就進了城了。九那荒郊野外的茶館兒有甚麼好點心呢十好點心那兒有呢不過是燒餅油炸果還有焦薄脆甚麼的却也可吃他那油炸果炸的焦脆極了倒比城裏頭的好吃後來進城就在家裏給他們做的澆湯煤麵吃趕到天交定更了他們繞支的土是您今兒有事沒事主沒事主您今兒要是沒事偺們回頭吃完了飯一同到安定門外頭教場麵達一趟好不好盂很好那麼你也不用回去吃飯了就在我這兒端點燙麵餃兒吃就得了主就是您可千萬別弄別的去是了回來偺們是走着去好走着去呢我這脚面這程子有點兒腫怕是累大發了坐車呢我想

真巧。脚尖
叫车
赶脚。脚钱

着又没趣兒您想怎麼着好呢，真巧，我這兩天也是脚尖兒蹓
了，累不得這麼着罷，咱們也不用叫車了，先慢慢兒的蹓達着赶
到了四牌樓催兩驢騎着和赶脚的說明白了，多給他倆兒蹓達脚
催他一天你想有趣兒沒趣兒，這倒有趣兒，就這麼辦罷。

第一百二十五章

叫喊　一覺叫醒　七手八脚　叫喚　交地畝兒　交給
攪鬧　叫人　脚鑪　叫起來　叫他　喊叫　叫甚麼　搶盜
瞧見　脚鐐　鎗傷事主　絞的絞　強橫　嬌強　教誨

嬌養　嬌性　嬌子　嬌兒　教之　嬌生　驕傲　交結朋友

叫喊
一覺
叫醒
叫喚
交地面兒
交給。攪鬧
叫人
脚爐

三可不是麼昨兒我是睡到半夜裏一伸腿把脚爐踹倒了灑了	了去了、攪鬧的一夜也沒有安生怎麼您這院裏也聽見叫人麼	打他了、把他交地面兒就得了這麼着就把他交給下夜的兵帶	打打的這個賊直叫喚後來還是我說他既沒偷了甚麼去不必	他們大家七手八脚的把賊拿住了短棍鐵尺的這麼一路亂	趕緊把他們都叫醒了在前後院子一照果真有了賊這麼着我	麼昨兒半夜裏叫醒了一覺聽見院子裏有響動兒了這麼着我	昨兒夜裏我聽見您那院裏直叫喊是有甚麼事情麼、二可不是	慎交　擇交　教導　根脚　交友待客　交午

叫起来。叫他喊叫甚麼
搶盜。瞧見
腳鐐
鎗傷事主
絞的絞。矯强
强横。

一檔子的炭灰這麼着我們小兒叫起来了叫他給拾掇
這個檔兒就聽見您那院裏一叠連聲的喊叫我說這半夜裏叫
甚麼呢又聽不出来現在聽您這麼一說這纏明白了這程子夜
緊的利害搶盜的案子各處都有昨兒我在街上還瞧見兩輛敞
車上頭坐着好幾個帶手鋦腳鐐的人有五六個兵押着我和人
打聽人告訴我說是一夥子明火鎗傷事主的賊由北衙門過南
衙門去我想這一到刑部問實了斬的斬絞的絞再想逃生是萬
萬的不能了無論你怎麽强横怎麼矯强遮飾只要一受上刑
罰沒有不招的可恨這些賊這麽辦他他還不怕真是憨

教誨。嬌養
嬌性
嬌子
嬌兒
教之。
嬌生。驕傲
交結朋友
慎交。擇交

不畏宛、五據我想這都是他父母失於教誨自幼兒百般嬌養恐
怕他受一點兒屈漸漸兒做出天不怕地不怕的
事情來了、俗語說的窮漢養嬌子趕到了那時後悔也就
脫了、誰的孩子誰看着不是嬌兒然而可有一層嬌生慣了、可
得教之以正那纔是愛他呢不然由着他的性兒以為嬌生慣了、
不忍的責他就是好的也必至養成驕傲的脾氣要是不好的那
就不必說了豈不害他嗎六您說的不錯還有一層作父母的既
然、教訓兒子還得管着他別叫他胡亂交結朋友俗語說的近朱
者赤近墨者黑慎交是最要緊的若是擇交不慎雖然是天天兒

教導
根脚
交友待客
交午

教導他也必流入下賤總而言之自小覓就嚴加管束別給留空
覓等他性情定住了根脚站穩了絕不至於見異思遷那時候
覓再隨他去交友待客也就不怕了、不是的八哎呀天不早了得
回家了、九忙甚麼的、我纔出來的時候覓聽說地面覓上晌午
驗道現在太陽已經交午了怕地面覓上來了沒人照護我趕
繫就得過去照照待一會覓再過來土那麼您不坐着了、回頭說
話覓主、別送別送回來見

第一百二十六章

椒麪　餃子　那叫　不叫　御河橋　澆上　叫門　瞧着狗

椒麵
餃子　那叫。不叫
御河橋

較早	蕎麵	蕎麵湯	蕎麵餅	蕎麥	花椒鹽兒	天橋

一兒瞧一瞧，叫個車，叫的
飯得了沒有，二得了，三今兒吃甚麼，四今兒吃熱湯兒麵，五那麼
快拿來，六喳，七想着拿點兒椒麵兒來，八是請示老爺您昨兒不
是說想吃餃子嗎，今兒大概廚子那兒買了白菜了，九不錯我說
來着，可是怎麼你老說這怯話，那叫煮餑餑，我們城裏頭不叫餃
子，十是我又忘了，您吃不吃，要是吃趕緊叫廚子快包點兒土不
行了，趕不上我現在很餓，你不是說吃熱湯兒麵嗎，就吃那個就
得了，快端了來罷，我吃完了，還要到御河橋有事去，哪土回老爺

浇上
叫门
瞧着狗
较早

兒	哪	心	早	給	哪	汪	你	醋
麵	罷	覺	就	瞧	兒	老	聽	端
您	兒	着	吃	着	你	爺	外	來
要	沒	肚	飯	狗	進	您	頭	了
不	吃	子	了	兒	去	來	管	，
嫌	哪	有	兒	是	言	了	保	拿
不	兒	點	是	回	語	去	是	過
好	您	兒	我	老	一	你	叫	來
就	既	餓	今	爺	聲	們	門	我
一	沒	所	兒	汪	兒	老	哪	在
塊	吃	以	起	老	平	爺	你	這
兒	哪	早	來	爺	咋	呢	瞧	邊
吃	可	吃	的	來	不	平	瞧	兒
兒	以	飯	比	了	用	咋	去	吃
很	在	請	每	兒	言	不	要	澆
好	這	坐	天	快	語	用	是	上
，	兒	請	較	請	了	言	汪	醋
可	吃	坐	早	屋	請	語	老	沒
是	罷	您	些	裏	您	了	爺	有
我	我	大	兒	坐	裏	請	趕	，
昨	今	概	又	兒	頭	您	緊	攔
兒	兒	也	沒	老	坐	裏	讓	了
聽	吃	沒	吃	爺	罷	頭	來	醋
見	熱	吃	點	這	兒	坐	兒	了
說	湯	飯	點	麼	你	兒	是	，
你	麵	，	心	，	這	老	，	是

蕎麪
蕎麪湯
蕎麪餅。蕎麥
花椒塩兒
天橋兒

們這邊兒糧食店的蕎麪很好要是買着不費事可以弄點兒蕎麪湯吃倒好芜您倒愛吃這個買着不費事我們家兒也愛吃蕎麪常時候兒叫底下人給買蕎麪餅吃聽說今年蕎麥很收成我就不大吃這樣兒手不錯不吃蕎麪的很多芜來芜喳芜你告訴厨子叫他趕緊作點兒蕎麪湯作的好兒的再買幾個蒸餅要花椒塩兒的快快兒的還等着吃哪芜大哥回頭偺們到御河橋之後您還有別的事没有了芜没事了芜既是没事那麽出前門到天橋兒趟達趟達您想好不好芜很好芜回老爺是蕎麪湯和蒸餅都拿來了芜是了你就擺在這個桌兒上罷芜是

瞧一瞧

叫個車

叫的

罢您請吃罷我這可實在不成敬意的很您
罢還是外人裝假是不會的罢好極了來呀罢喳
罢上瞧一瞧有好車沒有要是有就僱一輛來罢喳你趕緊到
罢上瞧我可不陪了罢那你就到碾房叫個車來快去快來罢是要口兒
沒好車呢買那你就到碾房叫個車那麼點兒罢我吃了兩碗蕎麥
慢兒吃我可不陪了罢怎麼您吃那麼點兒罢我吃了兩碗蕎麥
湯三蒸餅你瞧還少嗎罢倒漱口水罢喳老弟怎麼你也不吃
了罢我也夠了罢回老爺車來了罢是口兒上的是碾房的罢口
兒工沒好車還是碾房叫的罢大哥您稍候我換衣裳去請便

第一百二十七章

轎子。脚不沾地
睡一覺
覺還沒睡着
晌覺

麼着我一想必是有急事,晌覺也沒睡成也沒等着叫車立刻就	親戚那兒打發人來請我立刻去說是我們小女有要緊的事這	起來工後門我個朋友去剛在後坑工歪着覺還沒睡着哪我們	急事二咳說起來實在可笑那一天我吃完了早飯打算睡一覺	那一天我在轎子胡同看見您脚不沾地的直往北跪是有甚麼	年嬌矯情			轎子
							傲嬌客	脚不沾地
						勝強百倍	調教	睡一覺
						傲倖	嬌的不成樣兒	覺還沒睡着
						瞧不透	攬了	晌覺
						瞧不工	睡覺	太嬌驕
						據我瞧	護覺	
						交	手忙脚亂	

太嬌
驕傲。調教
嬌的不成樣兒

攪了
睡覺

跑了去了，趕到了那兒一問不是甚麼要緊的事敢則是我們親家要給二小女作伐問生日時辰小女記不清了就立時打發人我去了你說這不是小題大作嗎也搭着小女自幼兒養活太嬌兒事都是一罷姓兒到如今出了門子二年多了還是那麼呢近來更添上驕傲的脾氣了，本在家裏就沒甚麼調教赶出着我又遇見公婆也是溺疼所以現在更嬌的不成樣兒了三您了嫁也不可以過於責備他姑奶奶本是最尊重驕傲點兒也是常這況且他因給他妹妹說人家兒意速請你去更是正事我想您事因為攪了您睡覺所以有點兒氣我說對不對呵哈叫你說是

護覺
手忙脚亂
嬌客
勝強百倍
傲倖。瞧不透
瞧不上
據我瞧

得咯我何至於這麼護覺呢不過是大遠的為問一句話把我找了去累了我一個手忙脚亂耽悞了我好些事情真叫我心裏不舒服五賣東床待您怎麼樣六要說起我們小婿來他倒一點兒嬌客的脾氣沒有待我極好比小女勝強百倍二姑娘今年多大了八他今年十八歲了九您賣在是有造化的這就盼着大世兄明年再會試連捷那可就更好了那兒敢有這個妄想呢本今年他中這個舉人就是傲倖要說是中進士我賣在是瞧不透不敢那麼指望土您是太謙了大凡人是自己的兒女自己老瞧不上據我瞧大世兄的學問手筆賣在下的去了並且正在青年

交年

矯情

後來真是不可限量現在他尊齒二十幾了主他交年二十五歲
主却原來這您還不是大福氣嗎西你這真是過獎了果真能如
你所言那可真是夢想不到的大快事去您瞧我這並不是矯情
的話將來一定是好的去但願如此

第一百二十八章

勾結　邪教　絞罪
　　白蓮教　北新橋　絞立決
的轎夫　瞧香的女人　大街小巷　絞監候
　　　　　　　　　　　　　　　強姦　搶掠　教匪
　　　　　　　　　　　　　　　瞧破了　　　瞧香

大哥我問您一件事情二甚麼事情三就是上月從提督衙門過

勾結邪教
絞罪
絞立決。絞監候。
強姦。搶掠
教匪。白蓮教

您貴衙門的那個勾結邪教的案子定了案了麼四
五通共有多少人都定的是甚麼罪六通共十八個人有七個人
都問實了這七個之中三個是斬監候兩個是絞罪兩個發罪剩
下都沒甚麼罪七那兩個絞罪都是立決麼八不是是一個絞立
決一個絞監候九怎麼定這麼重罪呢十要論演習邪教自然沒
這麼重罪他們這些人全是以邪教煽惑人謀為不軌並且有強
姦婦女和搶掠的事情所以不能不加重治罪了您沒聽說
當初是怎麼拿着的土這個案是這麼拿着的上月有一個御史
奏事說現在各處教匪會匪甚多大半都是白蓮教的餘黨以邪

北新橋
大街小巷
瞧這些人
瞧破了

術惑人的事在在常有若不嚴密訪拿必致為害地方所以奉
旨順天府五城一體嚴密查拿若是還略尊常那麼拿也是拿不
着這一回是地面上兒真用了心了各處購買眼線就是上月在
北新橋兒拿着的先是有這麼一起子人常在茶館兒酒舖兒裡
聚會也有時在大街小巷三五成羣的遊玩地面兒瞧這些人形
跡可疑可就暗暗兒安上樁了趕到日子多了可就瞧破了然而
可還不敢居然就拿後來又有線人送信說這夥子人實在是教
匪這繞密的派了多少的兵撒在四下裡圍拿以防漏網可巧
這些人這天正在北新橋兒的一個茶館裏吃飯哪他們大家就

瞧香的
轎夫
瞧香的女人

圍住一拿算是纔拿住十幾個人跑了五六個人沒拿着啊聽說在北衙門裏當堂還供出好些人來有甚麽瞧香的咧還有甚麼轎夫咧不知道這些人有在定罪之內的沒有击這裏頭就是那個瞧香的女人是定發罪的其餘供的那些人都是誣報定案以後就都放了去是了

第一百二十九章

名角　叫好兒　叫他們　攪亂的　叫破嗓子　瞧我　攪混

橋頭兒　金水橋　太平橋　嬌美　嬌豔　嬌忿　嬌態

矯柔　嬌女　脚手　我瞧他　瞧不起　較量　瞧得見　角

名角

叫好兒

叫他們。攪亂的

叫破嗓子

瞧我

攪混

色強的多瞧病脚擱了脚脖子脚面瞧瞧去

我聽說您昨兒聽戲去了二可不是麼三聽那班兒四聽四喜來着

五齣怎麼樣、大很好新近又到了一個名角兒昨兒頭一天露但

是有一樣兒可恨剛一出台簾兒大家就一疊連聲的叫好兒叫

他們攪亂的唱的所聽不出來討厭極了他們也不怕叫破嗓子在城外頭

昨兒你甚麼時候兒去的、昨兒本打算早早兒出城

吃早飯誰知道剛換上衣裳這個檔兒工我們一個親戚來瞧我

來了叫誰攪混了我半天趕他走了已經十一下兒鐘了這麼着

我就在家裡隨便吃了點東西趕緊的催了輛車坐上走了偏巧

橋頭兒

金水橋

太平橋

嬌美

嬌豔、嬌姿

嬌態、嬌柔

嬌女

出城的時候兒又揷車、好容易出了城了、走到橋頭兒上車又碰了人了、又耽悞了好大半天走到了戲館子已經一下兒多鐘了、都唱過倆戲了、好在天長我還聽了六個戲哪⑼、都唱了些個甚麽戲⑽、有金水橋有牧羊圈還有甚麽八蜡廟祭塔打金枝甚麽的、這都是我聽見的前倆戲我沒聽見瞧戲單兒上寫的是百壽圖太平橋⑾就是這七個戲嗎⑿、是了我忘了還有蕩湖船哪⒀這個花旦兒倒長的很嬌美扮出來也很嬌豔也搭着他作出那嬌姿媚態的樣子來更顯着嬌態萬分並不露一點兒嬌柔造作的樣子就是美貌的嬌女也不

脚手。我瞧他

瞧不起

較量

角色。強的多

那一天沒事偺們哥兒倆聽一回去兒今兒個不行了明兒個是	今又新到了許多的好角色一定是比別的班兒強的多真是等	那時候兒你就信了兒我那兒能不信呢論四喜本是大班子如	聽著了你要不信等那一天你沒事我請你聽一天你總瞧得見	的也不在以下老這麼說起來您昨兒瞧這個戲算是聽著了兒是	都說梆子班兒的武戲好要拿這個戲較量起來大概比梆子班	兇大了。很瞧不起他以為不行誰知道趕打上了就顯著他歲數	脚手都很靈便就是那個武生他一出台的時候兒我瞧他好人	過如是出八蜡廟好不好兒這個戲也不錯武行打的極好腰腿

中 1-54a

瞧病

脚脖子

脚擩了

脚面。瞧瞧去

帶我們舍弟上頂銀胡同瞧病去、後兒你有事沒事要是沒事僻
們後兒去聽去、我後兒聽去很好可是令弟
又怎麼不舒服了、也不是甚麼病不過是他前兒在街上從甬
路掉下來了、把脚擩了、昨兒脚脖子連着脚面都腫了、聽説頂銀
胡同陳大夫能治跌打損傷、所以打算明兒帶他瞧瞧去、又他能
治就上他那兒瞧瞧很好、那麼偺們就後兒見罷、偺怎麼不坐着、
苴不坐着了後兒見、苴後兒見

瞧着　喜轎　接連不斷　滿天星轎子　官轎　喜轎舖　轎

第一百三十章

瞧着

喜轎。街上接連不斷滿天星轎子官轎。喜轎舖

圍彩轎 轎衣子 轎杆 轎夫	
皆然 發轎 街上	叫門 街坊 敲鑼打鼓

您今兒穿着補服是行甚麼喜慶的人情麼、二是因為我們舍親那兒他們大少君成家我去行人情順便打你這兒過瞧著天還早所以進來我你說會子話兒再去、三好極了今兒您有幾處人情四就是我們親戚那兒一處、五我今兒也有三處人情兩處娶的一處聘的打算後半天兒去、六本來今兒是好日子娶的很多、街上的喜轎接連不斷有用滿天星轎子的有用官轎的我想喜轎舖今兒必忙極了、七是的可是我聽見說近來的轎圍子

轎圍子

彩轎

轎衣子

轎杆

都是繡的、或是平金的一色紅呢的、所不興了、這豈不是隨事增華麼、您今兒街工瞧見的、還有一色紅呢的轎圍子沒有、八也有、這是這麼着有錢的、要好看、未免都要用甚麼平金的呢、繡花兒的啊、要是沒錢的、就是用平常大紅官轎的也還不少、總而言之都是彩轎、九我聽說裏頭的轎衣子必得用有花兒的、不用素的、這十這也不能拘泥、要是趕上好日子、娶聘的多、辦事的這家兒、再沒錢那兒那麼齊全呢、土我還聽說凡姑娘出嫁的時候兒必得姑娘的哥哥或是兄弟扶轎杆兒送親、這是一定的規矩嗎、要是姑娘沒有哥哥兄弟怎麼樣呢、土這也沒甚麼一定的、這都是

轿夫

叫门
街坊

敲锣打鼓
皆然

那些小户人家儿的俗论、要是道路远如何能穿着靴帽袍套跟着地下跑呢、况且要是大人家儿姑娘的哥哥兄弟自小儿就没在街上走过他更不能挤在轿夫一块儿跟着轿子走了、这不错您说的是还有一件极讨厌的事情他们这小人家儿办事轿子到了门口儿他们把门关的严严儿的总得叫门叫门的时候儿还得给包儿不给包儿不开门这就有街坊四邻的都挤在一块儿隔着门缝儿要包儿并且还叫吹鼓手的吹打各样儿的牌子、外头没法子只好按着他们点的敲锣打鼓的闹的个无耐心烦这绕开门无论男头儿女头儿到处皆然、实在可笑极了、去是

發轎

的、哎呀、我別在這兒僅自談了、天不早了、我該走了、他們還請我
娶親呢、回來到了那兒他們發轎早要是悞了事就對不住人了、
去、那麼您就請罷、夫偺們一半天再談、走、是一半天見、

第一百三十一章

接連	街道	接二連三	街道廳	查街	車轎	瞧看	敲過來
打	瞧甚麼	敲木魚	敲到	瞧熱鬧兒	了結		
巧言花語	敲的山響	攪人	叫化子	叫我遇見	叫我瞧		
見	解外頭	接風	街市				

大哥怎麼這些日子總沒見哪、二可不是麼我是這幾天差使多

接連
街道廳
接二連三
街道
車轎。瞧看
敲打。瞧甚麼

又接連著敝本家那兒事情所以老沒得上老弟那兒去你這趟子倒好啊三倒好四聽說你得了街道廳了我要上你那兒道喜去就因為接二連三的官差私事沒能去實在抱歉的很五您這是甚麼話呢偺們哥兒倆交以心不在形迹並且我還沒給您磕頭哪六豈敢豈敢你這以後大概差使必忙了罷七是比先忙了打頭這個管街道就不能清閒昨兒個在前門外頭廊房頭條胡同還辦了一件事情哪八辦了件甚麼事情九昨兒個我查街查到那兒瞧見有好些人圍在一個車轎鋪的門口兒瞧看又有敲打木魚兒的聲音我就問官人他們這些人是瞧甚麼呢你

敲木魚
敲到
瞧熱鬧兒
了結
叫過來
巧言花語

去問問官人回説是倆和尚在這舖子門口兒化緣化了十幾天了先本是一個和尚天天兒起一清早就來了敲木魚兒一直的敲到天黑纔走從前兒個又來了一個和尚又添了一個磬敲打的一叠連聲䃟䃟的整天家好些人圍着瞧熱鬧兒聽說這倆和尚一定要化三千吊錢昨兒有人出來説合也沒説合了結官人這話立刻把倆和尚叫過來重重的申飭了一頓立時交了僧錄司了土你這辦的痛快極了這些個僧道可恨極了遇見好善的人他就巧言花語誆騙人的錢財其實他拿了這個錢去點兒正事不做不過是吃唱嫖賭若是遇見舖戶他就把蒲團在

敲的山響攬人。叫化子
街市
　叫我遇見
　叫我瞧見
解外頭
接風

人們口兒一鋪坐下把木魚兒敲的山響故意的攬人你要嫌他就得施捨錢財他縱肯走比那兒強討惡要的真是可恨之至還得是那兒街市上他們工那兒這些人就別叫我遇見一叫我瞧見我就把他送僧錄司辦他去了真得這麼辦不然他們就更橫行了可是天不早了我得走了去作甚麼這麼忙去我還有事情哪是因為我們舍親新解外頭回來我今兒請他吃飯給他接風去晚了不像事去那麼我就不留了十八別送別送克請了請了

第一百三十二章

喜散
接骨匠。街坊
家雀兒
脚一滑
可巧

喜鵲	接骨匠	街坊	家雀兒	脚一滑	可巧
接骨	接工	勤賊			
轎班	忘貴下交	勤滅	疝腸痧	轎車	接他
		用車接		接了去	瞧不起
大哥您這麼直跑有甚麼急事呀。					
顧走也沒聽見有罪有罪	二呀敢則是老弟叫我哪我只				
請接骨匠去、五您請接骨匠作甚麼	三您甚麼事這麼急	四我工喜鵲胡同			
子、在房檐底下掏家雀兒來着脚一滑	六我們街坊的孩子登着梯				
摔了現在疼的利害、怕是錯了骨縫兒他們家的人可巧今兒又	打梯子上摔下來了、把腿				
都有事出去了、所以託我給請接骨匠去、七據我想不用我接骨					

接了去

接骨

接工

勤賊。勤誠

匠、這項人都愛訛人、並且還愛嚇唬人、我們本胡同兒住着有一位、他專能治這些跌打損傷、您要能作主我同您僱輛車把他接了去瞧瞧好不好、他本是行好、不取分文、如果治好了、可以到他家道道謝就得了、也不用送禮物、如若傷筋動骨他有極靈的接骨丹敷上一會兒就接上了、您胡同兒這位是個甚麼人、九、他原是個念書的人因下場不中改途作了武官、在外頭出過幾回兵、因有勤賊的功勞保了個副將、後來又勤誠了一股大賊把賊頭子給掌住了、又保了個提督銜候補總兵、因為他在軍營受過潮濕腿受了病了不能當差所以呈請休致了、他原懂得醫道內

疝腸痧

轎車。接他

瞧不起

轎班

外兩科以及跌打損傷他全能治所以他自己配了各樣兒的藥、在家裏施捨去年我們親戚得了疝腸痧的病好幾個大夫都不能治還是他給治好了前兒個也不知道是那個府裏還打發一輛轎車子來接他治病哪十這麼一說這位是作過們催車去接他他瞧不起不肯来土那決不能這位高明的很了就怕我大官他是一點兒脾氣沒有無論甚麼人請他他都肯去聽說月有一個鋪子的夥計被一個甚麼大人的轎班兒給打壞了有人提到他能治鋪子的掌櫃的就催了一輛破驢車去接他他立刻坐上就去了、架子一點兒不大主要按這麼看起来這位賈在

忘貴下交
用車接。不用接

是忘貴下交婆心濟世了，您還不知道呢，他現在是因腿病走
道兒不利便，所以得用車接，要不是腿病還不用接哪去，既是這
麼着，您在這個鋪子這兒稍坐一坐兒，我到那邊兒碾房叫個車
來勞您駕同我去請一請去，可以的，您就叫車去，我就在這兒
等着、就是就是

第一百三十三章

繳憑	接印	解京裏	借錢
我瞧	捷報	借您吉言	巧機會
檔兒	是巧	巧言令色	中節
	細瞧	揭	
	湊巧	揭曉	
	接氣	連揭	
		據	
		巧	

人皆有 滿階

繳憑
接印
解京裡

您到省幾天了二我到省四天了三您稟了到了沒有四我初三稟的到初四繳憑五掛了牌沒有六還沒掛牌哪大概也就在這三兩天可以掛牌了那麼趕到掛了牌以後您起身赴任就得十五前後兒大概接印總得上月底了八月底還怕不能哪要是十月明兒後兒掛牌還可以趕得上月底接印倘要是再耽延三五天可就怕得月初了九是的您是多嘛從京裏起的身十我是上月十五解京裡起身十七到天津在那兒等火輪船佳了三天二十上上船二十一開行二十四到上海二十九從上海開船初二到的土您在上海倒住的日子不多土我沒敢多住怎麼說呢是因

借錢。借着這三百銀子、置辦行裝一切又費去大半、所餘也不過一百多銀子。借着揭。揭曉為我在京裡本來沒有盤費起不動身、總得借錢好容易纏借着這纏勉強起身、如何敢在上海躭延日子呢、三可是今年順天鄉試是上月幾兒揭的曉、告初十揭曉、令郎必高中了罷、喜是託您福庇、儌倖中了、支您大喜了、又同喜同喜、九高列第幾千他中了第一百二十八名、廿一潤極了這就等明年春闈再一連捷那可就更好了芝、那兒敢那麼指望呢芝、您可別那麼說、據我瞧他的聰明是極高、再加工功夫又純過年一定要聽南宮提報的、吉言但願如此、不過是一樣兒他今年中這個舉竟在也有個巧據我瞧提報借您

連捷

揭。揭曉

借您吉言

巧機會。細瞧

接氣

巧擋兒。是巧

巧言令色
中節
人皆有
滿階

機會聽說房官薦工他這本卷子去中額已經滿了,然而細瞧他
的文章又不肯居然就扔了這麼着又在中卷裏頭一細搜求真
是湊巧恰恰兒的有一本卷子出落處不甚接氣於是趕這個巧
本卷子撤下來了拿他這本卷子補工了您說這不是巧
擋兒儌倖中的嗎莛這也不然雖說是巧到了兒是他的文章好
其您是這麼說呀莛可是題目都是甚麽其頭題是有子曰其為
人也到了巧言令色鮮矣仁兩章次題是發而皆中節謂之和三題
是人皆有是四端也猶其有四體也詩題是滿階梧葉月明中得
明字芫啊是了

解洋貨店
鉸衣裳
交那一個
交買賣
叫的是他

第一百三十四章 解洋貨店 鉸衣裳 交那一個 交買賣 叫的是他 巧妙 解那

一年別大街較別處 叫別人巧了叫一個 瞧不透 接縫 接的 瞧不出來 叫他去 結賣 不叫 討俏

一下橋碰巧

您昨兒竟在家裡作甚麼來着 二我是因為前兒個解洋貨店買了點子綢緞來昨兒個竟看着裁縫鉸衣裳來着 三您又作甚麼

衣裳哪,四作兩套袍褂三四件便衣兒 五您交那一個裁縫舖

我向來是和頭條胡同那個小裁縫舖兒交買賣昨兒就叫的是

巧妙叫別人
叫一個接的
接縫。瞧不出來
解那一年

他七、這個舖子的手藝怎麼樣八、也還算是好的原先不過於甚麼挖的墊的不見甚好近來他作這些個頗是巧妙所以我總是叫他不叫別人九、是了巧了這個人歲數不小了罷十、不小了、您怎麼知道、我們親戚家作活常叫一個老裁縫說是頭條胡同裁縫舖的我想必是他主令親叫的這個裁縫姓甚麼主姓楊高不錯就是他主聽說他接縫兒接的極好不細瞧斷瞧不出來他真有這個本事嗎某這郤是真的主等後來我作衣裳的時候兒求您告訴他叫他到我那兒做一做我解那一年做衣裳叫一個裁縫給做壞了把幾十兩銀子的材料兒全蹧蹋了後來絕不

大街。碰巧

瞧不透

結實。不叫

討俏。叫他去

一下橋

較別處

做衣裳了,這二年都是在海岱門大街估衣舖裏買衣裳,碰巧也有買着極便宜的時候兒,可是一個瞧不透就買打了眼了,我勸您還是買材料兒自己裁縫做,一則合式,二則結實,我經過好幾個人,買衣裳穿沒有一個不叫估衣舖賺了的,就是一定的您不如會賣俏們如何能解賣人手裏討俏呢,那是一定的您要是做甚麼衣裳的時候兒,打發人給我個信兒,我叫他去就是了,那就好極了,可是我和您打聽,您買材料兒是在那個洋貨店買的,甚,我在前門外頭一下橋兒瑞林祥買的,甚,東西怎麼樣,甚,東西很好,價兒也較別處省點兒,甚啊,那麼後來我要買甚麼

材料兒求您同我去一趟可以不可以共可以的後来您要是買甚麽只請找我来偺們一塊兒去芼就是就是

第一百三十五章

解大道 叫甚麽 蟣螂 叫門 一瞧 雀兒籠子

門 瞧會 叫我們 交巴正 解道兒上 雀鳥皆同 接孩子 接待

姐丈 交往 蹈力 巧指使 計較 接了去 姐姐 接取

解 一當差 接續 巧計 瞧了會子 節下 接送 悄

巧解的

我昨兒出城逛青兒去了城外頭很有趣兒就是有一樣兒不好、

解大道

叫甚麼。蟢螂

瞧了會了

叫門

解大道上一過碌碡怎麼怕這樣兒東西呢蟢螂太多滿處飛直往臉上碰我怕極了二你怎麼樣就是怕這個東西呢三我於別的虫蟻兒雖然怕的不至於怎麼厲害在古時這個虫子也不知道叫甚麼四你不知道這就是蟢螂五啊敢自這就是蟢螂呀我今兒算是纔知道了六你昨兒上那個城外頭逛青兒去了七我上沙窩門兒外頭逛青兒去了八作甚麼逛的樂不樂九沒甚麼大意思我們瞧了會子又在野地趲達了一會子纍極了我昨兒本來是起的極早要我您來正在院子漱口時候兒聽見外頭有人叫門這麼着我逛緊出去開開門一瞧是沙窩門兒

一瞧雀兒籠子
接孩子們。瞧會
叫我們
交巳正
解道兒上
雀鳥。皆同
接待
姐丈。」交往

外頭住的一個親戚來了、手裡提留着倆雀兒籠子我上他們那兒逛去、說是他們那兒今兒有會並且還要接孩子們去照會這麼着我就說不忙俗們回來吃了早飯再去他也不答應一定叫我們立刻支到他們那兒吃了飯去、我也不好意思推辭於是就帶上孩子們同着他出了城了趕到了他家天巳經交巳正了、他解道兒上買了好些吃食帶着手裏又要拿東西、又要顧雀鳥兒賣在累極了還算好他們住在城外頭家裏皆同城裏頭一個樣十那是自然的大概接待人比俗們城裏頭還好哪你們是怎麼個親戚上是我們姐丈的表弟雖然是遠親我們交往的很

竭力
巧指使。計較
節下
接了去
姐姐
解一當差
接續

近三是了、你們這任令親他現在有甚麼差使主他們家原有個雲騎尉的世職自他們太翁去世他就襲了職了前年入的營卻是盡心竭力的當差心地也很賣誠他們同營當差的遇見甚麼苦差常巧指使他替去他也不計較人很好所以我們走的很親近每逢節下他必要送給家嚴點兒吃並且還把孩子們接了去在他家住幾天然後催車親身送回來我聽說他小時候說極不講理連他的姐姐妹妹們都沒有說他到他解一當差居然變了一個極好的人合該是他們府上的家運好所以有他這麼個好接續不過他就是心太實性子太直人

巧計

接送。取巧

悄悄兒的

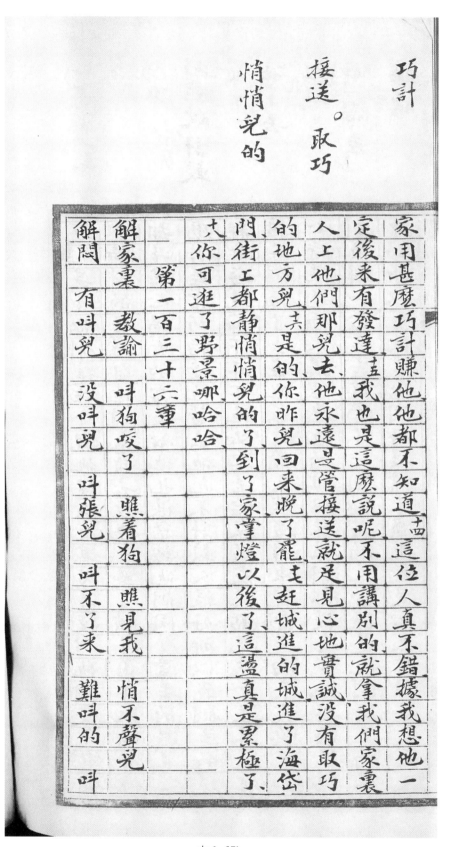

家用甚麼巧計賺他他都不知道、這位人真不錯據我想他一定後來有發達去我也是這麼說呢不用講別的就拿我們家裏人上他們那兒去、他永遠是管接送就是見他心地實誠沒有取巧的地方兒去是的、你昨兒回來晚了罷、走趕城進的城進了海岱門、街上都靜悄悄兒的了、到了家掌燈以後了、這盪真是累極了、

大你可逛了野景哪哈哈

一百三十六畫

解家裏 教諭 叫狗咬了 瞧着狗 瞧見我 悄不聲兒

解悶 有叫兒 沒叫兒 叫張兒 叫不了來 難叫的叫

解家裏

教諭

叫狗咬了

瞧著狗

| 兇 | 習盡心力 | 解手 | 接班 | 姐夫 | 結交 | 轎屋子 | 不解 |

一老弟來了請坐請坐二是三你這是打那兒來四我解傷老沒出接不上結了

您這兩天總沒出去罷五我這兩天因為腿受了點兒傷老沒出去六怎麼受了傷了七新近我有個朋友得了教諭了我給他道喜去一進他們院子就叫狗咬了八咬的重不重九倒不很重十

您怎麼會叫他給咬著了呢土他們那兒的狗因為我常去都認的我從來不咬我誰知道他們新近又得了一條大黃狗很利害

我還照著平常沒叫人照著狗就進去了這個狗一瞧見我進去

瞧見我
悄不聲兒

解悶

有叫兒
沒叫兒
叫張兒
叫不了來
難叫的叫兒
叫不着

他悄不聲兒的過來在腿上就給了一口還覺好沒甚麼大傷那兩天很疼現在好多了就這麼一來鬧的六七天沒出門兒上那麼您這幾天竟在家裏作甚麼呢主也沒幹甚麼正經事不過是和我們舍弟們大家鬧牌解悶兒去告訴你罷這些日子運氣很不好連鬥牌都不行好容易盼得有叫兒了人家就該滿了不然就是沒叫兒去這鬥牌是這麼着要是牌背了叫張兒都叫不了來要是別管你怎麼難叫的叫兒沒有叫不着的主好在我這不過是在家裏大家湊趣兒甚麼輸了贏了都不要緊就是那麼回事情並且我也不好要是在那

竭盡心力。解手

接班

姐夫

結交

轎屋子

不解

好賭錢的、可了不得了、我提一個人你準知道他就好要耍上錢、他是竭盡心力的算計連解手兒都不肯去、恐怕躭悞工夫兒那一年正月他約會朋友們在他家裏鬬牌到了該工衙門接班的日子他都不願意去你說這不躭悞正事麼、大凡是不錯您說這位我知道他怎麼稱呼兀就是我們表弟的姐夫他姓曹號叫梅軒千啊是了、這一位我知道可沒見過聽人說過他酷好要錢、常結交的都是些個賭友兒無論甚麼低微下賤人他都可以坐下一塊兒、還聽說他還跑到轎屋子裏要去哪據我想一個念書作官的怎麼會這麼不敦品賣在令人不解、按我說像這樣兒

接不上

結了

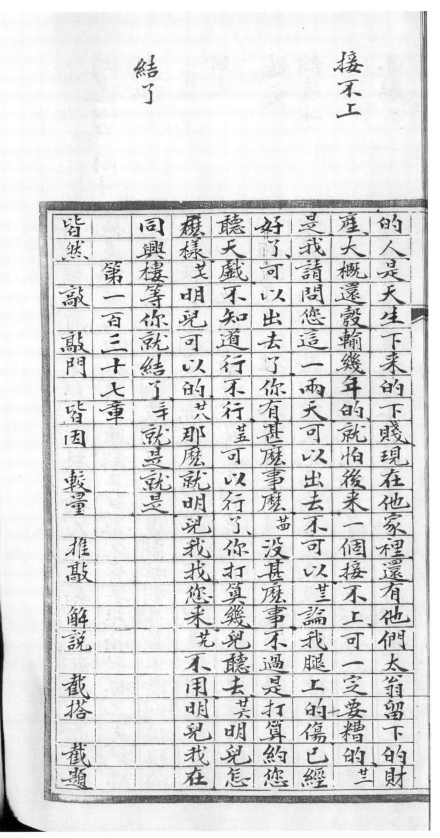

的人是天生下來的下賤現在他家裡還有他們太爺留下的財產大概還彀翰幾年的就怕後來一個接不上可一定要糟的
是我請問您這一兩天可以出去不可以芸論我腿上的傷已經
好了、可以出去了你有甚麼事麼芸沒甚麼事不過是打算約您
聽天戲不知道行不行芸可以行了、你打算幾兒聽去芸明兒怎
麼樣芸明兒可以的芸那麼就明兒我找您來芸不用明兒我在

同興樓等你就結了手就是就是

第一百三十七章

皆然　敲　敲門　皆因　較量　推敲　解說　截搭　截題

皆然

敲門

皆因

較量

敲鑼　敲鼓　踶著脚兒　敲敲打打　繳回　瞧罷　結吧

截斷　不接　不叫說　不叫打　節前教著過了節

敲鑼敲鼓的講解教的講解你們昨兒這課是甚麼題目門得鬥字三啊這個題目卻倒不很難四是我聽說這個詩題是僧敲月下門得當初是僧推月下之門如何看的見推呢應該敲門纔有理並且他得這句的時候說皆因心裏猶豫還用手作推和敲的樣式來細細的較量這纔想妥了是敲字好故此後人於細甚

推敲。解説。
截搭、截題。
截斷。不接。
不叫説。不叫打。
節前
教着
過了節
敲鑼。敲鼓。

詩句叫作推敲六是了我今兒聽您這麼一解説纔明白了七
你作過截搭題没作過八截題我也作過不好九那本是
難作生把原書的句子給截斷開弄的語意所不接要是不知道
法子斷作不上來十是我聽説您現在的館事又有挪動的意思
是有甚麼縁故麼土倒没甚麼大縁故不過是學生太笨又極淘
氣東家是不叫説不叫打就這麼由着性兒横鬧打節前我
就要辭館無奈薦主屢次慰留我也不好意思過執已見所以纔
勉强暫且教着誰知道過了節兒更不像事了新近學生把那幾
個書童兒都帶到書房裡大家夥兒敲鑼敲鼓鬧了一個馬仰人

蹺着脚兒
敲敲打打
繳回
雕罷
結吧

翻把書房蹧害一個不成樣兒趕我一說他他不怕還故意的倚着門桩蹺着脚兒對着我笑那邊兒那幾個書童兒把鑼鼓敲敲打打也裝聾不見我你說可氣不可氣東家是所不問不聞故此我當時就把館辭了把束脩也都給他們繳回去了上那麼您這也得趕緊物色館地繞好這是這麼着慢慢兒的熊罷也不是忙的要是有相當的館我就可以就要還是這樣兒的館窩可開着都使得是的您等着我給您謀一謀我們親戚那兒聽說打算請一位老夫子我明兒去打聽打聽你們令親那兒不是有先生嗎有有先生聽說這位老夫子學問有限並且是個結

教的講解

吧顔子教的句讀很不清楚而且不能講解所以他們打算把這位辭了另請一位老那好極了那麼就託你給謀謀罷大是您敢心罷我明兒就去問去我就是改日事成造府道乏是不敢當不敢當一半天我送信來廿一勞駕勞駕發候佳音

第一百三十八章

工月 一下兒橋 八里橋 橋空 解城裏頭 橋頭兒工

解謂 橋洞 瞧不真 牛街 開橋兒 皆全 鐵鍬 板

橋 橋欄杆 樵夫 橋梁 峭壁 喬松 節後 澆轆轤

一您這些日子工那兒去了 二我工了趟通州 在我們親戚那兒住

解上月
一下橋兒
八里橋
橋空
解城裡頭
橋頭兒上
解渴

了幾天您去的日子不少了罷，可不是麼，我在那兒住了八天，解上月二十六去的，昨兒這個初三回來的。五您是坐車去的是騎牲口去的，六我是趕着出了東便門兒一下橋兒就催上船了，一段一段倒閘下去的，那麼還得過八里橋罷，八是我們的船從橋空底下過的，這解服極了，不過就是慢一點兒，您甚麼時候兒解城裡頭動的身甚麼特候兒到的通州，我是打一清早解家裏動身趕到了便門兒已經有九下鐘了，在橋頭兒上買了幾個甜瓜拏着預備着道兒上解渴趕到了船天就有十鐘多了，趕到一閘一閘的倒船倒到了八里橋天就黑上來了，船過

瞧不真
橋洞
牛街。閙橋兒
皆全

橋洞兒的時候兒咳甚麼都瞧不真了。那麼到了通州大概有掌燈以後了罷。到了通州已經二更多了。您當時就上令親那兒去了嗎。還沒有我住在店裏了我們親戚不在通州城裏頭他在通州城北住我第二天在店裏吃了早飯在牛街和閙橋兒趕達了會子然後催了一輛車坐上繞工通州和北京一樣各色皆全州城裏頭也有各樣兒的舖子嗎上您令親那兒比城裏頭怎麼樣大那就差多了我們親走是了您戚他們是在鄉下一切都不像城裏頭方便然而雖然是這麼着我却很喜歡那兒要是春天的時候兒在那野地裏逛逛很有趣兒

鐵鍬。澆轆轤

板橋。橋欄杆

樵夫。橋梁

峭壁。喬松

節後

瞧見那農夫扛着鐵鍬鍬頭在地裡走又有澆轆轤的實在入畫比城裏頭倒覺雅趣兑您這話說的不錯我也愛野景我從先工過西山那緣好呢我去的時候兑正在深秋滿山的紅樹離山不遠兑有一條小河兑小河上有一個板橋橋欄杆是紅的遠遠兑的瞧那山工有個樵夫背着柴火往下走那山澗的地方兑手這西山有橋梁真彷彿畫兑一樣我到今兑還想那個景緻呢我沒去過我聽人說懸崖峭壁古柏喬松好看極了多咱您同我逛一回世可以的等着節後我約您去一趟世就是

第一百三十九章

解煩

打醮

俏皮、俏佳人

解煩	當醮	
打醮	較對	俏皮 俏佳人 機巧 解頤 俏皮話 譏誚
	潔白 揭開 唐詩合解 解人頤	

我聽說你這程子竟看書哪、二、是我近來很不高興、所以看書
為的是解煩三、看甚麼書、四、不過是閒書、五、那很好、六、好雖是好、
但是有好些地方不是咱們京裏的話、比方遇見甚麼作佛事念
經罷那書上就說打醮上、那是自然的書上都是那麼說最沒甚
麼好處的是那些才子佳人的小說兒無味極了、一說公子就是
貌比潘安俏皮的利害、一說小姐就是俏佳人比西施還好看千
人一面可笑之至、這樣兒書我斷不看他、八、是這些書還不如笑

機巧。

解頤。俏皮話

譏誚

當瞧

較對

林廣記哪，那笑林廣記雖然多半是刻薄人然而話說的機巧頗可解頤您看那書譏誚往往說的有那俏皮話兒會在是怡當九可是有一層那書譏誚人的地方說太多未免有傷忠厚據我想看閒書雖然是為消遣解悶兒然而也要看有點兒益處的書土綱的您瞧我這買了一部人人兒當瞧的書很好土甚麼書鑑易知錄是這書好甚麼板的五咳您買石印的麼、近來石印書錯字太多雖然那書工都印着較對無訛的字樣，究屬不安當不過就是便宜您是多兒錢買的共十二吊錢買的、走還倒不貴有錯字沒有、大錯字是免不了可是還不多、紙也還

潔白

揭開

唐詩合解

解人頤

潔白、不過有一樣兒不好、大概是受了潮了、不然就是着了水了、有好幾本都粘在一塊兒了、我費了半天的工夫好容易繞都揭開了、克那是受了濕潮了、又擱在別的書底下老沒動壓的粘住了、這却不碍的、是那兒買的、于是指正堂買的、世指正堂的書近來雖然齊全、然而要是上講究的書還怕沒有、以後您要買甚麼工講究的書總是大書舖的好、新近我們相好的還不是買甚麼書不過買了一套唐詩合解和一套解人頤就是在指正堂買的、價兒很大、賣在是上檔極了、世那自然是不如大書舖我是圖他近、所以就在他那兒買了、後來要買甚麼大書、一定在琉璃廠買

街工。揭帖
接受
結案
揭告

去、		第一百四十齣
街工揭帖 接受 結案 揭告		
局差 解到 解省		
解差 解省 解送 解勸 悄悄兒的 街前	結怨 結交 結仇 結	
一大哥您瞧我昨兒在街工看見各處貼着好幾張匿明揭帖全是		
說地方官的不好死工頭的話實在是利害又是甚麼接受陋規啊		
又是甚麼受了賄賂不給人結案啊又是甚麼再不正經辦案百		
姓就要揭告咧都是這些話據我想現在這些地方官也還都算		

結怨
結交
結仇。揭告
結局。揭短

不錯他這是成心和官結怨可惡極了二你說的是他們這些小人們大半都是遇事生風地方官老不合他們的式要是那些愛結交劣紳的官地方工有甚麼事都順着他們的意思他們就倚官仗勢剝削小民這個官還可以長遠如果遇見公正的官不能由着他們未免的就和他們結仇他們不想那些巰視官長揭造就是名處貼匿名揭帖可恨之至他也不是大家捏造公呈揭告言生事的有甚麼好結局而且與平常人不對還不可揭短哪況是官長更不可混說了幸爾貼匿名帖的人被官拏住還有罪哪不然他們還不定要怎麼鬧呢三據我想官場中必得定一個

碣石
劫奪
解送
解勸
悄悄兒的
街前

利害的章程如有貼匿名帖的一被拿獲就照叛逆治罪慢慢兒的就沒有敢作這個事的了，四是的我那一年在廣東碣石鎭衙門就我們東家就派人購線各處訪拿沒有一個月的工夫就把物去我們東家就派人購線各處訪拿沒有一個月的工夫就把首縱名犯拿着十幾名都解送到縣裏去審辦這就算是極好的了，沒想到這個紳士他還不答應一定叫官賠他銀物官不賠解勸開導他到了兒不依這也還不要緊那兒知道他見官不他贓物他就悄悄兒的逐使人在衙門口兒貼匿名帖工頭寫着怎麼文官和賊是一氣兒武官怎麼受賊的賄賂而且各熱鬧街

解差。解到
解省

撬開	撬開門	鞘子	墻根	接手	揭起来	揭炕面子				

第一百四十一章

些人總得這麼辦以後還少些兒
孽由自取嗎要是他不貼匿名帖如何能犯這個罪呢五不錯這
省裏去了趕到解省之後派首府問了幾堂紳士派了四名解差解到
知縣立刻把這通詳工憲並且把這個紳士就定了罪了你說他
派差把他提案過了幾堂挨了幾回打這纔認了是他叫人貼的
繞訪明白是這個紳士叫人貼的當時就告訴縣裏縣裏趕緊就
前都貼遍了我們東家瞧見這個氣極了立刻派人密訪好容易

撬開
撬開門
鞘子

接應	劫盜	被劫	借銀子	借貸	借去	借字	結了

老弟我新近聽說您那兒開賊來着是幾兒的事情啊二工月二十六日夜裏三丟了些個甚麼是打那麼進去的四是從後頭院子來的把西廂房的門給撬開了進去的冊怎麼也沒人聽見嗎那屋沒人住要是有人住怎麼能叫他撬開門呢好在丟的不過是些個舖蓋捲兒虎皮桌圍椅披甚麼的雖說是值錢卻還不是現在得用的並且也還可以買得出來就有一樣兒一把腰刀易買了卅是甚麼卅是我們先曾祖出兵的時候兒用的一把刀聽說斬過好些個賊了刀很好不過就是鞘子壞了因為現時

墻根
接手。揹起来
揹炕面子
接應

没用處所以就攔在堆東西的屋裏也隨着
真是個笨賊他把後院子攔着的酒罈子搬了七八個堆在墻根
兒底下作接手、他把那屋裏的炕面子也給揹起来了、大概他疑
惑炕箱裏有銀子所以繞揹炕面子您説可笑不可笑那麼丢
了有多少東西卌丢了有一百多件東西卌這麼看起来必不是
一半個人一定總有三四個人外頭必還有接應要是一兩個人
必孳不了這麼些東西去ッタ那麼您報了地面了没有土報了
他們應着拿賊這現在已經十幾天了、還一點兒端倪没有哪卅
他們這地面兒工可不就是這麼着嗎拿着賊的有幾個去年西

劫盜 被劫
借銀子 借貸。借去
借字
結了

城我們親戚那兒那個劫盜的大案到今兒還沒拿着一個賊哪何況這個竊案他們更不工緊了我們親戚就解去年一被劫家裏甚是艱難新近還託我給他借銀子您想如今這個景象倍貸的事實在是不容易我那兒給他借去呢前兒我還到我們相好的那兒給他問了問我們相好的說手下現在是沒有現銀子他外頭雖有幾筆賬不過是空收着些個借字兒利錢不必說連本兒也都歸不進來所以現在他不肯放賬了您說我們這個親戚他可怎麼好好在您現在還不至於像他那麼糟只可就等他們地面兒工慢慢兒的訪拿就結了血也只好是這麼着

解令親門口兒過
結彩
結的親
隔壁兒

第一百四十二章

解令親門口兒過　結彩　結的親　隔壁兒
解元　癬子　解他們那兒　卻了去了　潔浄
癬　解散　解毒　節帳　節下　節根兒底下　過節　巧極了　結親
您昨兒大概是行人情去了罷、不錯、我昨兒行人情去了、你怎麼知道了、三我昨兒帶着我們舍姪上北城解令親門口兒過瞧見他們那兒懸花結彩車馬盈門我想必是他們大少爺成家您一定去行人情四啊那就是了、五令親是和誰家結的親六就是他們東隔壁兒七、這辦事可倒近便就是娶送親的人也省事這

巧極了。結親

解元

癩子

解他們那兒

家兒怎麼稱呼在那衙門當差、八和我們舍親同衙門、九這可真
是巧極了、兩下裏既是同寅又是近鄰如今又復結親真是十全
的美事您令親他們少君不是去年中的解元嗎、十是您昨兒帶
令姪上北城有甚麼事、圭是因為我們舍姪忽然腦門子上長了
一個癩子、上北城我一個外科大夫瞧去、圭那麼瞧了沒有
了他說怎麼樣、圭他說不要緊他給了幾貼膏藥叫一天換一回
的貼慢慢兒就破了一出膿毒氣一淨自然就好了、圭是了、你今兒
是打那兒來我今兒是上我們一個相好的那兒去來着這是
解他們那兒來、圭真有甚麼事麼 圭是我是去瞧他去了因為他上

截住
劫了去了

潔浄
疥癬。解散
解毒

月上張家口收租子、回来在道兒上遇見一群強盗把他截住
衣服銀兩都劫了去了、他這麼一嚇到家就病了、請大夫治了二
十多天我今兒去瞧他漸漸兒的好上来了大概不要緊了、
卄一令姪那個瘤子從貼工膏藥怎麼樣卄二今兒更大了、大概總得
十天八天纔能好呢卄三您倒不必給他胡治既是貼這膏藥慢慢
兒等他熟了自然就破了只要一破把膿出浄了、就好了、可是有
一層他要是一出膿千萬常用浄水給他洗洗總以潔浄為主凡
這毒瘡、以及疥癬等類都要潔浄果能常用浄水洗他最能解散
毒氣比上解毒的藥還好哪卄三是的承您指教我今兒回去就照

節帳
節下
節根兒底下
過節

樣辦罷那就很好〔卅五〕那麼我也不坐着了〔卅六〕此甚麼呢芷我還要到四牌樓給人送筆節帳去哪芷這怎麼這時候兒就還節帳離節下還遠哪芷就是這麼着早送節帳去完事省的到節根兒底下又要張羅過節心裏亂的荒你想不好嗎芷好那麼我就不留您坐着了〔卅一〕偺們改日再談罷〔卅二〕就是就是改日見

第一百四十三章

節氣	節候	節令	節孝	節婦	節目
解開	解衙門裏	解那一天	接二連三	借東西	解鈕子
借去	借給	不借給	不能借	去借了	借來	借不甚麼

節氣
節候
節令
節孝
節婦

一 這兩天好冷現在還沒交九月的節候所的節氣就這麽涼要到立冬又該
了來 借光 賜借 借不著 捷足先登
當怎麽冷呢 二 真是的近年的節候不準了我聽說老年一瞧
天氣不必看時憲書就知道到了甚麽節令了雖然不能一天不
能一日日差大概總八九不離十兒不像如今這麽著 三 不錯您
說的是這兩天這麽冷大概您總沒出去罷 四 我那兒能不出去
呢官差私事沒有一天得閒近來衙門是天天兒得去再加上應
酬親友要想在家裡歇一歇兒是萬不能的 五 您貴衙門向來是
清閒的怎麽近來會這麽忙呢 六 近來各省奏請旌表節孝節婦

節目

解帶子。解鈕子

解開。解衙門裏

解那一天

接二連三

的以及建祠入廟的，紛至沓來這些個都是交議的事情議得了還得送呈各堂閱看閱看妥了，各堂畫了稿然後辦摺子出奏那一件不得我們經手過所以這幾天忙的利害那兒像你們衙門除了大關節目的日子得去，此外竟是閒著呢，我們衙門近來也是事情多、就拿上月說罷那一天已經二更多了我已經解帶子上炕了正在解鈕子脫衣裳剛解開忽然解衙門裏來了個知會有緊要官事得上堂官宅沒法子又從新把衣裳穿上下了地拿出官衣兒來換上趕緊坐上車就走了趕到差使完了回來就雞叫兩遍了，解那一天就接二連三的上了七八趟借東西。借甚麼。
借去。借給
不借給
不能給
去借了。借來
借不了來

衙門好容易繞消停了、不過是忙了那麼一陣子不能老那麼忙
就是了、八據我說比我們衙門到了兒舒服多了、九那是自然的
您今兒有差使無有、十今兒雖沒差使我打算待一會兒上我們
親戚那兒借東西去、土您借甚麼、土後兒不是萬壽嗎可巧我有
差使得穿花衣我沒這麼東西所以得借去還不知道他借給我
不借給我呢、圭那怎麼能不借給您呢、盐怕是他也有差使可就
不能給了、圭令親在那兒住、圭他在西城住、圭據我想您不必去
借了借來還好尚或他也有差使借不了來那不是大遠的白跑
嗎、夫那麼後兒我穿甚麼呢、九我想您要是可以將就我倒有一

借光。賜借

借不着

提足先登

件草蟒袍可是太舊一點兒如果您肯用明兒我打發人給您送來手好極了那麼我就借光求您暫賜借一用我這不過是當差使使是蟒袍就得了何必新的呢‖那就得了這個日子是有差的都得用蟒袍萬借不着您就是賃去也怕有提足先登的前兩三天早都賃了去了您想對不對‖不錯很是

第一百四十四章

隔二騙三　解走　解和

暫且　借住　介意　結了　借出去　截住去路　劫了去了

了結　勸解　究宜解不宜結　解你手裏　截路　解恨　結案

隔二騙三。解之
解和
借出去

老九聽說您這程子差使很忙、累着了、我今兒個特意來望看望
看、二承您惦記着我自工月直忙到昨兒這個十三所沒閒工夫
兒、天天兒是連黑家帶白日老不能在家雖說是隔二騙三的也
歇了兩天到了兒是不解之算是這兩天差使纔輕省一點兒了
三是那麼您今兒有差使沒有、四我今兒沒差使倒是打算後半
天兒到我們相好的那兒給他們解和一件事情、五是甚麼事情
六是這麼件事、為得是每月進點兒利錢添補着過日子、新近他
錢都借出去了底下人到各處取利錢去了一天沒回來第二天纔回
叫他的底下人到各處取利錢去了一天沒回來第二天纔回

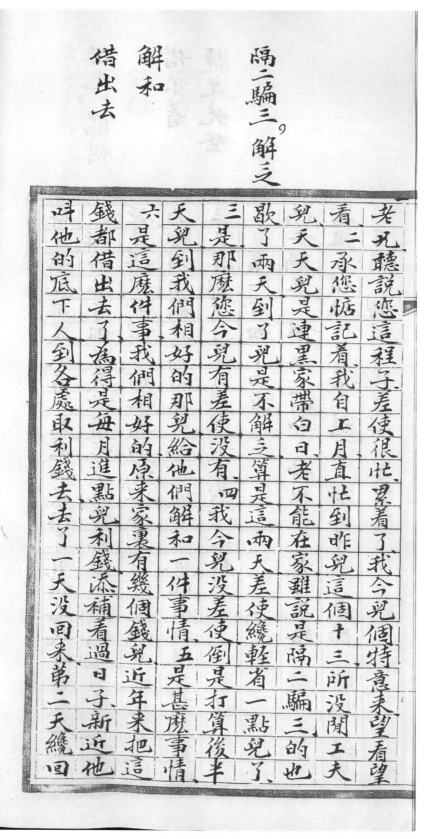

截住去路
却了去了
暫且借住

介意
結了

解你手裏

来他告訴說我昨兒把利錢取齊了天就黑了我走到半道兒上碰見一夥子人截住去路把我的衣服剝下來連取來的利錢都却了去了這麼着我沒法子就暫且到小的親戚那兒借住了一夜所以今兒纔回來我們敵友聽了這話就問他你到厲兒上報了沒有他說敝友說你為甚麼不報他說報也是白報還能我得回來嗎擾我想丟點銀子您也不必介意不如認個背運就結了敵友聽他說的所不像話可就生了氣了就說你這全不像人話我叫你去取利銀就這麼一說丟了也不找也不報就結了那可不行既是解你手裏丟了那就是你賠我他說又不是

截路

解恨
結案
了結。勸解
寬宜解
不宜結

我使了明明白白的是被強盜截路搶了去了、怎麼叫我賠呢、敝友聽了這話更氣極了、立刻就把他送下來了、趕到了衙門問官、這麼一加刑訊敢情是他把銀子都輸在寶局上了、敝友聽了這個情形恨不能一口吞了、纔解恨、哪這麼著叫他賠定了、要是短了一分一厘、是不結案、現在連官都法子叫他交這個銀子就是要了他的命也是沒有不叫他交銀子、敝友說、勸解勸解他、在是所不能了結、所以我想今兒我去和敝友說說、叫他鬆一把兒、您想就是要了他這底下人的命也得不回銀子來了、俗語說的、寬宜解不宜結、莫若求官按律治他的罪就得了、

截殺

第一百四十五章

截殺	節署	結盟	勾結		
傑	勦滅	解圍	接丈	攪亂	
解不出	能解	姐妹	翹翹	刼數	勦辦
解法	這麼解	解不開	隔三跳二	解一解	堵截 豪
			前半節 後半節	解的出	

一、大哥我來請問您一件事大概您總還可以記得請您說給我聽
二、甚麼事情三、我聽說咸豐年間南邊有股子賊叫長毛兒鬧的很利害到處截殺擄掠佔了好幾省的地方兒後來是怎麼滅

節署
結盟
勾結。攪亂
刧數。勸辦
堵截。豪傑
勸誡

的四您聽我把這個大節署告訴你這個長毛兒的頭兒叫作洪秀耀聚集了好幾萬人招軍買謀為不軌又有些個結盟拜會的也勾結在一塊兒他們就反起來了佔了金陵南幾省攪亂的不堪百姓遭這個刧數的真是不少屢次派兵勸辦無奈賊勢浩大堵截不住雖然那時候兒的兵将内中豪傑也不少然而遍地是賊那兒能除得盡呢後來還是曽文正公打了幾年繞把長毛兒給勸誡了至於怎麽長毛兒起的事怎麽結納匪黨和官兵怎麽打的因為我那時候兒歲數兒小也都記不清了五是了這我就可以知道大概了六您怎麽忽然想起問這個來了七是因為

解圍。接仗

接應

解夢。解一解

解的出，解不出

能解。姐妹

昨兒在我們本家那兒和我們族叔提起話兒來了，我們族叔就講究他老人家怎麼出兵怎麼解圍怎麼接仗又是怎麼後來打接應說的熱鬧極了，我以為他老人家唱兩盞酒兒隨便談談所以問問您今兒聽您這麼一說敢情是真有這個事、在有的您今兒就是特意為這個事來的麼、九一則為問這個事、還因為我昨兒夜裏作了一個夢我覺着很不好您向來看過解夢的書求您給解一解您作了甚麼夢了請說一說我可不一定解的出來解不出來土我想你一定能解我夜裏夢見我和好些人在一塊兒說話兒內中有我的姐妹也有別的親友還有幾個

趔趄
隔三跳二
前半節
後半節
解法

已經過去的人忽然又變了、彷彿是我在一個山上走、那個道兒曲曲灣灣的很不好走、又有泥水、細一瞧、彷彿墊着一溜磚兒、我沒法子、就硬着胆子、解一頭走、心裏想着、我要是一個趔趄就掉在泥裏頭了、誰知道一走到磚兒上、不知不覺隔三跳二的平平穩穩的走過去了、趕到了那邊兒、就瞧見山青水秀、翠柏蒼松、另有一番雅趣、心裏樂極了、正在高興猛然聽見一聲鷄叫、就嚇醒了、這個夢主甚麽、主這個夢不錯、前半節兒雖然是和已故的人說話似乎主有口舌、然而後半節兒把難過的道兒都過去了、一定主先難後易、先險後平、這不是個好夢麽、主是您這個解法、儘在

這麼解
解不開

有理要不是您這麼解我到了兒還解不開是吉凶呢西叫你說得了我這也不過是胡批評罷咧主那兒的話呢您駕去豈敢豈敢

第一百四十六章

急切 借一借 借主 借妥當了 借主帳主 借水行舟

巧機緣 接續 關切 切切實實 誠勤 戒賭 戒烟 戒酒

不必戒 切己 切不可 不介意 切要 而且

我昨兒在齊化門看見您坐著車進城也沒敢招呼您您是打那兒回來 二 我是前兒上通州昨兒纔回來 三 您上通州是甚麼事

急切

借一借。借主

借妥當了

借主帳主

借水行舟

情四別提了、是因為我們換帖的、他有點兒急切的事得用幾百銀子、一時湊不出來、他所以來託我給他借一借、我給他張羅了幾處都要借主的押頭兒、因此全沒成這麼着、我前兒想起通州的我們一個親戚、來所以立刻我就去了、還算好、我一和他說當時就借妥當了、這就等着我們舍親一半天進城給他們、借主帳主見一見當面一說、就可以過銀子了、這麼看起來您這一盤還算是不白費事、您令友的事情、倒可以過得去了、實在有您的好處、六這也不算是甚麼好處、我這也不過是借水行舟、要是沒有通州舍親那兒、我也沒地方兒張羅去、究屬我們換帖

巧機緣,接續,關切
切切寶寶
誠勸
戒賭。戒烟
戒酒
不必戒
切己

這位、他的有這個巧機緣、纏有這個接續、七雖則是這麼說到了兒還是您關切的朋友繞肯大遠的去張羅、如今人遇見朋友難處誰肯幫助一把兒即或有也不過是冠冕堂皇的問幾處斷不肯這麼切切寶寶的辦去、這您說的卻是寶因我這位換帖的他我如同親手足一樣兒我有甚麼過錯他就當面誠勸前些年我待我這些嗜好一樣兒也沒有了、後來我想着法子給我戒賭戒烟如今是吃喝嫖賭外帶着吃大烟多虧他說酒大可以不必戒不過少喝點兒別叫酒給拿住就得了、您想他這麼待我拿我的事情這麼關心切己如今他託我這麼點兒小事、我豈可

切不可

不介意。切要

而且

不切賣的替他張羅呢、大凡為人切不可忘恩負義、要是曾經受過人的好處、人託點兒甚麼、你毫不介意、不當切要的事辦去、那還算人嗎、九賣在是的、可是您這盪通州也沒帶點兒醬豆腐來嗎、十沒有我忙着回來、那兒有工夫去買呢、不但這個而且連通州城也沒到、就到了我們親戚那兒說完了事住了一夜、第二天就回來了、土啊是了

第一百四十七章

乾疥	疥瘡	疥		
	受戒	借我的		
	借屍	疥膿		
	香界寺	疥毒	借名	戒和尚
	大覺寺	戒指		
	茄	切麫		攢疥

疥瘡

疥

借我的

疥膿

疥毒

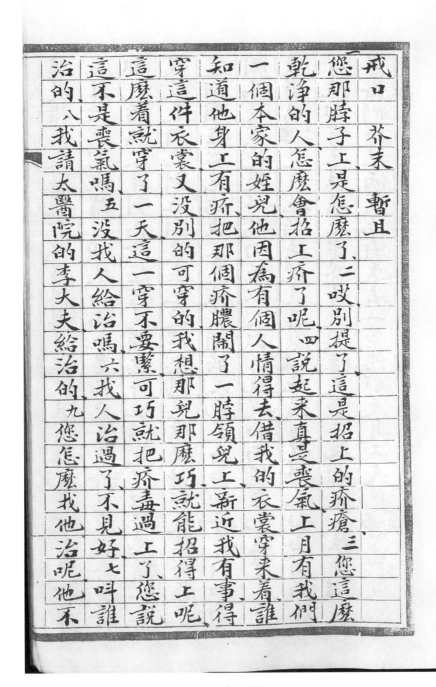

戒口、芥末、暫且

一、您那脖子上是怎麽了、二、哎、別提了、這是招上的疥瘡、三、您這麽乾淨的人怎麽會招上疥了呢、四、說起來真是喪氣、上月有我們一個本家的姪兒他因為有個人情得去、借我的衣裳穿來着、知道他身上又有疥、把那個疥膿鬧了一脖領兒、我新近我有事得穿這件衣裳又沒別的可穿的、我想那兒那麼巧就能招得上呢、這麽着就穿了、一天這一穿不要緊可巧就把疥毒過上了、您說這不是喪氣嗎、五、沒找人給治嗎、六、我治過了、不見好、七、叫誰治的、八、我請太醫院的李大夫給治的、九、您怎麽找他治呢、他不

借名
戒和尚
攢疥。乾疥
受戒
借寓
香界寺
大覺寺

過是借名太醫院那兒懂得醫道呢況且外科他更不行了你要打算治我倒認得一個戒和尚他善治惡瘡至於甚麼攢疥乾疥都能治無不手到病除您若是願意叫他治我可以替您請他來或是我同您到他廟裏去也使得您想怎麼樣十那敢情好極了這個廟在那兒呢他順不是城裏頭的人他是西山岫峰寺的和尚因為受戒受過好幾回所以人都叫他戒和尚現在他在賢良寺裏借寓了他的法號是甚麼三冊他法叫俁禪他和西山的各寺院都有來往甚麼番界寺大悲寺大覺寺他都常去佳着儘那麼偺們哥兒倆到他廟裏去一遍您那天有工夫兒十偺們後兒

戒指

茄　切麵　戒口　芥末

去罷哺就是刪我也不坐着了，您再談一會兒忙甚麼呢先不咧了，我今兒本是上四牌樓給我們姑娘取戒指兒去順便到您這兒不知不覺的談了這麼半天得走了，就是取戒指兒還有別的事沒有，既沒別的事了，既沒別的事多坐一坐兒吃了飯去好不好，既是您這麼留我我就在您這兒吃您可別費事，就是隨菜隨飯決不費事我們今兒吃熬茄子和拌粉皮回來給您買點兒切麵炸點兒醬就得了，很好可是那拌粉兒您可千萬別擱蒜因為我那病纔好了幾天兒現在還得戒口吃不得蒜如果怕他沒味兒擱點兒芥末也是一樣，就是您放

暫且

切切。借問

```
心罷，一定合您的口味，您暫且坐一坐兒，我告訴他們弄去，稍候
就來。第一百四十八章
苟且　您請便
切切　借問　界限　切當
戒色　戒貪　切磋琢磨　苟且　切音　一介不與　一介不取　戒尺　藉此　膽怯
且顧眼前　一節　且慢　切開
大叔您好啊二好，你好啊三好，四你今兒沒工學嗎五今兒我們
老師有事放一天學，六啊是了，昨兒初八的課期甚麼題目七文
題是朋友切切偲偲兄弟詩題是停船暫借問得船字八好作的
```

中1-87b

界限。切當

一介不與
一介不取
戒色。戒貪
切磋琢磨
苟且
切音

得意不得意。九作的壞極了我們老師批的是界限不清,詩切當
十本來這宗題目不容易多偺你再來的時候兒把窗課帶來我
看看,土是,你們這位老師是個舉人,主是一位老塾生、
品行極高素來是一介不與家法極嚴我們師兄稍有
一點錯兒就打一百戒尺常時和我們眾學生說起話兒來就說
你們少年人第一要戒色第二要戒貪至於用功一層最要緊的
是切磋琢磨的功夫萬不可苟且偷安無奈我們同窗諸人連我
都算上沒有一個有材料兒的不用講別的就是那一天我們老
師和我們講論切音,我們大家連一個行的都沒有我們老師氣

切齒 　　藉此　　膽怯

得咬牙切齒、您說我們眾學生不是辜負老師麼、這却無妨、只要你們大家潛心用功、自然有成就的日子、至於你今兒來、是閒談、是有點甚麼事情、倒沒甚麼事、不知道可以告訴我聽請安藉此跟大叔討教、你有甚麼事、不知道可以告訴我聽聽、我知道的必告訴你、先也沒別的、就是因為姪兒今年報了考了、一切小考的規矩都不知道、求大叔細細兒的指教指教、這沒甚麼難的第一把心放寬了、千萬不可膽怯、點了名進去、我着自己的坐號、只管消消停停兒的、把筆硯擺好了、趕到題目下來、靜靜兒的細思慢想、不可太矜持、也不可荒唐、趕到作得了、慢慢

且顧眼前一節
且慢切開

兒謄寫寫得總要乾淨萬不可草草了事且顧眼前忙着出場、你就按着我這話辦去萬沒錯兒至於場俱一節萬別多帶多帶多累且慢說的就連吃食都要少帶現在是夏天瓜果不能不帶點兒可千萬不要帶西瓜怎麼呢整着帶太大切開更不行了、所以還是不帶為上、也是別的還有甚麼、也沒別的了、也是那麼姪兒也不坐着了、改日再給大叔請安、也忙甚麼了、也姪兒還有事哪、芸可是府考有日子嗎、芸有日子了就是這個月十七、芸那

第一百四十九章

麼第一百四十九章 芸不敢當大叔請回罷、三爺請了請了

界石

界石	芥菜	怯小子	竊盜	
人怯心不怯	聖定不移	怯頭怯腦	怯	
怯心	奸狡	奸巧	奸壞	奸詐	奸計	監守
監獄 姑且		監押	奸險	奸猾	奸賊	怯樣子	竊取	監斃

我聽說您新近把看坟的送下來了、是爲甚麼呀、咳、說起來真
的把人氣死、是這麼回事情、上月我同着相好的出城逛青兒
可巧打敞瑩地那兒過、瞧見界石短了兩個、我同着人也沒有工
夫問看墳的當時一聲兒没言語、就回來了、這麼着、過了兩天、我
特意又去查看了一回、不但石頭椿子短了、連松樹都丢了五六

芥菜
怯小子
監守
竊取

棵,而且坟旁邊兒種着好些個芥菜我立時就上了氣了,把看墳的叫出来一問這個怯小子真可惡他說這是我不了的事情不能按着竊盜說叫我認個樵氣就得了,這麼着我就說,你為甚麼不小心看守會叫人偷了去,並且你還在坟旁邊兒種菜,你饒不自己認錯還拿話頂撞我我就送你辦你監守自盜他聽了這話就說那隨您的便怎麼辦怎麼好橫豎我沒竊取您說可惡不可惡所以立時我就把他送了三那麼現在衙門怎麼辦的呢四現在還没定案哪過了兩堂他是咬定了牙不認在監裏押了八天了,您瞧就這麼個怯頭怯腦的,看坟的小子他會有這麼大膽子,怯頭怯腦。人怯心不怯。
堅定不移。奸險。
奸詐。奸猾。奸巧。
怯様子、怯心。
奸狡。奸壊。奸計。
監押。奸

五您可別說他怯、這些郷下人是人怯心不怯、他要是出一個壞
着兒比城裏頭的人利害多了、並且他立定一個主意無論您怎
麼治他、他是至死堅定不移、他那心裏是極其奸詐不知道的都
說一個郷下老兒有甚麼奸險地方兒可那兒知道呢、他外面兒
雖怯、心裏更是奸猾可千萬別叫他賺了、六不錯、是的、就以我們
這個看墳的說罷雖然那麼個怯様子並不怯心說話很奸狡足
見他心裏奸巧、他也不想想你無論怎麼奸壊用甚麼奸計除非
是朦那糊塗人要是遇見我那算是白鬧了、到了兒還是各人把
各人害了、這如今監押起來了、還奸到那兒去我打定了主意了

奸賊。監斃

監獄

姑且

他要不給我把界石和松樹都賠上、我就求官把這奸賊監斃了、
七、這您也不必動這麼大氣求官嚴嚴兒的辦他就是了、俗語說
的好得容人處且容人您想對不對他如今既賣看監獄的滋味
兒了、我想他必後悔認罪了、如果他肯服軟兒您姑且開點兒恩
求官責罰一頓放了他就完了、八、您說的也是且看他認罪不認
罪再說罷九、是

第一百五十章

簡放	煎炒
監司大員	堅實
妾	切肉
國子監	切斷
	艱苦
監督	一時間
兼	
欽天監	監察
	監生
	艱苦

煎炒。堅實

切肉。切斷

艱苦

| 備嘗 | 借您吉言 |

一、大哥我聽說您要僱廚子是有這麼件事嗎、二、不錯有這麼句話、三、您不是有廚子嗎怎麼好好兒的又要換呢、四、這個廚子所以趕緊得我一個五啊、爲甚麼走了、六說起來也實在可惜這個廚子人很忠厚、又有能耐一切煎炒烹炸樣樣兒都好而且堅實可靠買肉買菜一個大錢都不賺昨兒這個年前他切肉沒留神把左手的二拇手指頭切斷了當時他就昏過去了、我聽見說了、趕緊的我出刀瘡藥來給他上工這纏把血止住這麼着、趕緊叫人把他送回他家去了、但是他家裏艱苦萬狀後來又打發人

一時間

監察

監生

給他送了五十吊錢去為的是好養傷前兒聽見說他手又着了水潰膿了大概一時間不能就好故此我打算先買明兒我一個人替着他等他好了再說八是了我那兒陳底下人還倒老實明兒我打發來叫他替些日子等您這個廚子手好了再叫他回去您想好不好那敢則好極了不過是您那兒又缺兩天兒使喚十這無妨還有倆人哪發用的了土那麼就這麼辦罷可是我和您打聽一件事土甚麼事土我聽說您貴本家得福建道監察御史了西可不是麼我們這個敝本家官運很好他由捐監生到現在不過繞十年的光景居然得了御史真叫人羨慕主您這位貴本家

簡放
監司大員
妾
國子監
監督
兼。欽天監

今年高壽䛇那兒啊他還小哪今年纔二十八歲主這可真是造化這麼看起來不久就可以簡放府道了現在他們府上都有甚麽人手還十歲不愁不是監司大員了兀那是自然的他要到四有我們伯父伯母小一輩兒的是他們夫妻倆他還有兩個妾再還有他三個兀弟、也是那兒老伯榮任那衙門䛇我們這位伯父從先當過國子監的祭酒現在是工部侍郎今年又兀崇文門副監督廿他們這三位令弟都是甚麽着差使司員外兼車駕司、一個是欽天監筆帖式、小的兒是個文秀才、今年郷貢過一回試了、廿據我看您這一支貴本家實在比您這邊兒

艱苦備嘗

借您吉言

興旺多了，廿六是的，我是從小兒就沒享過福，這些年是艱苦備嘗算是今年的差使略有起色，不知後來怎麼樣，芊，這您倒不必着急，既是今年較往年有起色，從此否極泰來，大概後來必都是順境了，芊，但願如此，那我就樂極了，芊，一定能如您的，手借您吉言罷。

奸盜邪淫
姦情

第一百五十一章

奸盜邪淫	姦情	捉姦	姦婦	姦夫	奸細	奸惡
奸黨	漢奸	奸極了	奸佞	堅心	姦究	奸雄
監犯	犯姦	監禁	堅固	堅意	姦所	姦邪	姦淫

久違久違您這一向好啊、二託福託福老弟這一向好、三近來倒還順當、四今兒是打那兒來、五我今兒前半天兒上衙門趕從衙門出來順路又拜了兩家兒客、六你們衙門近來又問了些甚麼案子、七咳了不得那一年也沒有今年的案子這麼亂的了、奸盜邪淫各樣兒的案都全了、上月是問了兩件姦情的案子一件是

捉姦。姦婦。姦夫。姦所。姦細。姦惡。姦雄。姦黨。漢姦。姦極了。姦佞。堅心。姦究。

投姦只把姦婦拿住了、姦夫跑了、一件是本夫在姦所把男女倆人都殺了、自行投首的、又問了一起子明火還有中營拿住的那個姦細、也問了兩堂、那麼這些案子大概都沒定案罷、九有定了案的、有已經認供還沒定案的、獨有那個姦細到了兒沒口供、

我看那個東西實在姦惡萬狀、那是自然的大凡這宗人大而姦雄、小而姦黨、那一個心裏不姦惡何況他既當漢姦一定更是姦極了、可是這麼着、無論你怎麼姦佞、沒有不犯事的趕到犯事、

一受官刑任憑你怎麼能挺刑堅心不肯招認終久還得招承、有幾個挺到了兒的、要是都那麼不認供、就沒事了、那些姦究就更

姦邪。姦淫

監牢。監犯

犯姦。竊

監禁

堅固

目無王法了世界上還有不作姦邪的人嗎、至於姦淫的事情尤其是報應不爽俗語說萬惡淫為首、是萬不錯的、您說的是就是我們衙門裏的監牢那裏頭的監犯有好幾名都是犯姦的、其餘的犯人有犯竊案的有犯命案的有犯別的不法、永遠監禁到想這些罪人當初和他也以為犯不了事、所以繞這麼大胆妄為到此時那一個逃得過呢我想為人總是堅固守分要緊土不錯可是您今兒打這兒還上那兒去、上不上那兒去了、就是找您來閒談一談就要回家了、去您既是沒事、何妨在這兒飲一飲可以多說會子話兒去那兒有輕易不來了就叨擾的理呢去偺們至

堅意

難險

第一百五十二章

艱險	煎湯	煎藥	煎乾了		
艱難	艱困	肩膀子	間或	艱辛	熬煎
多少間房	間量兒	不見	改日見	儉省	煎心 堅牢
				儉用	堅守 堅壯

交說不到這個走、既是您堅意留我、我就尊命了、六、好極了、

一、大哥、您好啊、二、好、老弟好、三、好我是前兒纔回來的、今兒特意來給您請安、四、不敢當、實在勞駕的很、咱們有二年多沒見了、您這一趟外得意罷、五、也倒不大得意、不過勉强在外頭敷衍這二年就是了、從京裏一去的時候兒、道兒上經過好幾回艱險、趕一到

艱辛。熬煎
煎心。
艱難，堅壯
艱困
肩膀子間或
儉省。
儉用。堅守

了外頭就病了、一切煎湯熬藥、都得自己動手、他是全不會頭一回煎藥就給煎乾了、所以後來都是我自己手下又沒錢受盡艱辛真叫人心裏熬煎要是心窄一點兒就這個每日煎心也就活不成了幸爾我素來身子堅壯不理會這些艱難雖然這個艱困心裏毫不在意所以吃了幾劑藥就好了、六那麼您的病從那麼就大好了麼、七慢慢兒的就大好了雖然是肩膀子間或還疼、然而也就不要緊了、至於事體一層起初也是不見好、進項甚少、就仗着我諸事儉省不敢浪費一個大錢就這麼省吃儉用的二年真是立志堅守不敢稍有曠廢、縂不至

堅牢

多少間房
十幾間
間量兒大

不見

改日見

於流落他鄉要是心裡稍不堅牢也就飄流了還有今日嗎八是的那麼你現在回來是就在京裡耐着還是找出外的事呢九我現在也還沒甚麼準章程只可先過個三五個月再說罷十那麼您這回來現在住在那兒呢土暫且在我們舍親家寄居打算我房主打算我多少間房主我十幾間就彀了間量兒大的不行総是不大不小的纔好、士既是這麼着這容易等我給您物色主好極了、那麼我就託您了、我也不坐着了共忙甚麼了二年不見多談一會兒罷吉我還到別的親友處去呢怕去晚了不對大那麼我也不留了一半天給您謝步去圥不敢當偺們改日見罷了請了，改日見。

第一百五十三章

檢點 撿出來 箋紙 尖刀

箭亭子 射箭 見您 弓箭 尖兒 堅硬

箭翎子 賤價 明兒見 箭袋 鏃

箭杆子 箭靶子 鏃刻圖章

老弟在屋裏嗎，二在屋裏了，三大哥請屋裏坐，四這一向老

沒出去，竟在家裏作甚麼哪，五也沒事不過是看看書，六現在離

場期不遠了，也該把場具檢點檢點，省得臨時忙亂，七可說得是

哪，我也打算這一兩天把場具檢出來瞧一瞧，該添的該置的趂

箋紙
尖刀
尖兒堅硬
鑴
鑴刻圖章

早兒就把他辦了八不錯總是早辦早心静你那桌兒上攔着那一捲子是甚麼畫兒九不是畫兒是我們親戚送來的箋紙託我寫八扇屏的今兒早起把他裁出來不料裁紙的尖刀子我不着了所以就攔在那兒沒裁並且我的大筆也不行了都沒了尖兒了這大街上筆鋪的羊毫筆多半都攙麻堅硬的不受使打算出城買一管來十是的可是你提寫字我還有兩塊圖書過兩天我送了來求你便中給鑴一鑴琉璃廠鑴刻字鋪裏他那招牌上雖然也寫着鑴刻圖章究竟他們刻的匠氣所以必得求你土那容易不拘那天您打發送來就得了可千萬把刻甚麼文詞您給寫清

箭亭子
射箭
箭靶子　箭袋
弓箭
見您
箭杆子
箭翎子
賤價

楚了,主那麼我可就求你了,主就是您近來作甚麼消遣哪,
孟我這程子倒是常會工幾個朋友在箭亭子射箭别的也沒甚
麼可幹的、主是了,我這繞知道了,其你知道甚麼了,主這還是前
十幾天頭裏我們底下人他說他在街工見您帶着倆使喚人叫
他們拿着弓箭還有箭袋箭靶子往北去了,我聽人說
今兒聽您這麼一說我這繞信他的話是真的了,可是我聽
如今箭杆子箭翎子都很貴的了不得、十八是這麼了,你要是講究
好的一定是貴要是平常的箭也還不大貴,這也和你們寫字一
樣真正湖筆徽墨賤價絕買不了來若是平常筆墨也用不了多

明兒見

兒錢不錯的，我也不坐着了，忙甚麽呢，我還有事哪偺
們明兒見罷，您一定要支那麽就明兒見

第一百五十四章

箭廠兒胡同　謙恭　謙字　兼管　棟選　搠草除根　讒公　薦先

生　薦舉　間斷　剪子　建功立業　漸漸　簡直　謔　薦　

減成兒　儉節　儉薄　儉吞　儉樸　見諒　見面　見小

簡慢　見怪　見短

您這是打那兒來，我剛繞到了箭廠兒胡同，我們一個親戚家

道了個喜，這是打那兒來，您令親怎麽稱呼他姓謙恭的謙字

箭廠兒胡同
謙恭。謙字

薰蒸

揀選
擼草除根

薦先生
薦舉

間斷

號叫和齋，他現在是那衙門，每
事務，您到那道喜是他又得了懸麼差使嗎，也是他們少爺揀
選提督衙門揀選上了，他們幾位少爺十三位大的是在陝西
作知府，第二的就是繞說揀選提督衙門的第三的現在還念書哪
知府，因為勦辦回匪把一股子賊都給擼草除根了，後來保了
也進學沒有呢，他沒進學呢去年繞開筆趕後半年因為先生
散了，耽悞了半年的功夫今年春天他們託我給薦先生這麼着
我就把我們一位老世交薦舉了去算是這幾個月繞正經用功
沒有間斷了，大概明年小考罷，是了，您這一說我想起來了他

宏泰字號

剪子

建功立業

漸漸

簡直

謙公

減成兒

儉節

儉薄。儉吾

們府上原先在剪子巷兒住、前年纔搬到箭廠兒胡同的、是不是、喓不錯您怎麼知道呢、噷、這一說我們還是出了五服的遠本家哪、他們工業作過特軍在西路頗頗的建功立業後来不記得因為甚麼事革了職了、從那麼漸漸的就敗上来了、趕到咸豐年間他們家簡直的沒飯吃了、那時候兒這位謙公也就在二十上下的歲數兒還常上我們這兒来哪、正趕工官員的俸減成兒我們的先祖那時候兒正當禮部郎中、家中也是很緊切所以也不能顧贍一家兒、就仗着我們家裏過日子儉節飲食服用諸從儉薄親友家都笑話我們說我們太是儉吾我們任憑他們笑話到了兒

儉僕
見諒。見高
見小
簡慢

總是儉僕、所以纔能勉強支持這位謙公、因為我們沒幫助他、
他很不見諒、從那麼就腦了、後來也就沒有來往了、雖在別處見
面、也不招呼了、不料他現在這麼發達了、這可真是否極泰來了、
真我今兒聽您這一席話、這纔明白謙和齋的話了、這個人真是
見小、他說甚麼話來着、我纔在他那兒臨走的時候兒他留
我吃飯、我提我還要工、您這兒來有事哪、他聽我這話、就哼了一
聲說、你工他那兒去、不怕簡慢嗎、我就問他、您這話是有甚麼緣
故嗎、他說沒甚麼緣故、我不過說着玩兒、這時候兒我纔明白他
這簡慢的話了、兩這也無怪他彼時賣在也是我們欠點兒親睦

見怪。見短

南剪子

的情分所以招的他見怪實在不算他見短這話也是

第一百五十五章

南剪子 剪壞了 剪刀 剪絨 剪開 剪裁 蠟花剪剪

蠟花 見效 減去一半 見您 撿什麼 瞧見 撿起來

撿窮的 撿了去 見天 撿字紙 撿簡編 箋札 東帖 撿

察見着 減輕 見風 改日見

您今兒早起工那兒去了偺們遇見也沒得說話二我是給我們

舍親送點兒東西去、三送甚麼去呀、四我們家先先前打南邊帶

了些、把南剪子來昨兒我們親戚捏起裁衣裳來他説把材料都

剪壞了、剪刀、剪絨
剪開剪裁
蠟花剪
剪蠟花
見效
減去一半
見您
撿什麼、瞧見
撿起來

剪壞了、我就問他怎麼會壞了他說近在前門剪刀鋪買了幾把使了幾天兒就鈍了連剪絨都不能剪開要用他剪裁衣裳就更不行了説是現在他們把這幾把剪子當蠟花剪兒用拿他剪蠟花兒所以把家兒帶來的南剪子給他送了幾把去五您作甚麼那麼忙呢六倒是因為我這兩天有點兒不舒服昨晚上吃了一服藥今兒早起很見效把病減去一半趕我走到街上風颳的冷極了我怕着了涼又重落了所以快快兒的走七那就是了八今兒早起我見您在街上彎着腰兒撿什麼呢九我是瞧見好些字紙所以我把他都撿起來者

撿窮的
撿了去
見天
撿字紙
簡編
箋札束帖。
撿察
見着
減輕

得過来過去的人齒而且免得他們撿窮的撿了去胡亂攪在膁
紙一塊兒我是沒有工夫兒若是有工夫兒我一定是見天在各街
工撿字紙等着存多了送在敬惜字紙局子裏把他焚了我前幾年
若過見街上有換取燈兒的他那爛紙筐裏頭有殘破的簡編和廢
了的箋札束帖我就拿幾個錢買了来撿察裏有用的就把他
留着十分殘破無用的就把他焚了、您這一番存心實在是好、
我此後要是街工見着字紙也照你這麼辦福不敢邀就求把罪
過減輕一點兒就得了、土好極了、我要走了、圭忙的是甚麼击
忙却不忙倒是我瞧這天有點兒要起風怕是我這不舒服一見

改日見

減筆字

第一百五十六章

風就壞了，主那我就不留了，去俗們改日見。

減筆字　減價　減少　見不得人　揀擇　減筆寫　減損

簡簡決決　見過　全秉　見不得　簡放　間字　繭綢　束書　函件　見笑　見他　見不著

簡捷　見教　簡便　明兒見

見了　挑揀　見識　見不著他

我上回託您我人抄的書抄得了沒有。二得是得了，我瞧他們抄的好些減筆字我沒要叫他從新寫三您幹甚麼叫他從新抄呢四說起來本不要緊，即或有幾個減筆字或是破體字也不要緊

減價減少

見不得人
揀擇
減筆寫
減損

但是當初和他一講的時候兒、他一定要八百錢、一千字斷不肯減價兒、我又託別人和他說、他說一個大錢也不能減少、我說可是這麼着價兒依了你的要是寫的不好、或是有減筆字、或是落字錯字、我可不要他說那是一定的、如果有這幾樣兒毛病我另給您寫、所以我現在叫他從新寫、五您我的這個寫字的他寫的怎麼樣、六還倒將就的、不至於見不得人、七據我想您未免揀擇大苛了、既是就可以用的、就不必叫人又費事了、至於字偶有減筆寫的、那也不要緊、八既是您願意將就用那麼就把他取來可是總得減損點兒筆資纔公道哪、九您辦事作甚麼這麼刻薄呢、

簡簡決決見過，全柬簡放，簡字柬書函件見笑。見了挑揀

見識

見不著蘭紬。見他簡揀簡揀見不著。見教

依我說簡簡決決兒的、照數兒給他筆資就得了、您還沒見過哪、我那年找人寫全柬那個簡放的簡字、他還寫個閒字哪、至於別的柬書函件、連着的錯字白字賣在叫人見笑、您要是見了這個字還不知道怎麼挑揀呢、我也並沒打算就因他自己誇下大口、一定要那麼大價兒、所以我故意的治一治他叫他見識見識我士您也不必治他了、您回頭就我他去、把書取來就完了、主回頭去、怕見不著他昨兒個我到他那兒去見他把書取來倒簡捷省得今兒出城買蘭紬去、明兒個我去見他說他兒去見不著、明兒還得去、倒費了事了、主不錯您見教的也是很

簡便
明兒見

簡便、就這麼辦罷我也不坐着了、明兒再来罷、您不坐着了明
兒見、去別送去請請
第一百五十七章

攅場的 又兼 攢柴 見景生情 忽然間 錢金 錢銀
一見 見獵心喜 其行如箭 見影 罕見 不賤 見長
見汗 剪鬃馬 買的賤 鑑書
我昨兒上您府上去尊管告訴我說您出城逛青兒去了、您上那
兒逛青兒去了、二我昨兒打一清早就同着相好的出西直門了、
到了西山逛了一趟、三怎麼一天就回来了呢、真快極了、四我們

撿場的、又兼撿柴、見景生情、忽然間鍍金。鍍銀

倆騎牲口去的、現在那兒的秋景好罷、可不是麼莊稼都打下來了、地裏撿場的男婦老幼接連不斷、賣在是好看的、很又兼遠遠兒的、看見山坡兒上有幾個撿柴的、在那兒走着真是畫兒也畫不出來這麼着我們倆見景生情就在山底下找了一棵樹、把牲口拴好了、我們就聯句作詩趕作完了詩天也就平西了、於是我們就騎上牲口往回裏走趕到了家就黑了、七您真是會寫樂的、您怎麼忽然間又想起騎牲口來呢、我記得您向來是不喜歡牲口的、八我本不愛騎牲口、因為我們這個好的新近買了兩匹馬又配了兩盤鞍子一盤是鍍金鞦嚼兒、一盤是鍍銀鞦嚼兒、

一見
　見獵心喜
　　其行如箭
　　見影。罕見
　　不賤
　　見長
　　見汗
　前剪鬃馬

他備好了、拉了我那兒去、給我瞧瞧我一見這倆馬配工這兩副鞍子賣在好看、不覺見獵心喜所以纔商量着遠遠兒的騎一趟試一試故此我們昨兒就上西山了、這兩馬快嗎、快極了、其行如箭、一加鞭兒就不見影兒、土啊、有這麼快馬真是罕見的、沒聽說令友是多少銀子買的這倆馬、土說起價兒來可真不賤、匹是二百兩、一匹是二百三十兩、土按這麼快馬這個價兒也不算貴、古還有一樣兒見長昨兒我們倆騎了這一趟道兒也算是遠了、來回都是跑到了兒沒見汗、去鬃尾兒毛皮兒都怎麼樣去一匹是鐵青剪鬃馬、一匹是棗騮馬鬃尾兒也很整齊、脚底下都

買的賤

鑑書

是竟走兒一點兒惡歹的毛病沒有、這就算是買的賤這馬的好歹、我稍微知道點兒多嗻您和您令友借出來我看一看可以不可以、大可以的我回頭打您這兒回去就工他那兒借鑑書去、就手兒和他把兩匹馬借下、不拘那天偺們哥兒俩騎着出盛城您就知道了兒那敢自好極了、

		醸店	第一百五十八章
内		見你	
	賤賣不賒	揀好日子	
		濺泥	
	健壯	濺水	
	健卒	見一羣人	
	濺		
	這件衣裳	見世面	
	見不得水		
	賤		

鑪店、見你
揀好日子
濺呢
濺水
見一羣人

老弟、你昨兒是上那兒去、直往北跑有甚麼要緊的事、二我上們相好的那兒道喜去、您在那兒瞧見我了、三我在駙市胡同南邊兒、一個鑪店門口兒站着同人說話兒、見你在甬路上往北直跑我本要招呼你、又怕你有急事、所以沒言語、一個道喜去打甚麼那麼忙別提了、昨兒出來揀好日子迎面兒來了一輛車就不順當五怎麼不順六我一出胡同口兒趕車的直嚷濺泥呀、濺泥呀、我趕緊就躱在一個茶葉舖裏讓這個車過去、算是好、身上也沒濺水這走到燈市口兒見一羣人圍着、也不是瞧甚麼呢、我心裏就想這

見世面

賣價不賒

健壯健卒

濺

些人這麼圍着必是甚麼希罕兒我也瞧瞧見見世面趕我擠進去一瞧敢則是個賣膏藥的地下擱着個牌子上頭寫着每貼一文賤價不賒那個賣膏藥的人長得粗體大膀十分健壯打扮兒彷彿一個營伍中的健卒在那兒指手畫脚滿嘴裏誇張膏藥的好處我瞧他也不過是個江湖賣藥的沒甚麼看頭兒這麼着我就離開那兒慢慢兒的往北趨達不料身後頭來了一個騎馬的他也不顧頭裏有人一直的往前走濺了我一身泥水他這繞瞧見了趕緊加一鞭子往北跑下去了有旁邊兒的人告訴我他濺了您一身泥您還不追他所以我就追下他去了追了半天也

這件衣裳見不得水
濺上泥水
賤內

沒追上、您說這不是不順嗎、並且我這件衣裳昨兒頭一天上身、
顏色又嬌嫩見不得水這一濺上泥水就算毀了、七那麼這個喜、
道了沒道呢、八我既沒追上那個人後來也就不追了、這麼着就
那麼一身泥水的到了我們相好的那兒、把喜道了、趕到了家、就
把這件泥衣裳立刻叫賤內給洗了九是了、

第一百五十九章

見神見鬼　見好　薦柴　薦主　薦人　薦信　賤骨頭賤
模樣　見見一見　賤貨　賤人　薦一個　薦的福建
漸漸長大　件件都能　千妥萬當　千萬　錢糧　鐵犂

薦個地方

見神見鬼
薦主
薦來
見好
薦人

一大哥、您怎麼又換了跟班兒的了、二可不是麼、又換了一個、三那個為甚麼散的、四因為他瘋了、五怎麼好好兒的會瘋了呢、六因為上月他出順治門有事去、可巧走到菜市口兒正趕工那兒處決人犯、他瞧了半天趕回來就瘋瘋顛顛見神見鬼的說胡話、我所以找大夫給瞧了、吃了藥也不見好、後來越發鬧的利害了、我就叫他去了、又另僱了一個、七這個是誰給薦來的、八這個薦主就是我們親戚、因為我叫那個跟班兒的走了以後、沒人跟我出門、我就在各親友處託他們給我薦人、於是我們親戚就寫了一封

薦信
賤骨頭
賤模賤樣
見見。一見
賤貨賤人
薦一個
薦的
福建
漸漸長大
件件都能

薦信交給這個跟班兒的上我這兒来的、今兒纔来了四天、我瞧
這個也不是個好東西、一身的賤骨頭、一說話臉上那麼賤模賤
樣的、您不信我回来叫他来見您、一見他就知道他是個賤貨
了、九是的、大凡人臉上要是不穩重、一定是個賤人、擾我薦一個
跟班兒的、還是不能長、如果這個待不長我就明兒給您薦一個
来可以不可以、十那敢自好極了、您要薦的這個他是那兒的人、
土他原是福建的人、他從四五歲跟着他父親在京、跟官後来這
孩子、漸漸長大了、一口的京話、一點兒南邊口音没有、極明白作
事件件都能、而且勤謹、却是個千妥萬當的人、明兒個我把他帶

千妥萬當

千萬

錢糧

薦個地方

来給您瞧瞧要是合式您就留下使喚既是這麼着就求您明兒
千萬叫他来我看看去就是您請放心我明兒一定帶他来與他
兒因為新近我們本家薦挈四川知縣胡同我們一個本家那兒跟班
現在有事沒有去他現在在錢糧胡同我們一個本家那兒跟班所
以我們本家打算給他另薦個地方兒如今您既用人這倒是很
恰巧再這麼看起来這却相當勞您駕罷那兒的話呢我該當
効勞的我該走了偺們明兒見罷就是明兒見

第一百六十章

二位見見　鑑堂　錢鼎臣　前門　簽押處兒　漢票簽　簡慢

二位見見
鑑堂
錢鼎臣
前門
箭場兒
漢票簽
簡慢

見怪	謙虛	下賤
見輕	僭越	僭分
見淺	謙遜	僭妄
錢鋪	謙讓	
見一見		賤姓 健亭
	見個高低	

老弟好啊 二託福大哥您這一向好 三好這位怎麼稱呼 四喲你
們二位沒見過 我給二位見見這是我們表弟王鑑堂這位是我
換帖的錢鼎臣大哥 五久仰久仰您府上 六舍下在前門外頭石
井兒胡同 七貴衙門 八吏部 您府上 九舍下在東單牌樓觀音寺
胡同十東頭兒西頭兒土西頭兒路北箭場兒對過兒土您恭喜
那衙門 圭內閣漢票簽 吉我今兒約你們二位來說說話兒也沒
預備甚麼實在簡慢的很還約了一位朋友也不是外人是我們

見怪
下賤。見輕
見淺
錢鋪
見一見
賤姓
健亭
謙盦

一個世交不過他是個買賣場中人氣味恐不甚相投二位萬勿見怪尐您這是甚麽話呢既是您的至交也是我們的好友況且買賣人並不低微下賤實在是見淺了尐您這話通極了尐回老爺殖若以買賣為低微實在是見輕之處聖門高賢尚且貨信成錢鋪的劉掌櫃的來了尐請進來罷尐老弟好啊干好您這一向鋪子忙罷尐可不是麽忙極了尐你們三位見一見您貴姓芭賤姓劉沒領教二位怎麽稱呼芭我姓王其我姓錢芭二位芰照應點兒罷其彼此彼此台甫芦草字健亭幸二位台甫我號叫鑑堂尐我號叫鼎臣尐得了你們三位不必套謙盦了都入

僭越
僭分　謙遜
僭妄　謙讓

座罷、噁是您二位請上陛噁那可不敢那麼僭越您
上座、噁那斷使不得您二位都是官長我如何敢那麼僭分呢、
您這話謙遜太過了、彼此都是至交不是外人總應區長者上座、
世你們說的是還是健亭大哥上座噁既是三位這麼再四的攙
愛真叫我沒法子那麼我就僭妄了甲您就不必再謙讓了該當
這麼坐的里可是這麼着三位總得依實我可不會布、里你我都
是至好不必周旋噁就是噁怎麼三位吃那麼一點兒再添
點兒飯罷噁實在是酒醉飯飽偺們散坐罷噁來噁喳、倒茶罷
三位今兒沒事偺們囬來擺盤棊怎麼樣辛好極了、那一天我輸

錢行

錢票子

錢桌子

見個高低

| 給您三盤我今兒一定和您着三盤見個高低至就這麽辦罷垂 | 你們二位着碁我們觀局壇在有趣垂我本應當奉陪無奈我得 | 敝舖因為近來各錢桌子關閉錢票子亂極了櫃上人又少我 | 回去照應照應就此告假改日再來奉陪盖健亭兄何必這麽忙 | 再坐一會兒偺們一同走垂我賣在有事不能久坐了美依我說 | 倒是讓健亭兄回去這些日子他們錢行生意賣在是真忙偺們 | 倒不必强留了垂那麽您賣在要走我們就不敢强留了美偺們 | 改日再見 | 第一百六十一章 | | | | | |

建昌府　聽見說　餞行　前兒　餞禮　牽挂　前些日子
千金　千方百計　千山萬水　千辛萬苦　輕車儉從　遣人
前後　前五年　前年　連前帶後　喬遷　太謙
遷移　前思後想　遷居　前兩天　遷就　求籤　籤語

建昌府聽見說餞行前兒餞禮
聽見說、前兒
餞行。前兒
餞禮

我和您打聽一件事、甚麼事情請說罷、我前兒聽見人說您貴本家放下建昌府來了、是真的麼、不錯是真的他是去年冬至月放的、定規是這個月二十四日起身、你怎麼纔聽見說呀、五那麼您也得給他餞行了、可不是麼、我前兒巳經把餞禮都辦齊了、就等着一送就得了、七他們家眷去不去、八他去年一放下

牽掛

前些日子

千金

千方百計

千山萬水

千辛萬苦

來的時候兒，因為上有老母，下有妻子，本打算家眷都去，免得兩下牽掛。前些日子忽然改了，又不攜着了，這是甚麼緣故呢，土下牽挂前些日子忽然改了，又不攜着了，九這是甚麼緣故呢，十是這麼件事情，他們那兒本就入不敷出，近年當着這個差使，那一年都得賠墊千金，這忽然放下，不知何妨找個地方兒借一借呢，不出盤費，來所以就不能攜着了，土府來雖然是好，但是一時湊土他由去年就千方百計的託人借，無奈老借不着，也是沒法子，而且他又想着老太太已經七旬多了，病還沒大好，哪道路是遠的，千山萬水，不是容易走的，上年紀的人，如何受得了這個千辛萬苦呢，故此打算先一個人兒帶倆底下人輕車儉從的起身，又

輕車儉從	省盤費、又省事、等到了那兒看光景、如果好遲個一年半載再遣
遣人	人進京接家眷去、這麼着倒妥當、可是他這一出京他們府上那
	麼些房子、竟堂容住着、豈不空嗎、這我們本家和我說了、
遷移	他起身之後、叫我搬在那兒去、我本不願遷移、他再四的和我說
前思後想	我前思後想、也不好推託、並且我要不搬了去、他們那兒倒是沒
遷居	人照應、我已經擇了下月初六挪過去、好您這一遷居、倒是兩
	有益、不過是您這房子、又閒下了、去那不要緊、我們內兄他現在
前兩天	正我房哪、打算叫他住我這房子、我前兩天和他商量、他嫌這房
遷就	子大、也太多、怕住着壓不住、我竭力的攛掇他、他這纔勉強遷就

求籤籤語。
前後
前五年
前年
連前帶後

他那個人迂腐極了、聽說他昨兒特意為這個事到前門老爺廟求籤來着、瞧見籤語吉祥這纔放心了、去是了、您這房子前後通共有多少人口、多不彀住的、於前年又把隔壁兒一塊空院子買過來蓋了九間、現在連前帶後通共是六十五間、先貴本家那兒是多少房、千他們那兒是整八十間房、現在是這麼着我們舍弟起身以後我們嬸母帶着舍弟婦就住正所兒三十來間餘外那四十多間都讓給我住、也彀是不彀也不過是暫且將就而已、就等着舍弟那一天接了家眷去、那房子可就全讓我住

喬遷
太謙
前日

了罒那就是了、等您喬遷之後我給道喜去罒不敢當不敢當罒
您也不必太謙我是一定要去的、我現在要告假了、其他甚麼呢
再談一會兒罷罒還有事哪改日見罷罒那麼就改日見、

第一百六十二章

前日	謙詞	淺沙灘	淺住	前半天	淺水	縴夫	拉縴
前進	前面	千百	引見	見聞	建國	建都	建功
千奇百怪	瞥眼	千思百想	漸次	千數兩	牽連	千刀	
萬剛	千總	前程	超遷				

久違 久違 二彼此彼此 三我前日聽見舍親説您回来了今兒特

謙詞
淺沙灘
淺住
前半天
縴夫拉縴
前進。
前面千百

來請安、豈敢豈敢我十四到的家還沒過去給大哥請安去哪
倒勞動您先來看我實在不安的很五老弟過於謙詞了我這先
過是走水路的時候兒遇著淺沙灘船一淺住未免叫人著急不
來還不是該當的嗎您這一路上都平安罷六路工卻很平安不
一天我們船走到一個地方兒前半天兒得著順風了、走的很快
趕一過晌午忽然轉了風了、逆風淺水簡直的走不了後來添了
七八個縴夫拉縴好容易繞走了五六里路天就黑下來了、斷不
能再往前進了、往前面一看一片高山山底下有千百棵樹黑漆
漆的甚麼都瞧不見這麼著船家找了一個妥當避風的地方兒

引見
見聞
建國建都。
建功
千奇百怪

把船灣住了、趕第二天算是得了順風了、這繞平平安安的過了這條江以後就都是平坦旱路了、七是了、您這回引見大概不久就得回去罷、八是引見完了、也就是一兩個月就得回去、九啊、您這回在外頭有六七年了罷、十已經五年了、土這五年的光景不必說歷練比我們不出門的深、就是見聞也比我們廣了、有甚麼奇聞古蹟說給我們聽聽圭古蹟兒倒不少、甚麼某地方兒為古時某人建國某處為某人建都之地、又是甚麼某人在某處建功以及千奇百怪的事情外省到處皆有但是一時說不清等改日沒事、我特意到府工、和您細細兒的談一談亖那敢則是好極了、

箭眼

千思百想

漸次

千數兩

牽連

千刀萬剮

千總

高那麼您這幾年官囊怎麼樣主說起来一言難盡一出去的那一年、在省裏候補苦的異乎尋常債負紛纏真是同身箭眼沒法子補救千思百想告貸無門好容易盼著署工缺了我想這可漸次要轉運了誰知道縣城裏出了一件人命重案緊連著又出了一起盜案槍傷事主搶了千數兩銀子的贓去就這兩案就牽連我摘去頂戴勒限緝拿我那時候兒想著如果能把賊拿獲必須把他千刀萬剮繞出氣哪幸爾天垂憐不工倆月的工夫這兩案的賊犯都被營裏的千總拿住了這然後繞開復摘去頂戴的處分還算好從那回之後官境就不那麼塞了又過了一年就補

前程
超遷

了這個缺、現在雖說是順境、要論宦囊一節、仍然是兩袖清風、這您倒不必着急、據我想這回引見之後、必是回任候升將來前程遠大、一定是這麼着、我那兒敢存那個奢望呢、您也不必過謙、一定是這次超遷的、那麼就借您吉言罷、我也不坐着了、改日再談罷、您怎麼不坐着了、是那麼我一半天到府上請安謝步去、再不敢當您請回別送、請了其磕頭磕頭

第一百六十三章

諫垣　諫臣　諫君　差遣　諫諍　鑑察　諫止　前車之鑑

諫垣　諫臣　諫君　差遣　諫諍　鑑察

| 諫疏 | 諫阻 | 諫和 | 淺見 | 眼見 | 求籤 | 籤筒 | 籤子 |

第一籤、籤工、反籤、好籤、千萬不可

您今兒臉上怎麼不高興似的是有甚麼事嗎、沒甚麼事、不過我這差使當的不大高興、您現在身列諫垣、還有個緣故、六是這的四我正因為職居諫臣、所以纔不高興、五怎麼不高興的件事情、新近不是奉上諭、著各省督撫裁汰冗員、我們同寅的一位、他要博直言諫君之名、就工了一個摺子、內中大意說是現在各省官員、本已不敷差遣、若一裁汰、更難藉指臂之助、此外還有許多諫諍之語、幸仰賴聖上鑑察無遺、傳旨申飭那兒知道

諫止
前車之鑑
諫疏
諫阻
謙和
淺見
眼見

他不思悔過前幾天我來又叫我上摺子諫止我就說這個摺子我不敢上他問是甚麼緣故我說閣下就是前車之鑑我如何敢再上諫疏呢而且裁汰冗員可省虛費巴不得這麼辦纔好為甚諫阻呢他聽我所說的話大不投機當時把臉一搭拉一點兒謙和氣兒沒有賭氣子站起來走了昨兒有我們相好的告訴我說他背地裏和人說不定那一天他還要上摺子參我哪您想同寅的這麼和我作對頭我雖則不怕他日後還怎麼往下混所以我很不高興了您這倒不必煩您要是煩倒是你淺見了況且耳聞不如眼見背地的話作得準嗎即或有這話他還能把您怎麼樣

求籤
籤筒
籤子
第一籤
籤工。反籤
好籤
千萬不可

呢、八話雖是這麼說到了兒心裏也不能不防他就因為這個今
兒早起到關帝廟去求籤誰想剛拿過籤筒子來一搖一搖籤子
都出來了、這就是不吉祥好容易把籤子都撿起來裝上又一搖
這繞出來了一根兒、我一瞧是第一籤當時我着籤帖兒我細看
那籤工的話却是很好、但恐是個反籤九據我想既得了好籤了、
自然事情没有不順的籤那兒有反的呢、您千萬不可憂疑、您
說的也是就是煩也没法子只可聽着去就結了、

| 消遣 | | 前漢 | 鉛板 | 鉛筆 | 多兒錢 | 十吊錢 | 錢票子 | 前 |

第一百六十四章

| 消遣 | 前漢 | 鉛板 | 鉛筆 | 多兒錢 | 十吊錢 |

朝 潤溝 千里眼 千里駒 千里馬 千里人 前引前
仰後合 踐踏 踐壞 見傷 前頭 見了

一、這兩天竟下雨了、那兒也不能去、賫在家又没事做不過看閒書、作爲消遣 二、可不是麽我這兩天也是竟在家又没事做不過看閒書作爲消遣 三、您看甚麽書哪 四、看漢書、五、前漢後漢 六、看後漢書 七、這書是木板是鉛板 八、鉛板的、九、您爲甚麼買鉛板的呢那個錯字太多、十、我這部後漢書也不是特意買的、是那一天我上指正堂買鉛筆瞧見他桌兒上擱着一部鉛板後漢書我無意之間問他賣多兒錢他說您要是留下算十吊錢就是了、我一聽很便宜所以就給了他十

錢票子

前朝

澗溝

千里眼

吊的錢票子買回來了、上、是了、主、您這倆天在家作甚麼呢、主、我也是瞧書、玄、您瞧甚麼書呢、主、我瞧歷代名臣言行錄去、這書好極了、多知道些前朝的人物、去、是的、但是這兩天竟悶坐看書也覺着膩煩、所以今兒我您來談一談、並且和您商量商量那一天偺們遠遠兒的逛一逛、玄、那很好、您打算上那兒逛呢、玄、我打算上四平台、打家裏帶點兒酒再帶點兒菜、到那兒我個山坡兒工這麼一吃一唱好不好、去、好是好、可就怕唱醉了、掉在山底下的話、倒是得帶上一個千里眼、到了山上望一望遠、却是有趣、您打澗溝裏可不是玩兒的、叫您說得了、何至如此、並我這是玩兒

千里駒
千里馬
千里人
前引
前仰後合
踐踏
踐壞

算坐車去、還是騎牲口去呢、吾我打算上我們親戚那兒借他那兩匹馬、偺們哥兒倆、一個人騎一匹罷、他那馬好不好、哎喲、不好、好的很、快極了、雖然不算千里駒、也算是頂快的馬了、其實好不好千里馬還得千里人兒呢、我向来本不善騎馬、這麼快馬我如何騎的住呢、我們有一個親戚他當前引大臣有一個蒙古王送了他一匹馬、快的利害、那一年我下園子借了来騎一騎、誰知這個馬有毛病、剛一出西直門他就開了腿了、我就在馬上前仰後合的到了兒、把我給摔下来了、他就順着莊稼地跑下去了、把人家的莊稼踐踏了個稀爛、踐壞了莊稼還可賠人家、要是撞了人或是把

見傷

前頭

我摔壞了，可就糟了，還算好，我那時候兒身子靈便沒摔着，芰就是您一個人兒下園子嗎，芰不是一個人兒我還帶着一個底下人哪，他騎的是我們親戚的那匹白馬他見我掉下來了，嚇一跳趕緊把我攙起來瞧我身上臉上都沒見傷他這纔又騎工馬追上那個馬不大的工夫兒就牽回來了，後來我和他換着騎的您說險不險，芰據我想究竟還易馬有毛病俩馬雖然極快一點兒毛病都很老實前頭您放心罷我纔說的這驚不悶您只管騎罷千要是按您這麼說自然不怕的了，就這麼辦罷也不用定日子那一天晴天偺們那天去好不好至很好一

中2-25a

兩天我把那倆馬拉來您見了就放心了那更妙了

第一百六十五章

寶劍	千古	錢塘	遷葬		
物件	鋼	七星劍	鉛子	前人	値錢 遣小价 見贈
見人	謙身	淺近	前六七年	千字文	踐 建立 踐行 千年 千變
萬化					

寶劍。千古

錢塘

一紅粉贈佳人寶劍贈烈士、這兩句話真是千古不易所以給人東西總得因人而施若是贈非其人那就算是不達世故了、二大哥、您這話是因何說起三可笑我有一個遠親在杭州做錢塘縣的

遷葬

前人值錢。
遣小价
見贈
物件
　　鐧
　　七星劍
　　鉛子
　　鉛沙子

知縣新近進京引見就便把他們各親友都去行人情趕到事完了我們這個舍親怨然對我說我打外頭回來帶了點兒土物兒來雖然不算至賣却是前人的古物也算是值錢的東西了明兒我遣小价給您送了去我想他既有這翻美意見贈土物也不好過爲推却故此當時就道謝了趕第二天他就打發人給送了來了我這麼一瞧茅由的我就笑了您猜是甚麼四天下物件多著的哪我如何猜的著呢五他送了一對鐧一把七星劍這還算是古物可以送人此外又有一桿洋槍隨著鉛子兒鉛沙子藥彈子等件您想我又

等件
建立
千年
見人
淺近
謙卑
前六七年
十字文
踐

不是武官、又不在兩軍陣前建立功業、要這些軍器作甚麼擱在
我家就是再過一千年這不是贈非其人嗎、您說可笑不可笑、六
這可真是可笑、你們這位令親大概有點兒瘋病罷、七沒有瘋病
說起來這個人很精明見人極其謙卑和藹不知道因為甚麼送
給我這些無用的廢物、八您瞧必有個緣故非淺近人可知或者
他瞧您後來要建立武功所以預先贈這些兵器、也未可知、九哎
呀、是了我明白了他這個人最善周易還會測字前六七年時候
兒我們小兒在書房寫倣臨的是趙子昂千字文帖正寫到踐土
會盟的踐字這個檔兒他去了瞧見就說這個踐字寫的好令郎

踐行

千變萬化

後來絕不輕言、他如果說出一句話來必能踐行斷不撒謊的誰
想後來真應驗了、果然小兒是這麼個人他還說過我將來必要
改武我說是斷沒有的事他說你不知道世上的事千變萬化不
能執一不變等後來應我的話你就信了、由此看來或者我真許
改武也未可定十他既會占卜說您後來改武如今又送您軍器
那一定改武無疑了、

第一百六十六章

老千兒	鉛壺	幾百吊錢		
財錢桌子	錢票子	錢褡子	千數吊錢	現錢
錢串	鉛骰子	錢行	賭錢	前世錢

老干兒

鉛壺

前生　欠他的債　欠債　欠債還錢　前世因　前因後果

丟錢　錢鈔　遣興　前輩

怎麼你今兒又唱了兩盅罷、二不錯唱了點兒、您怎麼知道、三我瞧你臉上紅的成了老干兒似的、所以知道唱了多少酒就這麼樣兒的上臉、四也沒唱多了、不過唱了一壺多酒、五看是多大壺了、六就是我家裡那個鉛壺也就盛四兩来酒、七四兩多酒也不算多、怎麼就上臉、心裡覺怎麼樣、八心裡倒不怎麼樣、九心裡照常還好、要是醉了、可就要悮事了、十是的、您說的對、我去年有這麼一囘在一個相好的那兒唱醉了、就同着他上攤局押攤去了、

幾百吊錢
千數吊錢
鉛骰子
賭錢
錢財
錢票子
錢桌子
錢褡子
現錢
錢串

我輸了好幾百吊錢、他輸了千數吊錢後來纔聽說那個局竟是騙人他那四個骰子是做就的鉛骰子您說這不是酒悞事嗎若不是醉了我如何敢到局工賭錢去呢從那麽再不敢多喝了、士你這叫人騙還是自己的錢財沒人不答應有一年一清早工市賣銀子赶到賣完了銀子手裡拿着錢票子肩膀兒工扛着錢褡子走到糧食店兒到一個飯舖兒裡這麼一吃一唱就唱醉了、把現錢和票子都擱在飯舖兒的桌子工走的時候兒就忘了拿了、赶進了城纔想起來了、赶緊又回飯舖兒找去、飯舖兒的人說別說錢褡子錢票子連個錢串兒我們都沒

錢行
前世欠他的債
前生欠債
前世欠債還錢
前輩

瞧見況且你又沒交代給櫃上又沒告訴誰給你看着丟子怨誰
呢我們舖子吃飯的人不知有多少知道是誰拿了去了你只好
是認個背罷他見人說得有理也沒法子這麼着就回來了第二
天把買賣就散了從那麼錢行沒人用他說他靠不住到而今還
沒找着事哪主擾我想是這麼着他這件事雖然是因酒悮畢也
是他和那個拿他銀子的人前世結下的冤孽必是他前生欠他
的債沒還所以到這世神差鬼使叫他醉了那個人好把這欠債
取了去俗語說殺人償命欠債還錢又說要知前世因今生受者
是我原先也不信這些話因為後來常聽見老前輩講究前因後

前因後果
丟錢錢鈔
遣興歉

果、頗為近理、故此也就信了、二因果固然是有、然而他這丟錢鈔了兒是因他醉了、不小心要是不醉能發大睜倆睛叫人把錢鈔偷了去嗎、酒能遣興也能亂興、究屬是少唱的為是、二您說的是

第一百六十七章

歉
前街　前去　烟錢鋪　撐羊　前場　錢幌子
錢筒　當十大錢　小制錢　上前　潛逃　欠錢板
本錢　借錢　洋錢　前来　欠賬　錢能通神　搶錢　牽涉
　　撐手
老弟怎麼這早晚兒繞来二寶在来遲叫您久候我心裏抱歉之

前街
前去
烟錢舖
搉羊
前場

至三是有甚麼事情就攔住了、四可不是麼、因為順便到了我們親戚那兒說了句話、趕打他們那兒出來走到前街看了會子熱鬧兒、所以就来遲了、五你看甚麽熱鬧兒来着、六看了一個打架的、七一個打架的有甚麽看頭兒呢、八您不知道却可看、九你說給我聽一聽、十是這麼着我正在街上走着忽然從身後頭来了一羣人連說帶罵的往前去了這麼着我也跟着走瞧他們是幹甚麼趕到了一個烟錢舖的門口兒他們大家夥兒就一齊闖進去了從裏頭搉出一個人来就這麼一打嘴裡說前場的事兒我不和你講俗們就論現在的那邊兒眾人先把

錢幌子
錢板
錢筒
當十大錢
小制錢
小銅錢
上前潛逃
欠錢

錢幌子拉下來了，然後就把櫃上的錢板子算盤都給摔了，把煙櫃那邊兒的錢筒子也劈了，灑了一地的當十大錢，又有幾個人把櫃房兒裡的錢櫃也抬到當街給摔散了，撒了一街的小制錢兒，倒便宜了幾個老花子，他們正走到那兒瞧見滿地的錢，撿了兒有不撿的嗎，他們就七手八脚上前一搶兒把地下的錢撿了個干干淨淨，趕到廳兒上下來人彈壓，這些老花子都四散潛逃了。廳兒上的人就把打架的鎖了幾個，一問，有一個人就說我們並不是搶錢鋪，是因為這個鋪子太不講理，他饒欠錢不還，他還打人，所以我今兒繞帶了人來打他，您聽聽這個理，我和他交買本錢。
借錢洋錢。
前來
欠賬
錢能通神

賣不是一年了、他先前常因為沒本錢和我借錢也有還的也有沒還的趕到上月我又在他舖子裡存了五百塊洋錢昨兒我寫了個帖兒打發人到他舖子來取二十塊錢他不但不肯給還把來人打了倆嘴巴這麼着我就氣上來了、隨後親自前來和他講理他說他並沒存我的洋錢所以我當時就和他嚷起來了、經人給勸解開了今兒早起他又吹出風來說要告我訛詐您想他饒欠賬不還還要告人這還有說理的空兒嗎我今兒既是拆了他的舖子了也打了他的人了、我們打官司就是了他任憑怎麼錢能通神我有我的理也不怕他這麼着廳兒工就把他們帶了走

搶錢
牽涉
攞手

了，老弟真好熱鬧兒，要是我遇見這個斷不看他，再者他們扔
了一地錢，廳兒上就許誤把瞧熱鬧兒的當作打架的，或是搶錢
的牽涉在裡頭，這不是自找心不靜嗎，您說的是，可是偺們回
來甚麼時候兒我先去瞧瞧去，等着攞手來齊了，偺們就去，你先坐着
候一候兒我先去瞧瞧去，就是您請便，

第一百六十八章

淺薄　先前　乾隆　懲期　錢也好　砂片兒錢　康熙錢
乾隆錢　私錢　一吊錢　錢局　鑄錢　錢樣兒　當千錢
當百錢　當五百的錢　當五十的錢　當十錢　當五錢　銅

淺薄
先前
乾隆
慾期
錢也好
砂片兒錢
康熙錢
乾隆錢

錢	錢串		
錢	鐵錢	錫鑞錢	鉛錫 洋錢 銀錢 小洋錢 錢眼

您瞧這個年頭兒所壞了不但人心淺薄連風俗都大不像先前了、可不是乾隆年間人心樸厚無論說話行事都是實在的那時候、我也聽見老人家說過這如今的時勢遠不及老年頭兒也好雨澤按時從沒有慾期的時候兒真是雨順風調萬民樂業那是不錯的不必說別的就以日用的東西論罷沒有太貴的各樣兒都賤可是那時候兒的錢也好甚麼砂片兒錢咧水上飄咧全沒有、您看那康熙錢乾隆錢銅殼多麼好鑄的都

私錢　一吊錢　錢局鑄錢　錢樣兒　當千錢　當百錢　當五十的錢　當十錢　銅錢鐵錢　錫鑞錢　當五錢

是一般兒大多嗜又有私錢呢這如今一吊錢之中總有二三百

私錢四是的然而那時候兒錢局鑄錢也沒弊病此時錢局也大

舖再一攪私錢怎麼是個好使喚拿他買東西焉能不貴頂是咸

非昔比了由着性兒往裏攪砂土造出來就是薄的到了錢

豐年間錢樣兒繞多哪甚麼當千錢當百錢當五百的錢當五十

錢當十錢當五錢銅錢鐵錢錫鑞錢頂是那錫鑞錢兒繞更不好

哪竟是鉛錫沒有高錫鑞這如今這些錢都沒有了竟剩了當十

大錢了還算好了哪至於洋錢倒還好用聽說現在各省都設

立銀錢局鑄造龍洋這個一行開了我瞧着倒比原先松江鎄子

洋錢
銀錢
小洋錢
錢眼
錢串

大前天

方便並且有小洋錢兒尤其活變五好卻是好但是沒有錢眼兒
不能拿錢串兒穿上要是上那兒去帶着不大方便六這卻不要
緊誰出去買東西能帶許多的洋錢就是原先用的松江銀子也
是不能多帶您想對不對七是的

第一百六十九章

大前天 刑錢 錢穀 跟前 前月 遣散 虔誠 求了一

鐵 鐵工的話語 虔心 心不虔 罪愆 陞遷 遣戌 潛

住 乾坤 前街

許久不見您是幾兒回來的二我是大前天回來的三這還曉得意

刑錢
錢穀
跟前
前月

罷、四也就是勉強敷衍沒甚麼大得意處、五您在外頭是就那一
席、六我是專司書啓七怎麼處得好好兒的又想回來呢、八唉一
言難盡這個館雖然俻金雖薄然而也可以將就著處但是衙門
裏刑錢兩席他們都是浙紹的人未免與偺們北方人有些個不
和這內中惟有司錢穀的這位和我尤其不對、他處處在東家跟
前給我壞事好在東家明白也不說長也不道短無論他說我甚
麼不過付之一笑雖然是這麼著恐怕他浸潤的日子久了、終不
相宜所以我於前月就把館辭了、又過了兩天就起身回來了九
是了、您道兒上還倒平安呀、十道兒上卻很平安不過是在河南

遣散

虔誠
求了一籤
籤上的話語
虔心
心不虔
罪愆
陞遷。遣戍
潛住

地界、遇見一夥子遣散的勇嚇了我一跳、怕是他們要搶、後來見他們老老實實的過去了、我繞放了心了、後來走到一個村莊見上、那兒有一座關帝廟、我下了車進去、一秉虔誠的求了一籤問從此一路有凶險沒有、那籤上的話語很吉祥、我就更放心了、可工的話語、真是從那一天路工連個小不順的地方、都沒有、土關帝籤是極靈的、可是總得秉定虔心要是心不虔、反取罪愆倒不如不求的為是、土不錯、可是近年城裏頭的光景怎麼樣主倒還照常不過是官場中有些個變動、古怎麼變動去也不過是陞遷的遣戍的還有發往軍台、私自回京潛住的這就是近年的光景共沒有甚

乾坤前街

麼意外的變故，走這却沒有您想現在聖人在上清平世界朗朗乾坤還有甚麼意外之事嗎、又這就很好、哎呀我只顧說話兒天不早了我還要到前街一個親戚那兒去、咱們改日再談罷怎麼您不坐着了、我一半天給您請安去、平不敢當您別送留步罷芝您請罷芝磕頭磕頭芝再見再見

第一百七十章

欠安　支持不住　四肢　知道　不知道　知己朋友　知府
知交　知人　知心　欠主兒　欠下的　欠少　支
吾　知恥　錢主兒　知面　知己　知趣　不知進退　要錢情禾

欠安
支持不住
四肢
知道
不知道
知己朋友
知府

知義不知	懲治	知
	欠字兒	欠他的
	欠錢	欠人的錢字
	知縣	
	知識	知進知退 就欠

我聽說您欠安了、今兒特來瞧瞧您、是怎麼不舒服了、我是因為和人謳了點兒氣、回來就病了、第二天所支持不住了好容易請大夫吃了幾劑藥繞好了、現在大好了嗎、現在算好了八成了就是四肢還是無力、五您跟誰謳氣來着因為甚麼六說起來真叫人要氣死知道的說他不對不知道的必說我不講情理是這麼件事情、我有一個知己朋友他原在外頭作過一任知府手下有點兒積蓄打算放出去、每月得些個利息添補用度這

知交
知人知面
知心。欠主兒
欠下的
欠多
欠少
支吾
知恥
錢主兒

麼着、就有別的朋友託我和他借錢、我想兩頭兒都是知交、所以就給他們辦妥了、我從中並絲毫無取、誰料知人知面不知心、他一借了這個銀子去、就算沒事了、一年多本利不給放主兒、就把我說求您和欠主兒說、叫他把本銀歸工、如果不行、或者把欠下的利息給付齊、倘或一時不能措辦、先求他盡力湊付以後欠多欠少的慢慢兒再說、於是我就把這話對欠主兒說了、你猜他說甚麼、他必是支吾了、還有別的嗎、他要是支吾那敢自還是講理了、這個人實在是不知恥、他說這個錢還不還得隨我的便兒、不能錢主兒說要錢就得還錢、況且錢主兒是你的知心

知心。知己
知趣
不知進退
要錢
情不知
義不知
欠他的
欠人的
錢字的
知進知退
就欠

好友我也是你的知己怎麼你替他和我要賬也不替我想想你要是知趣兒可回去對錢主兒說叫他等等兒將來必還他若是不知進退再到我這兒和我要錢可別怪我不懂交情了老弟你想他說的這話有多麼可惡我就因為這麼一口氣病了這些日子、九這您也不必生這麼大氣這道人就是這麼着您給他借錢想他說的這話有多麼可惡我就因為這麼一口氣病了這些日子
時候兒他和您好一轉臉兒就情不知義不知還有一層人家欠他的總得一五一十的都還他欠人的久已扔在脖子後頭了
您要是一和他提一個錢字兒他是立刻翻臉不認人您想他知進
知退那是萬不能的、像這宗樣兒人就欠不給他當事我這不
就欠

懲治
欠字兒
欠錢
知縣
知識

是因為給他管事惹了這麼回氣嗎可是後來也算出了氣了怎麼出的氣土我就是那天把他說的話照宴的告訴我這個知己的朋友了我這個朋友對我說您不用生氣他既這麼不講情理我有法子懲治他這後來這個人好容易託人說合着我們敢字兒把這個人鱔來了後來這個人好容易託人說合着我們敢友給他一個月限叫他本利必得歸清如不歸清當官究追他不敢不答應這纔算完了這個欠錢的他是個作甚麼的古他要是世俗的人還可恕他也在外頭作過知縣不過是後來被參了像這宗人作官毫無知識一定是被參斷沒有作長了的共不

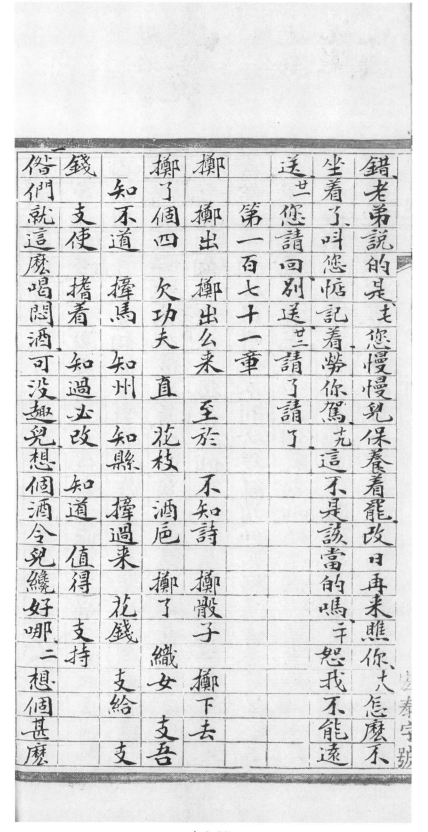

| 錯老弟說的是、老您慢慢兒保養着罷改 | 坐着了叫您惦記着勞你駕兒這不是該當的嗎千恕我不能遠 | 送卋您請回別送卋請了請了 | 擲第一百七十一章 | 擲擲出擲出么來直至於不知詩擲骰子擲下去 | 擲了個四欠功夫 花枝 酒厄 織女 支吾 | 知不道 撐馬 知州 知縣 撐過來 花錢 支給 | 錢 支使 揩着 知過必改 知道 值得 支持 | 偺們就這麼唱悶酒可沒趣兒想個酒令兒纏好哪二想個甚麼 |

擲。擲出
擲出么來
至於
不知詩
擲骰子
擲下去
擲了個四
欠功夫
直
花枝
酒厄擲了

酒令兒呢三這麼着罷俗們合席不是六個人嗎叫他們把骰子
拿來從我擲起看是擲出幾來我就撿席上有的
東西說一句七言詩要是二就是您說至於三四五六順着推下
去若是不知詩的也可以說個笑話兒你們五位照怎麼樣四很
好很好您就請擲骰子罷五諸位照準了我要擲下去了六哎呀
擲了個四該您說詩了七了不得我於詩上本就欠功夫又兼這
二年竟當差使把這一途直拋在九霄雲外了可叫我說甚麼呢
八快說九是了我說這句怎麼樣十那一句土我說頭上花枝照
酒厄土好輪下去該您擲了去瞧我的去么了您自己說罷去我

織女　支吾　知不道　撐馬　知州　知縣

說織女機絲虛夜月、好不好、這句字却好、但是席上沒有、走怎麼
那窗戶上不是月亮麼、那不行、我纔已經講明了、必得席上有
的東西纔算哪、你再支吾就罰你唱酒另說、先我真不記得詩了、
我說個笑話兒罷、干也好就快說廿有一個鄉下老兒他常聽見
人說城裏頭吃唱穿戴都是好的他就託人在城裡頭找了一個
宅門子給人家溜馬他從此就得意洋洋見了人就說俺先前是
知不道城裏兒有這樣的快樂怪不得人都說實給好漢子撐馬
墜鐙呢我要不是得了這個營馬的差使怎麼享這樣的無窮富
貴呢我告訴您們罷連我們那兒的知州知縣還沒有俗的福氣

撐過來。花錢
支給
支錢。支使
揣着
知過必改
知道

大呢怎麼兒說呢俺那兒的知縣他雖是有馬也不能說騎就騎
你看我那兒有的是現成兒的馬撐過來就騎也不用俺花錢月
月兒還支給俺錢使俺那兒的知縣有這麼舒服嗎呸你別說了
這個不可笑甚你別忙還沒完呢這個鄉下老兒解這兒就壞了
常常兒的支錢把草料錢也都支使了永遠不餒飽了馬把馬都
餓的成了四根棒兒揣着的了他的主人瞧見有氣了就大罵了
他一頓他就說老爺你老別生氣我以後知過必改就是了可是
你老要知道從來俺們管馬政的都是這麼着求你老饒我這一
遭兒罷苴哈哈哈苴你瞧你知道我當過上駟院的差使你拿我

值得
支持

編笑話兒該當罰酒、你要不唱我就灌你了	話兒也值得這麼着急別灌我唱就是了、	得罷在不少了我是醉的不能支持了、要	麼俗們大家也散坐罷歇一歇兒再吃飯好不好	那邊兒坐坐請請	第一百七十二章	知會	欠學習	織造	嵌寶石	的	支派	欠身
						知錯	姪女					
						知覺	蜘蛛瘡					
						支離	蜘蛛網					
						收支	蜘蛛					
						知曉	姪壻					
							指甲					

知會
欠學習
知錯
知覺
支離
收支

大哥您這程子好啊、二好老弟好、三託您福倒好、四老弟近來的差使聽說是很忙、可不是麼忙極了、天天覺得工夫門一個不去、就拿知會催下來了、又薰我們衙門新來的這兩位同寅是初登仕途差使一切尚欠學習所以要緊的公事我們堂官都和我要準兒昨兒他們一件不甚要緊的事右堂叫他們錯了、還算好、他們倒知錯認錯後來還是我們幸爾堂官不知覺要是一知道可就亂子不妙、六你們這位陳同寅辦事怎麼樣、七雖然不十分幹練還不大支離、八本來你們衙門的事情也太繁兒一切收支欵項真是紛亂如麻新手兒竟在

知曉。姪壻
織造
嵌寶石
姪女。蜘蛛瘡
蜘蛛網

無從知曉、可是我和你打聽一件事情聽說你們令姪壻放了蘇州織造了、有這麼件事兒嗎、不錯、是放了蘇州織造了、我前兒上他那兒道喜去、就手兒還送給他兩樣兒賀禮、你給他送甚麼禮物、送給他一個珊瑚子頂珠兒、一個嵌寶石的帶板兒、土啊是了、您怎麼知道舍姪壻放了織造了、這是因爲我有個相好的、他懂得外科的醫道、新近令親請他看甚麼瘡來着、所以我知道了、不錯、是舍姪女脖子上長了蜘蛛瘡了、新近請了一位外科大夫給治的、蜘蛛瘡是怎麼起的、是因爲他們家穿堂兒門口兒有個大蜘蛛網、人過來過去的、很不方便、這麼着

蜘蛛。指甲

治的

支派

欠身

我們姪女兒就拿了一把大撑子把他挑下來了誰知道這個蜘蛛就掉在他脖子上了從那天就覺着脖子發癢癢他就拿指甲抓一來二去的就成了瘡了、現在治的見效不見效、治的倒很見效您這位相好的內科怎麼樣、內科也懂得但是不如外科好、我聽說他是宗室和那個府裡支派近、他們支派和肅王府近、是呀、不早了我要告假了、忙甚麼再談一會兒、我還有點兒要緊的事得趕緊辦去、改日見罷其怎麼說走欠身就走沒差使的日子不妨常過來談談、是您別送、芁磕頭了、芉請了請了

織紡　男耕女織　直

第一百七十三章

織蓆　省錢　指望　知慧　一概不知職銜　之乎者也

搆起來　職分　知足　同知　簡直的　執拗　執迷不悟

不至　正直　指引　只要　直爽　馬知　直話　指教

麻　男耕女織　織紡

聽說你們貴本家近來的景況很苦怎麼會弄到這步田地、那

個人直沒個大提頭兒了、自古以來男耕女織縱能有飯吃要甚

一懶惰一定是捱餓的我們這個本家他們家自上兩代就居鄉

間務農為業真是男的耕田女的織紡家裡是豐豐富富到了冬

織布
織蓆
省錢
指望
知慧
一概不知
職銜

天晚上一織布就到三更天所有日用東西都不用外頭買他們那又有一個葦塘每年一打下葦子來除了賣去的剩下的他們就自己織葦蓆預備着各屋裡鋪比有一生下我們這個族弟樣兒的勤儉把日子弄了個鐵桶相似又好又省錢就這麼來我們族伯喜歡的了不得指望他光宗耀祖起他到七八歲就給他請先生念書可巧他又有點兒知慧到十八歲就進了學了他既是讀書自然莊稼的事情一概不知誰想鄉了幾回試也沒中我們族伯又給他捐了個職銜他從此就自大起來了終日家鮮衣美食的作足會上幾個讀書敗類在街市上搖搖擺擺雖然

之乎者也
揣起来
職分
知足
同知
簡直的
執拗

満嘴裡之乎者也其實肚子裡還没甚通哪其實肚子裡還不幹那年秋併旗領個去世他剛一脱孝就搬進城来了這一到城裡就更不同族頃了、於是就置房打車、使奴喚婢居然把個大架子搬起来了、他又想着他身上不過是個職銜不算其麽大職分心裡未免着没個足了、就把鄉下的地賣了幾頃等到一満服就拿這銀子捐了個候選同知整天家高車駟馬不是聽戲就是吃飯就這麽的不知五年就把他地也賣凈了、房子也出脱了鬧的所處不下去了、今年簡直的没飯吃了我新近還勸他想個營運兒好養家糊口、他一個人賣在執拗他説我就是餓死也不作那下賤事情其實他是

執迷不悟
正直。指引
只要
直爽
焉知

好吃懶作像這樣兒人真是執迷不悟三這個人你倒不可過於
厚非他他既是念書進學心裡大概不至糊塗總而言之當初一
出萌兒沒遇見好且他又有這個正直朋友往正道一指引他萬不
能就這麼下去兒他這個人居心怎麼樣四他心卻不壞也還上
還可以恢復家業他這個人居心怎麼樣四他心卻不壞也還上
爽不過就是性情懶惰心眼子高沒有別的大過惡五既是心地
不錯焉知沒有否極泰來的時候兒他今年多大歲數兒六他今
年三十六歲七那還在壯年了將來未必沒有起色擾我想您不時的
可以幫助幫助他他要是從此得有進境豈不是件大美事我說

芝麻
指教
直話

的可是直話您千萬別見怪、八這我如何敢見怪呢況且我也想
要成全他今兒聽您這麽指教正合我的心意、九那就好極了我
也不坐着了偺們一半兒罷十怎麽您不坐着了十一喳我是要到
芝蔴胡同我個人去您請回別送十二請了請了

第一百七十四章

欠火	指使	搒開	致美齋	脂油
芝蔴鹽兒	指甲套	搒窗戶	搒開窗戶	
紙撚	職名	嵌字	搬指	紙鋪	窗戶紙	紙張
只管	執意	梅紅紙	嵌的	指頭肚	紙筆墨硯	只怕

欠火

指使

搪開

致美齋
脂油
芝蔴鹽兒

您瞧瞧、爐舖送了燒猪來了、二咳這個燒猪可不好還欠火哪、你	拿出去叫他擱在爐裏再燒一燒罷這可不行三咳四、你把這燒	猪交給他之後就赶緊進來我還要指使你上街去呢、五是六老	爺我把那個燒猪叫他拿回去從燒他說待一會兒就送來	說叫我上街是要買東西嗎、七啊你先把外頭屋裏的窗戶搪開	回頭再上街八喳老爺外頭下雨了搪窗戶幹甚麼、九這屋裡有	烟搪開窗戶、為得是出出烟十是、窗戶搪起來了、您要買甚麼	您給我錢我就買去罷十一給你這二十吊票子、你到致美齋買二	十個脂油饅頭再買二十塊芝蔴鹽兒的涼糕然後再到四牌樓

中2-43a

指甲套
嵌字。搬指
紙鋪
窗戶紙
紙張
紙撚
職名
梅紅紙

永華首飾樓問他前幾天打的指甲套兒和叫他嵌字的那個搬指兒得了沒有、要是得了、你就給他錢取了來、上嗐書房的窗戶也得糊了、我想就手兒打紙舖帶點兒窗戶紙來不拘那天把他糊上您想多買些張來再買他幾捆火紙撚兒可是那票子殼不殼去殼了、去那麼你就去罷、也是兒你回來還有一件事、你順便到英華齋刻字鋪叫他給我印一百職名可要用好梅紅紙的名片兒是那麼我就去了、二十您瞧瞧這些東西我都買了來了、搬指兒指甲套兒都取来了、職名也叫他們印了、並哎呀這搬

嵌的
指頭肚
紙筆墨硯
只怕
只管
執意

| 指兒字可嵌的不好再這裡子也擡的太厚了我這大拇手指 | 頭肚兒帶不下去你把他拿回去叫首飾樓從新給拾掇拾掇可 | 是那錢殼不殼兒還找回三吊六百錢來哪 兒既是這麼着你 | 這就把搬指兒給首飾樓送回去就手兒拿這找回來的錢把書 | 房要添的紙筆墨硯買了來省的忘了用的時候兒着急 兒是可 | 是這搬指兒只怕首飾樓不肯另拾掇其那我也得帶得下去呌 | 你只管給他拿回去他如果執意不肯那怕給他再加倆錢兒也 | 使得 兒是兒快回來兒喳 | 第一百七十五章 |

幾枝直隸知州滿枝這麼連梔子蘭芝

子花蘭芝花芝蘭景緻吃不下去直喫食梔

的往嘴裏吃怎麼能吃菜不好吃難吃

吃的起隻身獨一直到姪姪婦直隸不愛吃芝蔴油

只有北直只顧

老弟這一向好啊這是從那兒来呀二喳這一向倒好今兒吃了

飯瞧着天氣很好所以這是繞打家裏出来三啊今兒天可晴了

也暖和你們花園子的花兒都開了罷四花兒開了些個也没全

開那桃花不過開了幾枝説起来北邊的氣候到了兒是晚我原

幾枝

直隸知州
滿枝茂盛
這麼遲
梔子、蘭芝
值錢梔子花
蘭芝花
芝蘭
景緻

先在南邊作直隸知州的時候兒、每到春天花兒開的即早要到滿枝了、各樹木也都老早的枝葉茂盛不這個時候兒早巳就開滿枝了、各樹木也都老早的枝樣兒也多極了甚能像北邊茉莉蘭芝都算是平常的花兒不大值錢那兒像偺們北麼梔子茉莉蘭芝都算是平常的花兒不大值錢那兒像偺們北方這麼貴呢、六要提起梔子花兒和蘭芝花兒這兩樣兒那時候兒我們衙門裏多的很那屋裡都擺幾盆蘭花真是一進屋門一股的芝蘭氣味叫人俗氣一空、七老弟提起這個來我真羨慕你在南邊作官、不但花木多而且山水景緻都好、地方兒又比北方清雅、真是享福、八大哥、您瞧雖然、南邊好、可也有極不好的地方

吃不下去
直直吃食。吃的
往嘴裏吃
怎麼能吃
吃菜
不好吃
難吃
芝蔴油
吃的起
隻身獨一

兒、九甚麼不好、十各樣兒都好惟有每天這兩頓飯賣在是吃不
下去、我在那兒作了五年官直直兒的挨了五年餓土怎麼會吃
不下去呢三一切的吃食除了腥的臭的沒有別的他們所愛吃
的、不用說往嘴裏吃一聞那個味兒就叫人惡心那還怎麼能吃
呢南北的口味大不相同真是萬不錯的還有一樣兒他們吃菜
葷的不必說是不好吃就是素的也是難吃打頭是用豆油不用
香油、是怎麼南邊沒有香油嗎吉有是貴極了、他們也不吀香
油叶芝蔴油有錢的人家兒繞吃的起哪頂是我一到那兒頭一
年那繞苦呢隻身獨一的在店裏一住甚麼都不懂店裡的飯是

不能吃買不會買、作不會作苦不可言、直到第二年署上事了、把家眷接了去了、連我們舍姪和姪婦也都去了、這纔好了、每天我的飯不叫廚子作、都是他們自己要上來作、還稍微可以入口、然而油鹽醬醋以及作料兒都與北方味道兩樣兒、也弄不到好處。

去那麼他們南方人還說偺們直隸一帶沒有好吃的菜、這是甚麼緣故呢、去是這麼着、我將纔沒說嗎、南北口味大不相同、偺們所說好的他們絕不愛吃、他們說好的偺們斷不合口味、就是這個緣故、不必說人性不同、就是方纔所說的花色樹木也是不能一樣、北方有的南方就沒有、南方有的北方就沒有、一個地方兒

直到姪。姪婦

直隸

不愛吃

有一個地方兒的東西、只有這一個個地方兒的人用着就合式、別的地方兒的人就不能勉强着用、可是這麼着、論吃的用的一切然是不能相合、若論地方兒、實在比北直一帶清雅多了、山水花木真是好極了、就像我家那花園子比江南邊的花園子、實在是天地懸隔了、那是自然的、哎呀、我只顧說話兒天不早了、我該走了、何必這麼忙、多談一會兒罷、千不咖了、偺們改日見罷、老弟實在不坐着了、那麼一半天見罷、您別送罷請了
請了

第一百七十六章

値閣事
脂粉。姪子
紙扇

值閣事	脂粉	姪子	紙扇	吃飯
職守	職員	執事	執掌	直言
生宣紙	紙吃墨	生紙	礬紙	紙筆
宣紙	脂鉛粉製			
送紙來	把紙送了來	之後		

一 大哥在屋裏了嗎 二 在屋裏了誰呀 三 我 四 哎喲老弟台你這打那兒來這麼冠帶着 五 我是打我們房師那兒來 六 啊啊請坐 七 嗐 八 令房師那兒是有甚麼事嗎 九 是我們房師得了文淵閣值閣事了、我去道了盞喜 十 是了 圡 您這桌子上擺這些脂粉幹甚麼呀 圡 那兒啊這是我們相好的他們姪子前些日子託我給他畫一把紙扇兒要畫海棠花兒我給他擱了好幾天了所沒工夫

吃飯。之後
脂鉛粉製
職守
職員
執事。執掌
直言

兒畫今兒吃飯之後沒甚麼事所以把這些胭脂鉛粉都拿出來
打算把他製好了好畫畫您這買賣實在是舒服極了沒事兒在家裡
寫寫畫畫真是福氣比我當這個差使一天跑到晚真有天淵之
別吉是這麼着有職守的自然是與我們閒散人不同我這也不
過是解悶兒像我連個虛銜職員都沒有想當差也當不上還有
甚麼起色像老弟這時候兒正在年富力強又有這個功名果能
勤慎當差敬謹執事將來高遷顯秩執掌大權豈不光宗耀祖何
必以消閒無事為樂呢我這可是直言你可別見怪去大哥說的
是我焉能怪您呢十六那就好極了去可是您纔提畫扇子我家裡

宣紙

把紙送了來

生宣紙吃墨。

紙吃墨。礬紙

生紙、礬紙

紙筆

送紙來

有幾張宣紙打算求您給畫點兒山水兒可以不可以、那有甚麼不可以的呢、要是可以趕明兒我就把紙送了來、可是一樣兒、可不是礬宣紙那紙吃墨吃的利害、那倒很好、我卻是極愛生紙、若是礬紙我倒畫不好了、是我瞧人家畫畫兒多有愛講究紙筆的、我瞧您倒都不甚講究古人說的善書者不擇筆、大概畫畫兒也是這麼著、這話也是不過是我畫畫兒雖然不擇這些個、然而畫的可也是要的、那一定是好的、我明兒就送紙來、我也不坐着了、偺們明兒見罷、甚麼就明兒見

執事

第一百七十七章

執事	紙車	紙馬	紙轎	紙糊的	紙束西	紙亭子	紙
錁紙錢	直不起來	治的肢體	値多了	紙牌			
治一治好不好							
治好執照醫治	止住 執拘 治病 治療 指頭 至						

少至好

您今兒這麼早辭那兒來二我今兒是到四牌樓瞧了個大殯

這麼早赶我到了四牌樓已經過去一大半執事了三誰家的殯

這麼早過四聽說是四條胡同住的一個大商人家的殯五啊瞧

的人不少罷六多極了擁擠不動赶到一上大積的時候兒越發

紙車、紙馬、紙轎。紙糊的紙東西。紙亭子、燒紙。紙錁、紙錢

直不起来治的

人多了，七這必燒了些紙車紙馬紙轎和各樣兒紙糊的物件罷

八不錯這些紙東西全有還有一個大紙亭子那裡頭用燒紙和紙錁都填滿了赶他們用火點著了老遠的都烤的慌那個時候兒又有好些個小孩子滿地下撿紙錢兒亂亂烘烘差點兒把我擠躺下這麼着我赶緊就走了

九本是這些個熱鬧兒沒個大瞧頭兒您怎麼今兒這麼高興十我却沒有這個高興因為這程子又犯了舊病了腰疼的所直不起来好容易叫大夫給治的這兩天見點兒好他們叫我起早溜一溜、所以我藉着瞧殯老早的就出来了、其實為溜溜病土溜病固然是好但是不可上太熱鬧的

肢體
值多了
紙牌
指頭
治一治
治不好
治好。只好
執拘
治病治療

地方兒、倘或被人擠了碰了、肢體稍受點兒傷、那豈不更值多了
嗎、你說的是、我今兒真是上檔了、您近來總沒鬧紙牌罷、去
總沒鬧因為我這個老病兒常常兒的犯了、一犯連手指頭都不利
便拿不住牌、所以總不弄這些個玩意兒了、去據我說您這個病
常犯也不是玩兒的、還是找一個名醫給治一治繞好哪、去噯我
這個病大夫經多了、老治不好、那一年不是指名把太醫院的院
判請來看嗎、他也沒治好、這現在也只好聽着他去、就結了、您
千萬別這麼執拘成見、總還是我個高明大夫給看一看、雖然、
是這麼說、據我看如今治病的醫士雖多、然而真能治療者却是

至少。至好執照。醫治
止住

至少，我有一個至好的朋友他們親戚醫術頗好並且他還學過西醫在外國領過執照甚麼病他都能醫治我一半天到他那兒託他替請了這位來給您治一治萬一治好了也未可定果真能把我這些舊病都能止住那我就感激不盡了那麼就求你罷，您放心罷，我明兒就去好極了、託您罷、我要走了、怎麼您不坐着了、不坐着了、一半天見

第一百七十八章

直吵嚷 枝葉 直挺挺的
直隸同知 枝稍 吱吱的響
致 直眼 一直
的 只是 指手畫脚 直正無私 直率

直吵嚷

枝葉
枝梢
直挺挺的
吱吱的響
直眼

一直的

| 直道 | 只知 | 不知 | 焉知 | 陰隲 | 直正 | 豈知 | 未可知 |

志氣　喫唱嫖賭　智慧　只是一件　六指兒　立志

您那院裏昨兒後半天是爲甚麼事情直吵嚷　你還說呢真是可笑三甚麼事情這麼可笑四昨兒個後半天兒我在我們後頭院兒帶着孩子們瞧花兒正講究着那棵樹枝葉茂盛那棵樹的枝梢不好那棵樹根子直挺挺的不好看正說的高興忽然聽見後門兒吱吱的響我趕緊抬起頭來一瞧後門開了有一個人直眼難子似的往裏就走我就問他你是幹甚麼的這是後院子大清白日的竟敢一直的往裏走還不快出去呢你猜他怎麼着

只是
指手畫腳

直隸同知
致。只是
直正無私

直率

直道

五他怎麼樣六他並不理我只是指手畫腳的滿嘴裏胡說八道
也聽不出是那兒的事來我這繞知道他是個瘋子好容易繞把他
拉出去了後來一打聽敢則這個人就在我們兒的西邊兒住他
原先作過直隸同知他姓致我早已聞名只是沒見過面我知道
他却是個直正無私的人不過是書沒讀透未免的說話過於直
率、辦事也顯着粗魯所以就被上司給奏了因此就瘋了、現在就
是這麼着也有明白的時候兒也有犯瘋病的時候兒一犯瘋病
就滿市街去給人鬧笑兒你說可笑不可笑七雖然可笑也實在
可憐這樣兒直道的人天竟叫他瘋瘋顛顛的不得好報真叫人

只知。不知
馬知。陰隲
直正。豈知
未可知
志氣
喫唱嫖賭
智慧
只是一件
六指兒
只要
立志

可惜、八、你只知其外不知其内、你焉知他作官時沒有傷陰隲的
事情、却又豈知他倚仗自己直正辦事任性内中有傷損也未可知
九這却是那麼此公現在跟前有少君沒有十聽說他有兩個少
君、大的是一個筆帖式也不正經當差一點兒志氣沒有並且還
是吃唱嫖賭無所不為小的兒今年進的學說是很聰明智慧大
概志向還不小將來或者有起色土那必有起色土只是一件美
中不足主那一件去聽說是個六指兒主那却不要緊只要他立
志上進就不可限量共不錯主那麼您叫人把這位瘋子拉出去
以後沒聽說他到家怎麼樣六那倒沒打聽去是了

搬指兒
值不值
不至
買的值
只願

第一百七十九章

搬指兒 值不值 不至 買的值
至不好 價值 值得了 只願
只得 只好如此

您瞧我昨兒在廟上買了個玉搬指兒五兩銀子買的、您瞧值不值二、這個搬指兒玉性兒還不至壞、買的值不算貴三、既是不貴、就得了、我是買這些東西上多了檔、所以我現在買一樣兒東西總要找行家給看一看我也不要便宜、只願不上檔、四、這是那個攤子上買的、五、是在隆福寺廟裡頭二道門兒旁邊兒那個攤個攤子上買的

至相交
枝子
至不好
價值
值得了
　　至親
指着

子上買的、六、他那兒不寬人別的攤子、可就沒準兒、去年有我們一個至相交好的、就是在別的攤兒上、買了一個珊瑚枝子、至不好、而且價值很貴、真是寬極了、七、他是多兒錢買的、八、他是三十兩銀子買的、九、那可真上檔了、怎麼能值得了那些銀子呢、十、他這還不算大工檔、無論他這珊瑚子怎麼至不濟、倒是真的、不是假的、項是我們一個至親、那纏算上大檔呢、今年三月在隆福寺、十兩銀子買了一個墨晶眼鏡兒、趕拿回來找行家一瞧、是燒料的、赶緊於第二天、他就又到廟上、到那個攤子一問、那個攤子上不認說不是他們的東西、我們親戚氣極了、指着他臉上就一路

質對
指出
指明
只得
指明
只當
只好如此
只可

大罵立刻要送他□還是有旁邊兒別的攤子上的人幫着質對了半天又把他屢次用假東西騙人都給他指出來了、他見人給他都指明了、這繞賠不是認錯、我們親戚見他認了、就把眼鏡兒送他叫他把銀子給退回來、他那兒退的出來呢、只得就是央求又有旁邊兒的人說合着叫他再拿出幾樣兒玉器來添上連眼鏡兒給我們親戚也不用退錢、就算沒事了、我們親戚不答應、他勸的人又說、您只當是濟了貧了、這個檔兒就是要了他的命、他也拿不出來了、您只好如此施恩饒他罷、他底下也再不敢騙人了、我們親戚聽了這話也沒法子只可是答應了、這麼着這繞拿

指駁

着那個假墨鏡和添的那幾樣兒玉器就回家了、您説他這毀發

廢冤像您買的這個搬指兒還算可以的、指駁不出甚麼毛病來

價兒也還中中兒的、與那麼我就放心了、

第一百八十章

值日	旨 指名	知道了	值班	豈止
置衣服	置傢伙	置買	指揮	志量	至相厚	至不濟	至極
指頭尖	止疼藥	止住了	吃虧	止不住淚	紙燈	紙煤子	紙花
指東説西	指桑罵槐	指賣	指臉	止息	至矣盡矣
指日高陞	指南針

值日

咨

指名

知道了

值班

豈止

您今兒瞧報沒有、二瞧了、三今兒是那旗值日有引見沒有、四今
兒是鑲黃旗值日、無引見、五啊報上有甚麼事情沒有、六有一件
明火案子奉旨著順天府五城和步軍統領衙門一體嚴密緝拿
七那兒的案子、八聽說是西單牌樓也不是甚麼胡同兒我也記
不清楚聽說上月就破案了、並且指名拿了好些股兒了、但是為
首的沒拿着、九是了、我知道了、就是因這案摘的頂兒
十令親當甚麼差使、土他就是西單牌樓那兒的地面董京可巧
這家兒鬧明火的那天是他值班兒、圭令親的運氣可真不順、圭去
豈止不順簡直的至不濟了、去怎麼、圭他這二年糟到回至極了

置衣服
置傢伙
置買

指揮

至相厚

紙煤子

年他家裡鬧了一回賊、把家裡的衣服器用丟了一空、好容易託人借了一筆錢纏、又從新置衣服、置傢伙、各樣兒都置買齊了、賬却該下了、趕到十月間又差點兒打一場官司、共那是因甚麼、和誰去和他們前頭院兒的街坊因爲一件不要緊的事情、六他們這個街坊是幹甚麼的、他原先當過指揮後來因爲被恭了現在是閒着了、干那麼他們兩下裏都算是作官的、怎麼會這麼沒志量、至於婆共事、廿這却不是我們親戚的錯實在是他們街坊的不好、他他們倆原本至相厚一點兒嫌怨都沒有、就因爲有一天晚上、我們親戚他們夫人兒拿着一根紙煤子點燈可巧他

指頭尖
止疼藥
止住了
吃虧
止不住淚
紙燈紙花。

們街坊的一個四歲孩子、在他旁邊兒站着哪、沒留神紙煤子碰在他臉上了、這孩子就哭了、我們親戚他們夫婦趕緊工前一瞧、把臉上燙了指頭尖兒大的一塊紅、這麼着立刻到藥舖買了一包止疼藥給他上上、纔把疼給止住了、雖然是這麼着把他哄好了我們親戚這麼繞把他抱起來送到前頭院兒去、好容易把他們大人子養活的嬌不吃虧、到了兒是哭的止不住淚、因為心裏不安、又說了好些賠罪的話、第二天早起又過去瞧了一瞧也沒起泡這纔放了心了、又到街工買了些紙燈紙花兒各樣兒玩意兒送他、誰知他們街坊的夫人兒心裡很利害、他以為

指東說西
指桑罵槐
指臉
指責
止息
至矣盡矣、
指日高陞

是故意燙他們孩子、就不免的常指東說西的罵、我們親戚就作
沒聽見、心裏想他也不過是指桑罵槐、也不便問、誰想他越罵越
得意、後來簡直的指責了、說是我們親戚故意用火紙燒他的孩
子、我們親戚每出門必得打他那院子過、他一瞧見就出來指臉
大罵、我們親戚真急了、所以也就還言了、因此兩下裡大鬧起來
了、幾乎涉訟、幸虧後來我出頭給他說合、止息了、這今年又因這
明火案子、摘了頂兒了、您說他這運氣還不是至矣盡矣嗎、您
瞧他從此就要轉運了、否極泰來、將來把這案的賊犯一個拿住
了、不但責還頂戴、大概還許指日高陞呢、據我說就把功名保住

指南針

枳棘

第一百八十一章

就得了，哎呀、不早了、我要走了、茜何必這麼忙、期我還得出前門
哪兒有事嗎、苿是要荷包巷子買一個指南針、茨那麼我就不留
了、苁改日見、茚是改日見

枳棘	指着	掌	我請問您一句話	您麼說
枳字	指點	治理	二甚麼話	四你怎麼連這
枳實	制造	治獄	三文話裡頭常說的荊棘	個都不知道
枳穀	制作	治罪	要是俗話	就是俗們常說
至契	制度	志向		的枳棘麼這
指南車	致力	智畧		
製造	致知	治亂		
指說	治國指	只要		

枳字。
枳實枳殼
至契
指南車 製造
指説
指着

有甚麼難的、伍這個枳棘的枳字還有甚麼地方兒用、六還有藥材裏的枳實枳殼也是這個字七是了、還有一件事情我昨兒和我一個至契的朋友這定南針是甚麼時候興的我就說從古時候兒他可就問我這定南針是甚麼時候興的我就說從古時候兒有人作了一個指南車現在的定南針就是由那麼有的他又問我指南車是誰製造的我一時想不起來倒叫他給問短了您要是記得求您指説我聽聽、八你聽我細細兒的告訴你這個指南車上頭有樓刻着一個仙人無論車怎麼迴轉他的手永遠指着南方所以名為指南車若論出處是古來時候兒黃帝與蚩尤戰

指點、

制造、制作

制度

致力

致知

治國

蚩尤能作大霧軍士都迷了方向黃帝就作了一個指南車把南先指點明白了然後軍士繞班出方向來把蚩尤給拿住了後來周朝越裳氏來朝迷了歸路周公也作了個指南車給他這繞回了國了就是這麼個出處有甚麼難的。九自然在您瞧著不難我又沒念過多少書素常又不涉獵於古來的制造制作以及制度甚麼的都不大知道所以瞧這些個全以為很難、你要打算知道這些個事情總得在那些書工致力、九經史子集都要看多記你天分又高素來又好用致知格物的工夫若再加上多見多聞將來不但於這些小事可以知道就是治國安邦之道也可

指掌
治理
治獄
治罪
志向
治亂、智略

以瞭如指掌、況且你將來選上知縣、要是甚麼都不知道、那也不廢治理政事呢、雖然如今的事情不能全按着書上辦然而不能出古人的範圍、作知縣斷免不了審案、所以治獄一道更得酌古準今、總有把握、若是不看書忽然遇見一件新奇的案子還怕不知道怎麼治罪呢、我說的是不是、士是您說的不錯、我從此以後總得立志向博覽羣書、既可以長智畧又多知道些治亂興衰的道理、若果然能殼學有進境、那可就樂極了、士只要你肯下苦功夫自然有學成的日子、士我一定是照您的話辦去、那敢情好極了

立志。無志
針黹操持
吃飽了

第一百八十二章

立志 無志 針黹 操持 吃飽了 至近 治家 智勇

規制 至公無私 制伏 制台 制軍 旨意 革職 吃烟

瘡 吃唱 置買田地 吃苦 至厚 至死不變 踏層糊 痔

進延 延兩天 至大 持守 吃眼前虧 吃劾 置之

人生在世、無論男女總得立志、若是無志就算不得人了、生而為男子、高一等兒的念書作官次一等兒的農工商賈也須有各人的本業、若不幸生而為女子兒、一切女工針黹操持井臼、更須勤謹要是就知道吃飽了閒坐着、一點事兒也不做或是胡作非為

至近

治家

智勇規制

至公無私

制伏

制台

制軍

革職

那真是沒人味兒了、二大哥您怎麽今兒忽然說出這些話來了、必有緣故、三我說這話是因為我有個至近的親戚就因為他不善治家又懶惰愛管閒事、所以他們令弟幾乎惹出一件大禍來、四是怎麽件事情您說給我聽聽、五我們這個親戚他做過雲南參將、他雖做武官、既無智勇又無謀畧、一切營中規制全然不懂、可倒有一樣兒好處凡挑缺補缺放餉他却至公無私、一點兒奬不敢作然而可是一點兒整頓也沒有手下的兵他也制伏不住、常在外頭倚官伏勢欺壓民人後來被人家在制台那兒告下來、後來某制軍把他察了、奉了旨意把他即行革職、這老先生就了

吃烟

吃唱

置買田地

吃苦

至死不變

眵䐼糊

痔瘡

回來了、到這分光景、他還不自謹慎、在家裡除了吃烟以外、是甚麽都不作、再就是吃唱游逛、所以他們令弟也不怕他每日家在外頭招災惹禍、新近有一個人置買田地、他又託人來着叫人告下來了、要不是我給他們說合、他早就吃苦了、這如今事過去了、又忘了、故態復萌、雖有至厚的親友勸他、他算是至死不變的了、你說這個人家兒還有甚麽起色嗎、我今兒是到他那兒望看他去了、那時候兒已經有十一鐘了、他剛起來、滿眼的眵䐼糊、我一問他怎麽這早晚纔起來、他說昨兒晚上在朋友家奧錢來着回來晚了、趕到躺下睡覺痔瘡又犯了、疼的所不能睡、到了五更天

遲延
遲雨天
至大
持守

繞睡着了、所以今兒起晚了、我可就勸他說您現在又不是好時候兒作甚麼還在外頭耍錢倘或贏了、立時就得給人家、一時一刻也不能遲延即或贏主兒容你遲雨天還錢您可拿甚麼給他呀、依我勸您以後千萬不可、你猜他聽了我的話怎麼着、他怎麼樣、他說我這也不過會上朋友解悶兒就是有點兒輸贏至大也不過三二百吊錢也不要緊你放心我决不能找你借錢還耍賬我聽了他這話氣的了不得、所以我繞剛說那些個話、八我說呢您向來沒這麼着過敢則是因為令親呀、他自己饒沒持守還嗔人勸他無怪您生氣您以後就不必勸他看他後來輸了怎

吃眼前虧
吃劾置之
金魚

麽樣這個人必得叫他吃眼前虧受了大窘他纔信哪要是勸他是不吃劾的九是的也只好是置之不問不聞就完了

第一百八十三章

金魚 遲慢 吃驚 遲悞 吃茶 吃東西 吃酒 喫甚麽
持刀 鐵尺 擲去 擲回 擲下 致命 智謀 金銀
金錁子 金珠 今兒 癡獃 總值 五六千金 吃不起化
吃不起 北池子 儘之
大哥您這麽早打那兒来走的這麽快 二喲老二失照失照我打
金魚胡同我們本家那兒来回三有要緊的事麽 四可不是麽今

宏泰字號

遲慢。吃驚
遲悞吃茶
吃東西
吃酒

喫甚麼

持刀
鉄尺

兒一黑早、忽然我們本家打發人來找我、叫我趕緊去、千萬別遲慢、我聽了這句話、大為吃驚、忙忙的漱了口、洗了臉恐怕進悞也沒吃茶也沒喫東西、您怎麼忙的說起南邊話來了、六甚麼南邊話、七您繞不是說沒吃茶喫酒的話不是南邊的話嗎八得了、你別挑字眼兒了、聽我快說罷、九是是十我洗了臉也沒喫甚麼也沒唱茶就趕緊的到了敝本家那兒進門兒一問敢自是夜裡鬧明火來着他們家上下人口本家如何肯老老實實兒的叫賊拿東西呢所以我們族伯和我們族弟們都拿着像伙出到院子裡一瞧有持刀的有拿鉄尺的房上頭院子裏不知有

擲去
擲回
擲下
致命
智謀

金銀。金珠
金錁子

多少賊偏巧我們二族弟手裏沒傢伙可就撿起一塊大磚頭照着賊擲去了、不料這個賊眼快伸手把磚頭接住了、他就照着二族擲回來了、幸爾二族弟躱的快沒打着這個檔兒上冷不防從房上擲下一塊瓦來把我們族伯腦門子打破了、好在不甚重不至於致命、還遂好、他那兒有一個底下人很有點兒智謀他瞧勢頭兒不好、趕緊偷偷兒的開了後門兒跑出去、到廳兒上報了、廳兒上立刻派了幾十個技勇兵來四下裡圍拿這些個賊竟敢拒捕傷了幾個兵到了兒跑了、一個兒也沒拿住、土那麼丟了東西沒有呢、土丟了些金銀首飾、金錁子還有些個零碎金珠玉

今兒
癡歎
總值
五六千金
吃不起化
吃不起
北池子

器、甚麼的他們今兒老早的我去、就是叫我幫着查點東西好開失單他們一家子是都嚇迷了、現在還如同癡歎的人哪、那麼這一丟罷、豈是不少通共算起來總值五六千金了、去聽說前麼開好了嗎、是、我都給他們開好了、已經交給廳兒上了、幾天那段兒上已經有一件盜劫的案子了、如今又加上這件明火的案、這地面兒上更吃不剋化了、大那是自然的瞧罷、如果能早點兒把賊拿住固然是萬幸、倘或拿不着地面兒上可真是吃不起、是的、您這還打算上那兒去、干不上那兒去了、打算回家歇歇兒、你這是要往那兒去、卅我是到北池子找人去、卅那麼偕

儘之

喫早飯
喫甚麼菜
喫齋喫素
喫葷菜
喫不得

們別儘之立談了一半天見罷㘝是是您回家偺們改日見
第一百八十四章
喫早飯　喫甚麼菜　喫齋　喫葷菜　喫不得　喫不服　喫
了　喫點兒　不喫了　喫完了　喫不了　喫東西　喫的　多喫
住　停滯　再喫　喫零食　喫足了
滯塞　內痔　外痔　喫發物　遲鈍　遲緩　痔漏　痔暗　痔瘡　滯

一您怎麼繞喫早飯　二可不是麼　三喫甚麼菜　四沒弄菜就是喫齋
兒湯　五您今兒喫齋麼　六我這喫素倒不是喫齋　七既不是喫素片
為甚麼不喫葷菜呢　八我這兩天喫不得葷菜　九這是甚麼緣故

喫不服
喫了
喫點兒
不喫了
喫完了
喫不了
喫的多喫
滯住
停滯
再喫
喫零食

十、因為我不舒服了幾天這兩天肉腥油膩都吃不服、要是勉強喫了、心裏就頂的慌、而且聞着葷東西不是味兒所以莫若喫點兒素的倒好、土啊、去來呀、吉喳古把這個都撿下去罷、去怎麼您不喫了嗎、去喫完了、我本告訴你們別再多了、不是、去是十大哥、了、你們到了兒還是弄這麼許多、你瞧剩下了不是、據我說您喫的也太多了、九、你不知道我不敢多喫、我前幾天不舒服本就是飲食不能消化滯住了、好容易這兩天好了、上點兒停滯不更壞了嗎、土那麼待一會兒不餓嗎、土那倒好辦、即或餓了、不妨再喫、世您倒能喫零食兒、我不行我喫甚麼就得

宏养四

喫東西
滯暗
痔瘡
滯塞 內痔外痔
痔漏
喫發物

喫足了、叫零碎喫東西、我不了、芸這是這麼著、各人是各人脾氣
不得一樣、可是我瞧你臉上的氣色也彿彷滯暗、是有甚麼不高
興的事嗎、芸事倒沒甚麼不高興的、不過是這兩天我的痔瘡疼
的利害、不大精神、所以臉上的氣色透着滯塞、芸你是內痔是外
痔、芸原是外痔、後來改了內痔了、現在已經有了兩管子、成了痔漏
了、芸沒治過嗎、芸是的、許是你喫了發物了、所以繞
老沒忌嘴或者是喫發物了、芸是的、許是你喫了發物了、所以繞
老治不好、你等着我有一本抄的偏方兒、我明兒給你查一查、那
上頭有一個治痔漏的方子、治過多少人了、靈的很、不過就是進

遲純
遲緩
　
恥
近来

鈍一點兒不能快、手只要治的好、就是遲緩一點兒也無妨、求您
給查一查罷、我也不坐着了、三怎麼你不坐着了、我要是查出來
我就把他抄下來、明兒打發人給你送了去、三就是勞你駕罷、

第一百八十五章

恥　近来　癡儍　今年癡心妄想
贅敬　癡　贅恥笑　墓誌銘　恥心　沒恥　贅見禮　咪的一聲　可恥　恥辱
持平　吃啞吧虧

一人要是不知恥、可實在叫人沒法子、二您説的這話是怎麼個意
思三是這麼件事、我們這隔壁兒住着一位在武營當差的、近来

癡傻
今年
癡心妄想
贄見禮
嚇的一聲
贄敬。

頗有幾個錢他跟前兩個孩子大的是癡傻萬分今年二十六歲了甚麼都不懂連錢數兒還不知道哪第二的今年二十歲還倒明白他老子癡心妄想打算叫他念書下場將來好改換門庭於是就託人給請了一個先生聽說頭一天他帶着學生拿着贄見禮拜師先生接過來一瞧不由的咮的一聲笑了你猜他那封套兒上是怎麼寫的、四他怎麼寫的、五他把贄敬倆字寫了痣連贄字都不知道下歉兒寫的更可笑六他下歉怎麼落的七他寫的是門上某某拜具八他竟把門上寫作門上真是可笑九你說可笑不是啊這個老頭子他見先生笑了、他還有氣哪昨兒他見了

恥笑

墓誌銘
恥心。沒恥

可恥
恥辱

我和我說這先生實在無禮、我們小兒拜師的時候兒送給他贄敬他、不但不道謝反倒恥笑、他是嫌禮薄啊還是笑那封套兒寫的不好呢、要是說寫的不對、那他真是不通了、那封套兒是我親自寫的、斷是不錯、不是我吹、別說這點兒小事、前幾年某某的墓誌銘、連寫帶作、都是我辦的、後來誰不誇好、他到這兒恥心沒有呢、也要笑好容易繞忍住、你說這個人怎麼連一點兒恥心沒有呢、十擾我說他也不是所沒恥、不過是他把這個恥用錯了地方兒了、故此他不想寫錯字可恥、他瞧見人笑他、他就說是恥辱、至於他自誇寫作的那些個話、那不過為遮飾寫錯字的意思總而言

持平

吃啞吧虧

只論

之武途出身，又沒念過書，如何能辦文事呢，偺們持平而論他能提筆寫上幾個字來也就算好的了，您說的也是，所以為人不論文武總是念過書的得便宜，還往往兒的，因為不認得字於錢財上吃啞吧虧的爹着的哪士是的

第一百八十六章

只論	吃點心	吃錢糧	吃俸祿	舉止	持重	至小	赤
紅痣記	馳驛	赤心	持己	吃情	赤手空拳	俊儯	
尺文	尺牘						

人在世上萬不可只論一時，昨兒我在茶館兒唱茶同桌兒的一

吃點心
吃錢粮
吃俸祿
舉止持重
至小
赤紅
痣記

位、那兒吃點心、像是在旗的樣兒、我一問果真這位是旗人、又問他現在有甚麽差使、他說是驍騎校、我想這驍騎校和兵差不多兒、每月就是吃錢粮並不是吃俸祿、看這位的穿戴和他臉上的氣象、不像是當這宗差使的人、而且言談舉止頗是志誠持重、瞧那樣兒、至小也過三品、後來又一細問、纔知道他當過副都統、因爲䏡見的時候兒、回奏錯了、所以降了個驍騎校、我想這位後來一定還有起色、那是一定的、您沒問他姓名嗎、三問了、他說姓巴、四怎麼個面貌、五這位是赤紅臉兒、胖胖兒的、正眉攢中間兒、有極大的一個硃砂痣記、漆黑的鬍子、有五十多歲、六您猜這位

馳驛
赤心持己。吃情
赤手空拳
俟奢

是誰、七是誰、八這就是我那年西路出差一塊兒馳驛前往的那位我們還是個遠親哪、這個人是個赤心為國的人在西路的時候兒真是清廉持己一個錢也不要、也不吃情要是在別人出這邊差早已就摟足了他回來的時候兒仍然是赤手空拳甚麼也沒有、可是名聲兒不錯並且他的家教很嚴他們兩位少君、一位是工部主事一位是戶科筆帖式雖然是大員子弟卻都是守分當差、一點兒俟奢的習氣沒有將來必有大造化、九那麼這位巴公現在當差使不當呢、十他雖然降了個驍騎校現在還沒補缺哪、尋常沒事就是在書館兒聽聽書茶館兒唱唱茶再不然就是

尺丈
尺牘

第一百八十七章

在家裡寫寫大字、寫的怎麼樣、寫的很好、常有人求他寫尺丈大字、還有什麼兒他於尺牘上尤其有功夫、這麼說起來這位是文武全才了、將來上頭一個想起他來一定還是大用斷不能就終於驍騎校的、古您說的是後來必要起用您昨兒和他談了會子後來怎麼樣呢、去後來天也就不早了、各自給了茶錢就散了、

近日　天津　僅僅　今兒　筋骨　今以後　風馳　緊急

尺寸　吃多少水　吃一丈多深　儘末了兒　今生　今世

近日
天津
僅僅
今兒筋骨
今以後。

赤脚　近些　盡然　謹慎　答孜　謹守　緊要　筋骨痛
僅可　僅够

一、老弟偺們許久不見了，這向可好啊，二、託福您近日身體還好啊，
三、好聽說你到天津看火輪船去了幾兒回來的，四、前兒回來的，
五、去了幾天，六、連來帶去共總去了五天，七、逛足了罷，八、也不算
足怎麼說呢，除了來回走路在那兒僅僅的住了一天，九、你怎麼
不坐火輪車去呢，十、本打算坐火車去來着聽說也不是甚麼地
方兒有一段兒鐵道壞了，停幾天車，所以我騎牲口由大道去的
到今兒還覺着渾身筋骨疼，哪我說了從今以後再不騎牲口走

風馳。繁急
尺寸
吃多少水
吃一丈多深
儘末了兒
今生。今世
赤脚。近些

遠路了、如果再要上天津一定坐火車、又省錢又快、土那是快極了、真是風馳電掣、轉眼就到、要是遇見有繁急的事情實在痛快、那麼你瞧見火輪船沒有、土瞧見了、土你瞧見的有多大尺寸、吉可不知道多大尺寸、大畧看有三十四丈長、我問他們吃多少水、他們說吃一丈多深的水去那可不小了、你沒到船上頭瞧、瞧嗎、吉瞧了、甚麼房艙大艙都瞧過了、儘末了兒瞧見機器房那裏頭那些機器擦的極光亮、今生今世算是開了眼了、不過就是那些個赤脚的水手兒、横蠻萬狀、他那搬貨、你稍離他近些兒他不是推你就是要罵你、一點兒理也不講、我瞧他們也就是在火輪船上

盡然

謹慎

笞杖。謹守

緊要

筋骨痛

敢這麼着、要是在內地的船上、決不敢這麼不說理、去也不盡然、就是內地的船、那些水手、也是不說理、不過是看坐船的是甚麼人、要是一位官長、他就小心謹慎的、恐怕你把他送到衙門去、輕則罰船價、重則笞杖、所以他還謹守規矩、若是商賈民人、他就有橫起來了、是的、天不早了、我要告假了、去久沒見多坐一會兒、有甚麼緊要的事、這麼忙、事倒沒有、不過是我這渾身疼的難過、打算回家歇歇兒、那麼我就不強留你了、可是我那兒有貼筋骨痛的膏藥、給你拿幾貼、你到家裏、覺着那兒疼、就把他貼在那兒一夜的工夫兒就好了、那麼你就賜給我兩貼罷、稍候一

僅可
僅够

候兒 我給你拿去吜 喳喳吜 給你這是十貼、如果貼着好、僅可言
語一聲兒、我再多給你送幾貼去、其這十貼就僅够了、謝謝、不
敢當不敢當、其那麼咱們改日見、其改日見

第一百八十八章

吃醋　要緊　今天　儘量　吃力　芹　金玉　金陵　癡情

從古至今　癡情子　癡人　近時　盡善盡美　盡情盡理

只顧　親戚　津貼　僅僅敷用　今親　姓志　窒礙　進

益　不盡　盡心　近視眼

您怎麼老沒出去、竟在家裡作甚麼呢、二也沒甚麼事、不過是看

吃醋

看閒書

三您看甚麼書呢、四紅樓夢、五這個書有趣您看到那兒
了、六繞正看到鳳姐兒吃醋怒打平兒的那段兒正看到熱鬧中
閒這個檔兒老弟來了、七那麼我攔您看書了、何妨接著瞧完了
這點兒俗們再說話兒好不好、八我這看書不過是解悶兒算得
甚麼要緊的事、既是老弟來了、正好暢談況且今天熱的利害要
是整天家看書儘量兒低著頭看書實在是受罪尤其我們這個近視
眼到熱天看書更是吃力、九那是的可是您既然紅樓夢您知道這
個書是有這麼件事真沒有、十那兒有這麼件事呢那不過是曹
雪芹有才沒地方兒發洩藉著這書一發其抑鬱故此捏造出寶

要緊。今天
儘量
近視眼
吃力

芹

金玉。金陵
癡情
從古至今
癡情子
癡人
近時
盡善盡美
盡情盡理
只顧

玉寶釵倆人來又捏造他們金玉姻緣又是甚麼金陵十二釵略
你想那兒有這樣兒真事呢並且像寶玉黛玉那樣兒癡情從古
至今何嘗又有這個樣兒人呢所以看這些書別以為是有這個
事也不可細追求要是往細裏一等思未免的心裏被他迷惑就
讓你不是個癡情子終久也要成一個癡人了我說的是不是
不錯我也是這麼想還有近時出來的這些個夢書更無味了在
作書的自己以為編的盡善盡美盡情盡理其實據我看一點意
思沒有與其看這些夢書還莫若閒一會兒心裏倒還清淨些你
說的也不錯可是俗們只顧講究紅樓夢幾乎把我的正事忘

親戚
津貼 僅僅敷用
令親
姓志
窒礙 進益
不盡

盡心

了些甚麼事、㗖、我有個親戚、他現在神機營文案處當書手、每月的津貼、僅僅敷用、一點兒餘光沒有、打算求您給轉託一託、人設法稱呼他、他姓志、號叫子方、㗖啊、是這位呀、我知道他、他今年春天託過翼長、翼長說有點兒窒礙、不容易謀、㗖、不錯、我也聽他提過、這層您現在要可以代為一謀、使他得有尺寸進益、着我必盡心託激您的大德、連兄弟都感戴不盡了、㗖、這是這麼着我、成事在人、成事在天、那人、或成或否、可不敢預定、㗖、那是一定的、謀事在人、成事在天、那麼我就把您這話告訴他、就是了、㗖、就這麼辦罷、㗖、我要告假了

中2-70a

親朋厚友
近鄰。晋
今天好熱

第一百八十九章

忙甚麼苤我還有事哪、改天見苁那麼就改天見

今天好熱　近鄰晋　親朋厚友　進學　蓋　採芹　池塘

今日進塲　赤條條的　緊跟着　赤體　蓮花池　近處

只看錦工添花　緊趕　咫尺　親近　赤身

您這是從那兒來二打城外頭回來三今天好熱呀、您怎麼單我

這個天兒出城這位怎麼稱呼四這是我們一位近鄰晋子卿你

們二位見一見五久仰久仰六彼此彼此請進去書房裡坐七我

也没穿公服實在不恭得很八彼此都是親朋厚友不是外人你

進學
齒
池塘
進場
今日

也不必鬧客套、請請、喳喳、請坐子翁貴衙門主沒差使現在還念書哪主鄉試會試亟前年纔進學還沒下過大場呢主尊齒去今年二十二歲主子卿他們天分高極了、詩才極高就是前年採芹的時候兒正場的詩絕好我還記得呢題目是青色池塘處處蛙作的冠場更是不行了、您也不必太謙一定是好的多年採蛙作的冠場更是不行了、您也不必太謙一定是好的多喀有工夫兒賞我們捧讀捧讀二十、不敢當二位今日想必是一同出城了、那是我們到了盤二閘二人必多罷茜可不是麼人多極了、蟗二是在那個茶館兒唱的茶圍芣我們一下船本打算在如意館兒唱茶來着進去一瞧所沒鬧地方兒這麼着我們倆就在閒

赤條條的
緊跟着
赤身
赤體
蓮花池
近處

口那兒站了會子瞧那些小孩子都脫得赤條條的往何裏跳剛跳下一個去、緊跟着就是五六個實在有趣兒就是有那十七八歲的也脫得赤身露體的混在小孩兒一塊兒、在河裏摸錢那可就不大好看了、其大概沒有大人罷、有不過是穿着褲子往河裏跳不敢居然赤體開那麼二位瞧了會子這個沒找個地方兒歇歇兒嗎、我們在開口站了會子就到河南邊兒找了一個茶館兒唱茶茶館兒的後窗戶是擋起來的正對一個蓮花池往外一望遠處近處頗覺雅趣我瞧比那熱鬧的地方兒強多了冊是這麼着有好繁華的就愛那個熱鬧你們二位是好高

只看

錦上添花

緊趕

咫尺

親近

雅，所以就愛這個清淨，可恨的是那些俗人有一樣兒毛病，討厭他，只看那個茶館兒人多買賣好，他就上那塊兒去，自以為這就彷彿臉得意那兒，要是沒甚麼人買賣再一微他就不去了，這就是那世態炎涼的一樣，只有錦上添花的沒有雪裏送炭的，您說的，賣在不錯，偺們該走了罷，鳳是等我唱了這點兒茶，偺們就支五二位忙甚麼剛說了幾句話兒，就緊趕着要走卅六我們還有點兒事實在得告假，偺們相隔不過咫尺您如果肯賞臉親近弟兄常過來給您請安卅七真有事兒嗎，我們却真是有事兒既是真有事，我就不敢强留了卅八您請回別送罷那兒有不送的理呢

赤白痢

罵留步留步、罵請了、	赤白痢　今早勤近隔壁兒	金金條　金字招牌　金箔　舍親	子金錢　金東西　幾斤　金線　近親密友	巾帽胡同　金礦　飭察　斤華　赤紅	厚吃過　平金　盡心竭力　金活計	您是怎麼了、臉上顯着瘦多了、我這兩天是有點兒不舒服三	怎麼不舒服四鬧了幾天赤白痢五現在好點兒沒有前兩天很
	第一百九十章						
	金葉子　金店　金子赤		新近　金首飾　金鋼	親家　令親	進士　親身		

今早。勤
近隔壁兒
金葉子。
金店。金子
赤金
金條
金字招牌
金箔。舍親
新近。金首飾
金鐲子

利害就從今早好多了不像前兩天走動的那麼勤了，叫大夫
看了看沒有，看過了，我誰給看的
個先生看的老弟這是打家裏纏出來嗎，可不是我是買金葉子去
來出這麼早上前門有甚麼事嗎，我不是打前門回
了，出那個金店買的，現在金子的行市怎麼
樣兒，大的很要是十足赤金現在總得四十換目下不用說金葉
子還有那金條甚麼的大長價兒連他們貼金字招牌用的金箔
兒都比先前貴多了，是的怨得我們舍親他們新近打金首飾
花了許多的銀子呢要是這麼著趕明兒我把我那幾付金鐲子

金錢
金東西
幾斤。金線
親家
近親密友
巾帽胡同

和那十個金錢趂着行市好、都把他賣了倒可以得個大價兒、那您又不等錢使何必賣這些金東西呢、趕用着再置可就費事了、這些東西現在也沒用處倒莫若把他賣了等金子價兒小的時候兒再置也未為不可、不但這個我還有幾斤金線在家裡白擱着老弟有甚麼近親密友如要買這東西求你給賣一賣也打算把他賣了、是好的嗎、是好的那都是那一年我打廣東帶来的、芷卻巧極了、我們親家他們那兒正打算要買好金線等我明兒給您問問去、芷你們這位令親是在那兒住、芷他在海岱門外頭巾帽胡同住、芷現在當甚麼差使、芷他原是在戶部當衙

金礦
飭察
赤紅
進士
平金

華察
斤華
親身。親厚
吃過

門因為外省金礦的那一案被人連累上了後來奉旨飭察察出
他有受賄的事情就把他革了，現在是住家賦閒卻頗有幾個錢
他閒是了，我知道了，這位是高身量兒赤紅臉兒很有福氣的樣
兒我記得他大概是姓王芃不錯就是他您怎麼認得他聞我
認得他卻沒甚麼交情不過是那年我們相好中進士家裡唱戲
我親身去道喜我們倆同席吃過一回飯又在別處見過兩回後來聽人說他因開礦的案子把差使
革了，所以我今兒聽老弟一說我就知道是他了，可是他們家買
許多金線作甚麼開是這麼件事，他們家的女春都會平金常

金活計
盡心竭力

兒作金活計所以要多買㸃是了、那麼就求你罷㐅是是您不必
嘱咐、我必盡心竭力給您辦去、哦好極了、

第一百九十一章

夜	盡美盡善	進步	支	先儘	題親
進裏頭		這門子親	親戚朋友	盡白唇紅	遴
飭辦	親自		親事	欽賜	父親
		金石千金	親族	欽點	進京
	親友		親屬		親母
	尷尬	現今	親朋		親兄弟
		如今			親父母
	赤繩	金如土	不要緊		親姊妹
		盡力	上進		親叔房近儘
			正經		
			今		

題親
齒白唇紅
父親。進京
親母
親父母
親叔
儘先
儘東。欽賜
進士

我聽說有人給您的二姑娘題親說的是個甚麼人家兒小人兒
多大歲數兒相貌怎麼樣有個甚麼功名二這個小人兒今年十
八歲長的齒白唇紅倒很體面他父親原作過知府後來告病進
京去年去的世他原是庶出他的親父親早就過去了現今是親父
母全沒有就跟着他親叔過好在他父親在日給他捐了個候
選州同後來又加捐了個儘先的花樣現在雖然在家裏念書大
概將來選的還不至於很慢三他們在那兒住四他們在七條胡
同儘東頭兒五他這個叔叔現在當甚麼差使六他原是欽賜舉
人丁丑的進士、欽點翰林院庶吉士現在是翰林院的編修不過

親兄弟、
親姊妹、
親房近支、
親戚朋友、
親事。親族、
親屬。親朋
不要緊。
上進。進步
這門子親
如今
千金
金石
揮金如土

是他孤的利害除他這個叔叔之外也沒有親兄弟親姊妹甚麼
的不但本族裡沒有親房近支連親戚朋友都沒甚麼至親至厚
的人據我想這倒是一門子好親事至於他沒甚麼親族親屬以
及甚麼親朋不多這些個都不要緊只要小人肯上進將來必有
進步這門子親就可以作的不知道您以為如何八您這話實在
是金石良言我也是這麼想可就怕人家嫌小女長的醜那可就
不成了九這一層您倒不必多慮而且令千金的相貌生得很體
面大氣很可以配得過不過就是一樣兒得打聽真切纔可作得
十那一樣兒土這如今年輕的人多有沾染嗜好的並且大半揮

正經
盡美盡善
親自。親友
趕緊
現今
赤繩
盡力
今夜
進裏頭

金如土、只要打聽明白了、他沒有這些個毛病、正經念書、那就盡美盡善了、主、這一節我都親自打聽過並且有別的親友也都告訴過我、這個小人兒却是安心念書連大門都不出、至於外務的事情、是一概沒有、主、這就很好、您也不必猶豫、就趕緊快作了罷、去、既是這麼着、您聽我也很願意作、現今就等聽那頭兒的信了、我是要來唱喜酒的、去、那頭兒必沒甚麼挑揀、一定有成等成了我、那是自然的、如果真是赤繩繫足這門子親戚了、我一定請您盡力兒唱個醉主、就是哎呀不早了、今夜我還得進裏頭去哪、別說話兒了、偺們改日談罷、六、又是甚麼公事進裏頭、九、是因為

飭辦

緊的刺害
直直兕的

前兩天我們衙門有一件奉旨飭辦的事已經辦了稿了今兒夜					
裏得進裏頭回堂官畫稿于是了那麼一半天見廿 別送					
請了請了					
第一百九十二章					
緊的刺害 直直兕的					
緊綁綁的 飭差 禁城 禁地 夜緊 親王 匙子 飭令 上緊					
禁令 禁不住 儘溜頭 斥逐 斥罵 親眷 不容易禁 今不如古 盡皆 禁止					
禁戒 盡絕 不盡然 近年 饑饉 我喫兕					
這程子夜又緊的刺害天天兕晚上從一定更直直兕的天亮一					

跌讀作裁
勔讀作根
夜緊。親王
匙子
上緊
飭令
緊綁的

夜不斷查夜的吵的我所不能睡也捱着我前兩天跌了個勔斗把腰扭了、到夜裏更疼了、所以更睡不着了、這是因為甚麼又這麼夜緊、二您還不知道嗎、就因為十天頭裏某親王府裏鬧賊丟了許多的東西還有些銀傢伙甚麼盤子碟子大碗湯碗匙子這些個銀器通共丟了有二三百件所以提督衙門飭令地面兒上上緊的拿賊所以這兩天夜緊的利害三沒聽說拿着一個賊沒有、四大前兒個、我在街上溜達瞧見幾個官人拿住倆賊用繩子把賊綑的緊綁的裝在車上、拉着往北去了、有人說就是這個案裏頭的、聽說他在堂上供出好幾個人來、現在提督衙門順天

飭差
禁城禁地
今不如古
盡皆禁止
禁令
禁東住
斥逐
斥罵

府五城都飭差嚴密查拿大概不久総都要拿着的五我聽說若
年間不像這時候兒這麼些個賊這如今連禁城禁地還不時的
有竊盜的案子真是今不如古據我想都是因為有那些賭局烟
館最可以藏這些兒人如果把這些個盡皆禁止叫那兒人沒地
方兒藏身自然竊盜就少了六現在何嘗不禁止烟館賭局呢無
奈告示工寫的禁令雖嚴到了兒還是禁不住這可有甚麼法子
就拿我們胡同兒論罷東邊大院兒裏頭儘溜頭兒有一家兒暗
含着就是賭局幾次經地面兒上斥逐並且看街的為這個屢次
的挨地面兒京的斥罵到了兒驅逐不了兒怎麼地面兒上會不

親眷
作勁
不容易禁
禁戒盡絕
不盡然
近年
饑饉

能驅逐呢。八這也有個緣故聽說這家兒有幾家兒好親眷他有甚麼風吹草動兒就有人出來給他作勁故此地面兒上辦不動九那就是了要捴這麼看起來這些烟賭是不容易禁的烟賭一個不能禁戒盜賊一定是難以盡絕處在這個光景住家兒的到夜裏就是加倍的小心沒有甚麼別的法子好在你我沒錢沒甚麼可丟的倒可以不必過慮十這話也不盡然偺們雖然沒錢日用的衣履什物也是要緊的若是丟一樣兒立時就沒有使的也不可不小心土這話也是土我還告訴您近年順直一帶屢遭水早到處饑饉這些飢民多半進京來找喫兒這裏頭好人歹人全

找喫兒

有好的自然是不敢混来那夕的就難免有乘機搶奪以及偷竊的事情這也不能不防主不錯您說的很是

第一百九十三章

勅字 勅封 勅建 勅賜 勅命 勅吉

金 金銀銅鐵 土生金 黃金 金字 金闕 金礦 金子 金鑾 金殿 金五

殿 金安 金諾 黃土變成金 金蘭 金剛鑽 金剛石

金蓮花 金箍棒 金釵 金扁方兒 金耳挖子 金鉗子

金戒指 金六子 金表 金頂兒 金剛經 金錢菊 金盞

花 金針菜 金山 金山寺 金星 金黃色 金銀花 金

勅字
勅封。勅賜
勅建。勅賜
勅命。勅旨
勅書
金礦。金子
五金
金銀銅鐵

絲荷葉	指教	勅書	金雞納
請問您這個勅字兒都是甚麼地方兒可以用			
兒都不知道怎麼用你聽我告訴你凡奉旨的事都可以用勅字			
比方皇上封臣下的官可以說勅封某某官爵奉旨立的廟可以			
說勅建某某廟勅賜某名或某事奉何勅命以及奉甚麼勅旨還			
有世襲官的勅書就是這些個用處你聽明白了沒有 三 聽明白			
了我還請問您一件事情常聽見人說開金礦那麼那些金子都			
是地裏頭長的麼 四 都是地裏生的也不單是金子凡屬五金之			
類全是從土裏生的 五 甚麼是五金 六 五金就是金銀銅鐵錫 七			

土生金。黄金

金字

金鑾殿

金闕。金殿

金安

是了、我明白了怨的人常說土生金呢、又有人說沙裡澄黃金原先我還不信哪、今兒聽您這一說我這纔信了、可是還有一樣兒我不明白常瞧見人家凡遇高貴人或貴重物件或奉承高人的話上頭都加上一個金字兒這是甚麼緣故、這也沒甚麼新奇的緣故不過取金子貴重的意所以拿這個金字作比方然而也不能都加這個字可以用金字的不過有數兒的幾樣兒你等我細細兒的說給你聽比方皇上的宮殿可以說金闕金殿和金鑾殿至於偺們平常人用這個金字的地方兒比方給長輩寫信請金安、必得寫跪請金安要是求人甚麼事或是和人借錢人家答應

金諾
黃土變成金
金蘭。金剛鑽
金劉石。金箍棒
金蓮花
金釵
金扁方兒
金鉗子
金耳挖子
金戒指
金六子
金表。金頂兒
金剛經

了、可以說荷蒙金諾、要說人彼此和衷辦事、可以說三人同心黃土變成金換帖的、可以說互訂金蘭、倒是別的裏頭用金字的不少甚麼金剛鑽兒、金釵、金扁方兒、金鉗子、金戒指兒、金六子又婦女戴的金釵咧、金頂兒咧、金扁方兒、金劉石、金蓮花、西遊記上孫悟空使的金箍棒少甚麼金表咧、金頂兒咧、佛經裏的金剛經咧、花卉裏的金錢菊是甚麼吃的裏頭金針菜、地名裏有金山廟、有金山寺、天上有金盞花有金黃色還有甚麼金銀花、金雞納、金絲荷葉等等各名目這些個都是有金字兒的、九您這麼一說我可明白了、以後就不至於錯用了、十別的物件甚麼的都不能用錯不過就是把說

金錢菊
金盞花
金針菜
金山。金山寺
金星。金黄色
金銀花
金絲荷葉
金雞納
指教
進城去。進来
親密。親熱、
遠親。

話和頌揚人的地方兒別用錯了就得了、□是承您指教、

第一百九十四章

進退兩難		進去
進城去	進来	遠親 親熱、親密
欽奉	要緊	親睦 親生的 進飲食 縉紳 趕緊 進去
我昨兒来拜訪聽說您進城去了尊管説您一會兒就回来叶我					精通 經板庫
在書房裡等一等兒我因為還有別的事、所以也没進来您昨兒
甚麽時候兒回来的、二失迎失迎我昨兒是到城裡頭一個遠親
那兒去、可是親戚雖遠因為他待人親熱所以我們走的很親密

縉紳

趕緊

進去

進退兩難

要緊

前幾天他託我在琉璃廠給他買一部縉紳我昨兒給他送了去打算送了去就回來沒想到一到了他的門口兒瞧見好些個車馬我問他你們老爺是有甚麼事情麼他說是他們老爺生日一定請我進去我一想又沒穿官衣兒又沒送禮怎麼好進去呢無奈這個底下人他是所不放我走這個時候兒真是進退兩難正在為難之間可巧我們這個親戚送客出來了他瞧見我就把我拉進去了我沒法子就在那兒喫的晚飯趕到出了城就太陽落了、老弟來是有要緊的事罷、三我是有一件事求您您千萬別推

親睦
親生的
進飲食
精通
經板庫
欽奉

辭四 甚麼事請說罷 五別的也不敢相求是因為我有一個最親睦的族弟他去年過繼我們本家一個孩子為嗣他是疼愛極了真是親生的一個樣沒想到這孩子於今年春天一病兩亡我這個族弟就因為想那孩子成了大病先前還可以坐起來這兩天所不行了也不進飲食了是大夫全推了我想您素來精通醫術打算求您去看一看 六可以的這位貴本家在甚麼地方兒住 七在經板庫住 八那麼一半天老弟同我去看看 九是今兒是天晚了明兒個我們衙門又有欽奉的事件得辦沒有工夫兒偺們後兒去怎麼樣 十我是一點兒事沒有後兒去很好 十那麼後兒吃

禁屠

第一百九十五章

早飯後我找您來我也不坐着了，老弟走嗎，是後兒見您別送盂請了請了。

禁屠　琴堂　親愛　勤慎　盡心竭力

侵佔　侵吞入己　清風　欽差大臣　勤儉　勤苦　侵脣

清廉　進項　侵沒　清靜　清爽　欽加　勤勞　欽敬

一今兒天氣熱極了，二總是不下雨的緣故，三聽說縣裏求雨哪，四

可不是麼就因為求雨這兩天禁屠鬧的我竟吃素了，五甚麼吃

素不吃素倒不要緊只要下雨比甚麼都好，一則粮米兒可以落

琴堂。親愛
勤愼
盡心竭力
勤儉、勤苦
侵奪
侵佔
侵吞入已

落價兒二則可以去去瘟現在縣裏求了兩天雨了、看今兒這個樣子燥熱的利害、大概後半天兒許有雨、六是的、我聽說現在這位琴堂很親愛百姓辦事極其勤愼凡民間有甚麼事情他沒有不盡心竭力辦的大概這話不假、七這話怎麼是假的呢、就拿我們親戚論罷他是很勤儉受了半輩子的勤苦積蓄了幾個錢兒置了些個房産地畝不料後被他們本家把房産侵奪了好幾處去、把地也侵佔了好幾十畝因此打了官司了、幸爾遇見這位縣尊、把房子地都給追回來了、你說這不是好官嗎、也不止這個還有每年的地丁錢糧前幾任的縣官、那一個不是侵呑入已那

清風
欽差大臣
欽加
勤勞
欽敬
清廉。進項
侵没

一任能交足了到了這位縣尊、他是賣徵賣解一文不肯入己所以現在是兩袖清風、他是甚麼出身、九聽說他原是個貢生因為隨著哈密欽差大臣在哈密辦文案保了個候補縣後來又欽加同知銜大前年補的賣缺去年冬間調補的這個缺像他這麽勤勞又不愛錢賣在叫人欽敬將來一定要高陞的十壹但知縣裏頭在這些知縣裏頭恐怕還没這樣兒的好官呢、没有、就是府道裏頭也没有這麽清廉的若論官員的進項也不過將穀敷衍的甚至於還有不敷用度的哪、那兒還能有餘呢、這如今的官、可就不然、那一個不是飽載而歸、他要不貪贓不侵没

清静
清爽

官錢如何能那麽潤呢、像這位縣尊真是不可多得的官、土是的
哎呀、熱的利害我不坐着了、士忙甚麼呢、士倒沒甚麼忙的不過
是要我個清静所在涼快涼快去、去既是這麽着我也去偺們倆
一同我個清爽地方兒說説話兒好不好、去好極了、偺們走罷、士
就是就是

第一百九十六章

進貢	進城	欽犯	進京	盡忠	禽獸	事親	盡孝	晋
國書經	西晉	秦國	西秦	秦始皇	秦字	新近	至親	詩
經書	易經	經書	五經	引經據典	經典	進書房		

進貢
進城
欽犯
進京
盡忠

秦嶺　禁不佳笑　令親　混噯　精神

您解那兒來二我打城外頭來三您出城有甚麼事四卻沒甚麼事不過是閑遛達五瞧見甚麼熱鬧了六一出城的時候兒正趕上西路進貢的馬到了我瞧了會子後來在茶館兒唱了會子茶正要進城可巧遇見從山西解來的欽犯打那麼來了有好些個兵一員差官押解着進城這麼着我又瞧了會子讓他們過去我繞進城七您沒打聽打聽這個犯人是犯了甚罪了八聽見人說是西路出兵臨陣脫逃的一員大官被人拿了奉旨鎖拿進京九啊是了、我想他既作了這樣兒的大官就該當盡忠報國怎麼會臨

禽獸
事親
盡孝
晉國。西晉
晉省
秦國。西秦
秦始皇
秦字。新近
至親。詩經
書經。易經
經書

陣脫逃還這麽怕死呢像這宗人我想連禽獸還不如哪,十誰不
是這麽說呢像這個樣兒的在外作官既不盡忠他在家事親必
不能盡孝忠孝二字既都沒有別的更不必說了,土不錯是晉國繞
提山西這山西省古來不是晉國的地方兒嗎,土不錯是晉國古
名又說西晉所以如今寫信往往兒山西寫晉省,土陝西呢古
西是古時的秦國又名西秦那就是秦始皇建都的地方兒,去你
提西秦這個秦字新近有個笑話兒,甚麽笑話兒,毛我有至親
他原沒念過甚麽書不過就念了一部四書一部詩經書經繞念
了一本兒至於易經禮記春秋這三部經書他都不知道可常常

五經引經據典

經典進書房

秦嶺

令親禁不住笑

兒笑話人沒讀過五經每一說話他還偏愛引經據典、一嘴的之乎者也、其實他所引的經典全然不對、而且竟念白字前兒個他到我這兒來聽見小兒在書房裡念書、他就進書房裡去了、瞧見桌兒上擱着一本唐詩、他就翻着看看到一首裡頭有檻外低秦嶺窗中小渭川二句、他把低字認作柢字把秦字認作泰字聲朗誦的念說檻外柢泰嶺隨後可又疑惑着說山東有泰山怎麼這個地方也有泰嶺可見山名也有重的了、他說到這句鬧的大家都禁不住笑起來了、您說這個人可笑不可笑、六、你們這位令親却真可笑這就是俗語說的整瓶子不動半瓶子搖越是不

混嗳
精神

通的人越好展才兒、您說的一點兒也不錯、他常常兒還作詩哪
也不是混嗳些甚麼、他有時候兒拿來叫我看我直沒那麼大工
夫兒費精神看不過瞎誇他幾句誰着他叫他拿了走了、就完了、
千遇見這宗人可不就是這麼着麼

第一百九十七章

盡美　盡善　爐　勤學　武清縣　欽定　年輕　勤謹經

史子集　勁力　久經　竟自　攔住了　景趣　勤娘子　芹

菜　秦椒　已經　精明　親嘴兒說

一　你今兒工學沒有　二　工學了　三　今兒都念甚麼書了、四　今兒沒念

盡美、
盡善。爐

勤學
武清縣
欽定
年輕

書今兒是作課的日子、五出的甚麼題目、六、文題是盡美矣未盡
善也、詩題是夜深爐落螢入帷、得深字、七作得了沒、八作得了、
都交了、九、好好你這程子上那兒逛去沒有、十沒上那兒逛去、土
你們令尊也不帶你出去散散、土我父親說我這個歲數兒正是
勤學的時候兒不叫我出去、三你們令尊也太嚴了、然而不出去
到了兒是心不散你們老師是誰、古我們老師姓王是武清縣的
人、主是兩榜是一榜、夫去年新中的舉去中多少名、夫五十六名、
覆試欽定一等八名、无有多大歲數兒、宇今年二十四歲、廿一啊這
麼年輕中這麼高可實在難得、廿二我們老師雖然歲數兒不大却

勤謹
經史子集
勁力。久經
擒住了
竟自
勤娘子
景趣
芹菜。秦椒

很老成、並且極勤謹、若論學問經史子集沒有不知道的、還有一樣兒、我們老師不但能文還會武藝要論勁力、他們久經練武的、都比不上聽說我們老師家裡有一天竟鬧打搶、我們老師一人從別的村子回家走到半道兒遇見五六個強盜要打搶竟自被我們老師擒住了倆賊您說這不更是難得的嗎、芝這可真是不可多得的、可是我聽說你們西小院兒今年種了好些花草兒還有甚麼青菜是真的嗎、要是果然真是這麼着那可就有點鄉間的景趣了、並也沒甚麼新奇的、不過就種了些西番蓮百合勤娘子花兒菜蔬就種了芹菜韭菜扁豆秦椒甚麼的芝這有趣極了、

已經

精明

親嘴兒說

等過一兩天沒事我到你們那兒瞧瞧，你何妨今兒就去、作甚麼又等過一兩天呢、芸、你們令尊今兒在家嗎、芸、我繞下學的時候兒、我父親可沒在家、大概這時候兒已經去了、我父親的回來就常盼着您去、和我說你李大爺怎麼老不來了、您簡直的造謠言同我一塊兒去好不好、芸、你瞧這孩子、你要叫我去、你瞧瞧我可不敢撒謊這說你父親盼我去、你可真精明到家了、真是我父親親嘴兒說的、您不信、回頭到我們那兒一問、就信我不是假話了、主、既是這麼說我今兒就同你去一趟、主、那麼偺們爺兒倆就走罷、主、就是

清閒
勤慎
精明強幹

第一百九十八章

清閒　勤慎　精明強幹　精氣　經練　京察

經過　經歷　經管　寢食　景況　進項　精光　近了

景　　經　　　寢不寧　經手的　經手　清楚　經承　竟然如

年近歲逼　心靜　　　打起精神　　　靜靜兒的

此竟會

大哥您好啊、二好老弟這程子差使忙不忙、三忙的很、天天兒上

衙門沒有一天得清閒、四這却好、將來總有個熬頭兒、五得了您

別提了、您瞧我這當差使總算勤慎到家了、趕到得好處的時候

兒可就沒有我了、那永遠不上衙門的工司倒說他是精明強幹

精氣

經練

京察

進衙門
光景。經過
經歷
寢食

氣都受過了，真是片刻無暇寢食不遑沒想到今年連一個差也	過風裡雨裡無論黑家白日是差使不惧甚麽罪都經歷了，甚麽	鑽營因此堂官極喜歡他今年京察又列入一等了，眼見得不久	就起來了，我自進衙門到而今有二十年的光景了，甚麽苦都經	論輩子不上衙門，而且甚麽都沒經練過就是有一個同寅的他是整年	的事情麼，七是這麼回事情我們衙門有一宗本事專會	老弟今兒忽然說出這些牢騷話來了，莫非是有甚麽難過	見叫人生氣不生氣還有一樣兒這炎涼二字尤其叫人難受六	像我這樣兒勤苦、把精氣命脉神兒都擱在差使上，上司反看不

景況

進項、精光
近了

擒虎
年近歲逼

没得這是官場的景況、至於私事更是難處了、我將繞說的那世
態炎涼就把我給治苦了、你這時候兒有甚麼受人炎涼的、九
大哥、您是不知我的底細、近来家事遠不及從前了、又因衙門的
進項無多年年賠墊月月虧空、家裡的産業是久已典賣精光的
的現在大有不了之局並且年節近了、新近大概算了算欠外頭
賬目大約總得有五百銀繞可以過的去、這麼着我就託一個至
相好的求他給張羅倆錢兒您猜他說甚麼、他怎麼回答的土
我要告訴您、您也必要生氣真是上山擒虎易、開口告人難這兩
句話說的真不錯、他告訴我年近歲逼没地方兒借去、這也怪

經管
經手的
經清楚
經承
竟然如此

不得他本是這時候兒都是要賬誰肯放賬
但是獨他可不應這麼推託、忘麼個緣故呢、論說可是這麼着
逆至從前我有錢的時候兒他待我極好凡我家的事情多一
半是他經管放出去幾筆銀子使並沒一次還的所有他經手放出去的
很窘也常借我的銀子他經手的那時候兒他家
賬不下五六千金也全沒還清楚我都一字不提後來他辦戶部
的缺底又和我借了四千銀是一兩沒還他現在是得了戶部的
經承了、脾氣也有了、就是我託他借這倆錢兒他並非辦不了沒
想到他竟然如此的回復別說他還該我的就是不該也應當替

竟會
心静
寢不寧
打起精神
静静兒的

我筆尋晝尋晝如今竟會這麼推託真是叫人過不去、我如今是官差私事沒有一樣兒心静的、所以我這兩天老是坐不安寢不寧、
您說這可怎麼好、去依我說老弟這都不用攔在心上還是打起精神來當差使千萬別灰心、將來總可以熬得出來、朋至於今友
他不肯替你張羅固然是他没良心、你静静兒的看着他將來必有報應、更不必介意了、十七您說的是、

一 第一百九十九章

| 琴韻書聲 | 精簿 | 輕重 | 經心 | 敬求 | 精細 | 眼鏡 | 鏡子 |

看不清
精力衰
精熟
南京
精密
潔淨
琴理
精

琴韻書聲

精簿　輕重　精心　敬求

微精奧　撫一回琴　琴之一道　輕易　靜心　境遇靜坐學琴　老境養靜

一、您幹甚麼呢。二、我這兒寫大字哪。三、給誰寫的。四、這是我們相好的他託給他寫個匾他掛在書房裡。五、您給他寫的甚麼文詞。六、我給他寫的是琴韻書聲四個字、你瞧瞧怎麼樣。七、寫得好就好

一、是在可惜、八、甚麼可惜。九、可惜這筆好字寫在這個精簿的紙上。十、這卻也不要緊、不過就是寫的時候兒得留神下筆的輕重更得格外的着意稍不經心下筆重一點兒就許把紙戳破了。

十一、是的提這個我還要敬求您的大筆可不忙多嗻有工夫多嗻

精細。眼鏡

鏡子。看不清

精力衰

精熟

南京

精密

南京回來帶來送給我的紙的身分是極好紙紋很精密顏色也	去甚麽紙土我叫不上名兒來原不是我買的這是我們親戚從	好的了、無論誰也寫不過您您千萬別推託我明兒就把紙送來	都辦不好了、怕寫出來不精熟不好看主據我看您的書法、是極	依我說你莫如另託名家寫一寫我近來也掯着精力衰	放心我求您寫一張大字草書的中堂大概總行了罷此事行	若是離開鏡子筆畫就看不清了所以不敢應精細的楷書主您	細的楷書我可不行怎麽說呢我現在離寫大字都得用眼鏡兒您	勞動您一揮主你要叫我寫甚麽我必當効勞但是要叫我寫精

淨潔。
琴理精微。
撫一回琴
琴之一道
精奧
輕易
靜心。境遇
靜坐學琴
老境
養靜

淨潔，一點毛病沒有，那麼你不嫌不好，明兒就送來，就是我還請問您，我久已聽說您於琴理頗得精微，多咱您有工夫兒撫一回琴叫我也開開眼兒。哎呀琴之一道極其精奧豈是輕易能精奧我雖然自小兒就沒有好境遇無暇靜坐學琴趕到現在又漸通我雖然自小兒就沒有好境遇無暇靜坐學琴趕到現在又漸心，而且我也不大會一則我的天分太低二則我沒靜入老境更不能幹這些個了，不過就是弄點子紙東塗西抹的瞎寫作為解悶兒的事，至於工拙是不管的，廿一我瞧您就這麼著倒頗可以養靜廿二不錯是的

第二百章

精濕
精淡的
精緻
精瘦
粳米

精濕	經過	精神外露	到京
精淡的	京裏	景況	平靜
精緻	京報	經史	欽差
精瘦	擒拿	親友	
粳米	經費		
	京官		
	府經歷		
	京城		

一、老爺飯得了、是就吃呀、還是等一會兒呢、二、得了、我就吃罷、三、喳、四、你瞧這筷子怎麼這麼精濕的、洗了沒擦麼、五、擦了、巧了是湯灑在上頭了、六、今兒這菜又弄壞了、都這麼精淡的、你告訴廚子以後總要留心作菜、鹹淡務必得合式、肉要挑那精緻的、別竟弄些個精瘦的肉、七、是老爺您今兒還要粳米粥不要、八、有就拿了來、九、老爺王大老爺來了、十、你快出去讓到書房裡坐罷、我漱

到京
平靜
欽差
經過
京裏
京報
擒拿
經費

了口就出去，由喳這老弟久違了，這彼此彼此，這老弟是幾兒到的，我是前兒到京生，由多喳起的身喱，由五月節後就起身了，道兒我整走了三個多月，大由怎麼走了這麼多日子呢，先是因為道路不大平靜，而且今年雨水太大，有時候兒就繞道所以耽延這些日子，欽差也回來了嗎，我們是一天起的身，他們行得多，並且他經過沿途還有些個周旋，所以此我走的還慢大概得九月中到京裏芝啊，是了，我今年正月看京報還看見你們那兒的奏章呢，一個是泰州縣，每遇命盜各犯不能實力擒拿一個是泰委員冒領經費，這兩個摺子都說得很周詳，那是誰作的芝

京官
府經歷
京城
精神外露
景況

那是浙絡的一位老夫子的手筆啊老弟臉上發了福了這次保的是京官是外官茁保了個府經歷茁你為甚麽不要京官呢真哎京城的差使我如何當得了呢茁你說的也是茁大哥您芒的差使得意罷茁也倒沒甚麽喜事的樣子所以我繞說您差使得意滿面紅光精神外露彷彿有甚麽喜事的樣子所以我繞說您差使得意世你這話也有點兒方向我差使雖不見大得意但是家裏的景況比原先強多了茁是現在您這府上上下有多少人茁現在我這兒連上帶下有二十幾個人茁舊大令郎還用功哪罷茁可不是嗎他還念書了茁手筆更好了罷茁那兒說到手筆呢不過算是

經史親友

作的上文章罷咧、肚子裏還是甚麼都不知道、一切經史的學問一點兒也沒有、咓這您是太謙了、咓你今兒是就到我這兒是還到別處去呢、咓還要到別的親友那兒去、我也不坐着了、咓二年多不見多談一會兒罷、咓不咧了、過幾天再給您請安來、咓豈敢豈敢我一半天到府上瞧老弟去、咓不敢當您留步罷、咓請了請了、

編者略歴

内田　慶市（うちだ　けいいち）

　1951年福井県生まれ。関西大学外国語学部、大学院東アジア文化研究科教授。博士（文学）・博士（文化交渉学）専攻は中国語学、文化交渉学。
　主著に『近代における東西言語文化接触の研究』(関西大学出版部、2001)、『遐邇貫珍の研究』（沈国威、松浦章氏との共著、関西大学出版部、2004)、『19世紀中国語の諸相―周縁資料（欧米・日本・琉球・朝鮮）からのアプローチ』（沈国威氏との共編、雄松堂出版、2007)、『文化交渉学と言語接触―中国言語学における周縁からのアプローチ』（関西大学出版部、2010)、『漢訳イソップ集』（ユニウス、2014)『語言自邇集の研究』（好文出版、2015)、『関西大学長澤文庫蔵琉球官話課本集』（関西大学出版部、2015)、『官話指南の書誌的研究』（好文出版、2016）などがある他、テキスト類も多数。

関西大学東西学術研究所資料集刊 40-1
（文化交渉と言語接触研究・資料叢刊 8）

北京官話全編の研究　―付影印・語彙索引
上巻

平成29（2017）年2月15日　発行

編　者　内田慶市

発行者　関西大学東西学術研究所
　　　　〒564-8680　大阪府吹田市山手町 3-3-35

発行所　関西大学出版部
　　　　〒564-8680　大阪府吹田市山手町 3-3-35

印刷所　株式会社　遊 文 舎
　　　　〒532-0012　大阪府大阪市淀川区木川東 4-17-31

©2017 Keiichi UCHIDA　　　　　　　　　　　　Printed in Japan
ISBN978-4-87354-644-5 C3087　　　落丁・乱丁はお取替えいたします。